DE

L'Enseignement

ÉLÉMENTAIRE

EN FRANCE, AUX XIe ET XIIe SIÈCLES

PAR

LE R. P. C. BERNARD

DE LA SOCIÉTÉ DES PRÊTRES DE L'IMMACULÉE-CONCEPTION
DE SAINT-MÉEN

PARIS
RETAUX & FILS, LIBRAIRES-ÉDITEURS
82, RUE BONAPARTE

RENNES
FOUGERAY, LIBRAIRE-ÉDITEUR
19, RUE LE BASTARD

1894

DE

L'ENSEIGNEMENT

ÉLÉMENTAIRE

EN FRANCE, AUX XIᵉ ET XIIᵉ SIÈCLES

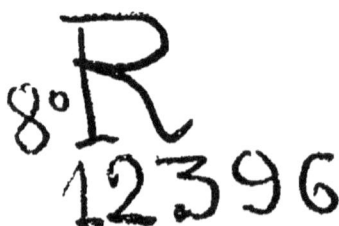

DE
l'Enseignement

ÉLÉMENTAIRE

EN FRANCE, AUX XIᵉ ET XIIᵉ SIÈCLES

PAR

LE R. P. C. BERNARD

DE LA SOCIÉTÉ DES PRÊTRES DE L'IMMACULÉE-CONCEPTION
DE SAINT-MÉEN

PARIS	RENNES
Vᵛᵉ RETAUX & FILS, LIBRAIRES-ÉDITEURS	FOUGERAY, LIBRAIRE-ÉDITEUR
82, RUE BONAPARTE	19, RUE LE BASTARD

1894

PRÉFACE

Nous voulons, dans ce préambule, expliquer brièvement pourquoi nous avons entrepris cette étude sur l'enseignement primaire ou élémentaire en France aux XIe et XIIe siècles.

L'enseignement primaire est une des questions qui ont le plus préoccupé les esprits en France depuis un certain nombre d'années. On en a parlé un peu partout : à la tribune, dans les journaux, dans les revues ; des brochures, des livres ont été publiés sur le même sujet sans fatiguer l'attention ni ralentir les recherches. L'enseignement primaire méritait cet intérêt exceptionnel : par cela même qu'il s'adresse à tous et sert de préparation aux études plus élevées, il a une souveraine importance; et une société qui n'offrirait pas aux plus humbles de ses membres les moyens de s'instruire, méconnaîtrait la fin même pour laquelle elle a été établie, c'est-à-dire, le développement complet et régulier des facultés humaines sous l'empire et la protection de la loi.

Cette considération n'a pas été sans influence sur notre travail. Toutefois, c'est une raison plus spéciale qui nous a déterminé. Le moyen âge n'a guère connu que l'enseignement primaire et l'enseignement supérieur ; ce que nous appelons l'enseignement secondaire n'était, pour la grande majorité des étudiants, qu'une rapide transition de l'un à l'autre ; à peine l'enfant savait-il un peu de latin, qu'on l'appliquait à la philosophie et à la théologie [1]. Or l'enseignement supérieur au moyen âge commence à être moins ignoré de nous, grâce à de savantes biographies où l'on trouve, à côté des faits, un exposé consciencieux des doctrines et des méthodes. L'érudition profane se porte maintenant avec une

---

[1] Cette remarque n'est complètement vraie que de la période qui commence vers le milieu du XIIe siècle.

certaine prédilection vers des philosophes, des théologiens, des savants en tous genres dont la haute valeur n'était guère appréciée jusque-là que dans les écoles ecclésiastiques. L'enseignement secondaire lui-même fut l'objet de quelques recherches à l'époque, peu éloignée de nous, où se débattait la question des Classiques. Quant à l'enseignement primaire, au moyen âge, il n'a provoqué, que nous sachions, aucune étude approfondie. Les efforts de la science se sont concentrés sur les siècles qui ont précédé immédiatement la Révolution. Quelques érudits sont remontés plus haut, et nous avons nous-même profité de leurs remarquables travaux; mais, parce qu'ils se bornaient à des études sommaires ou qu'ils comprenaient dans leurs recherches tous les degrés de l'instruction, ils n'ont pu que fournir des matériaux à l'histoire de l'enseignement primaire.

Aussi reste-t-il, à cet égard, bien des préjugés, qu'on ne dissipera qu'à la force de faire la lumière sur une époque insuffisamment connue. Un homme qui passe pour avoir quelque compétence en matière

d'instruction, écrivait il y a peu d'années :
« *Tandis que notre enseignement supérieur et secondaire remonte jusqu'au moyen âge, et de là, par une tradition qui n'a jamais été complètement interrompue, jusqu'aux écoles romaines, l'organisation de notre enseignement primaire date d'hier... Comment la France a-t-elle attendu si longtemps, et comment s'est-elle laissé devancer à tel point par les nations voisines? Car il ne faudrait point croire que, dans toute l'Europe, l'instruction primaire soit chose si récente. L'Allemagne, la Hollande, la Suède, depuis deux siècles, possèdent de nombreuses écoles*[1]... » Il est très bien de se montrer équitable à l'égard des nations voisines, mais il ne faudrait pas être injuste envers son pays. Que l'enseignement primaire chez nous fût organisé aux siècles derniers, de récentes publications l'ont prouvé avec une abondance de documents telle que désormais on

---

[1] M. MICHEL BRÉAL, *Quelques mots sur l'instruction primaire en France*, p. 12-20.

ne saurait plus répéter, sans s'exposer au reproche mérité de parti pris, que l'instruction du peuple date d'hier. Pour nous, qui étudions un passé plus lointain, nous espérons montrer qu'alors la France n'avait rien à envier aux autres pays. Il est vrai, l'Allemagne nous devança pendant quelque temps, sous l'énergique et intelligente impulsion d'Othon le Grand; mais, au XIe siècle, la France reprit le premier rang, et le garda. On veut bien le reconnaître pour l'enseignement supérieur et l'enseignement secondaire, et on le conteste, on le nie pour l'enseignement primaire. N'y a-t-il pas là contradiction? Ce dernier enseignement n'est-il pas la base des deux autres?

Notre façon de voir contrariera peut-être certaines théories modernes, ou, pour mieux dire, certaines préoccupations politiques qu'on devrait écarter d'un pareil débat. Mais, qu'y faire? Nous avons recherché la vérité avec impartialité, un dégagement entier de toute espèce de prévention, et nous n'avons pu ne pas constater que nos ancêtres de l'an mil n'étaient pas si barbares qu'on l'a supposé, si indifférents à toute culture intellectuelle. Ceux qui auront le courage de s'enfoncer avec nous dans les ténèbres du moyen âge, arriveront sans doute aux mêmes conclusions. Comme l'a dit Ozanam, « Ces siècles paraîtraient moins ignorants, s'ils étaient moins ignorés. »

Mais pourquoi dans toute l'étendue du moyen âge avons-nous choisi le XIe et le XIIe siècles? Nous l'avons fait pour deux raisons : et d'abord, parce qu'il est constant que la réforme de Charlemagne subit une éclipse, éclipse que bien des causes expliquent, du reste; en second lieu, parce que à partir du XIIIe siècle et de la formation des Universités, il serait ridicule de parler encore de ténèbres et d'ignorance universelles. Si tant d'élèves fréquentaient nos Universités, c'est apparemment qu'ils étaient préparés aux hautes études par un enseignement donné un peu partout.

BIBLIOGRAPHIE

Nous croyons être utile à nos lecteurs en leur donnant l'indication des principales sources auxquelles nous avons puisé.

Les Bollandistes, *Acta Sanctorum*.

Labbe, *Collection des Conciles*.

Gallia christiana.

Migne, *Patrologie latine*.

Margar. de la Bigne, *Bibliothecæ veterum Patrum*.

Baluze, *Regum francorum Capitularia*.

Duchesne, *Hist. francorum scriptores coætanei*.

Dom Bouquet, *Rerum gallicarum et francicarum scriptores*.

Marchegay et Salmon, *Chronica de gestis consulum Andegavorum*.

Joan. Trithemii, *Chronicon Hirsaugiense*.

Petri Blesensis, *Opera omnia.*

Joan. Saresb., *Policrat.;* — *Metal.*

Baronius, *Annales ecclesiastici.*

Dom Martène, *Veterum scriptorum et monumentorum... amplissima collectio;* — *Thesaurus novus Anecdotorum;* — *Commentarius in regulam S. Patris Benedicti.*

Mabillon, *Acta Sanctorum Ordinis S. Benedicti;* — *Vetera analecta;* — *Annales Ordinis S. Benedicti;* — *Traité des Études monastiques.*

Bernard Pez, *Thesaurus Anecdotorum.*

Du Cange, *Glossarium mediæ et infimæ latinitatis.*

Jean Launoi, *De scholis celebrioribus.*

D'Achéry, *Veterum aliquot scriptorum... Spicilegium.*

Ziegelbauer, *Historia rei litterariæ.*

Flodoard, *Histoire de l'Église de Reims.*

Dom Rivet, *Histoire littéraire de la France,* édition Paulin Pàris.

Dom R. Ceillier, *Histoire générale des auteurs sacrés et ecclésiastiques.*

Chronique de Guisnes et d'Ardres, par Lambert, curé d'Ardres.

Thomassin, *Ancienne et nouvelle Discipline de l'Église.*

Recueil des historiens des Gaules, par les religieux bénédictins de la Congrégation de Saint-Maur.

Voyage littéraire de deux religieux de la Congrégation de Saint-Maur.

Du Boulay, *Histoire de l'Université de Paris.*

Claude Joly, *Traité historique des Écoles épiscopales.*

Lebeuf, *Dissertation sur l'état des sciences en France, depuis la mort du roi Robert jusqu'à celle de Philippe le Bel.*

Dom Michel Félibien, *Histoire de la ville de Paris.*

Dom Lobineau, *Histoire de la Bretagne.*

Cartulaires de l'abbaye de Redon, de Notre-Dame de Paris, de l'abbaye de Saint-Bertin, de Saint-Père de Chartres, etc.

Fleury, *Histoire ecclésiastique;* — *Traité des Études.*

Examen critique des Recherches historiques sur l'esprit primitif et sur les anciens collèges de l'Ordre de Saint-Benoît.

Mémoires des Antiq. de Normandie.

Documents inédits sur l'histoire de France, archives administratives de la ville de Reims.

Guizot, *Collection des Mémoires relatifs à l'histoire de France;* — *Histoire de la civilisation en France.*

Guérard, *De la formation de l'état social, politique et administratif de la France;* — *Polyptique d'Irménon.*

Théry, *Histoire de l'éducation en France.*

Montalembert, *Histoire des Moines d'Occident.*

Baudrillart, *Les Populations agricoles de la France. Normandie et Bretagne.*

Ch. de Beaurepaire, *Recherches sur l'instruction publique dans le diocèse de Rouen avant 1789.*

Jourdain, *Histoire de l'Université de Paris au* XVIIe *et au* XVIIIe *siècle.*

Albert Lenoir, *Architecture monastique.*

Viollet-le-Duc, *Revue archéologique.*

M. de la Borderie, *Mélanges d'histoire et d'archéologie bretonnes.*

M. Léon Gautier, *La Chevalerie;* — *Les Épopées françaises.*

M. Léon Maitre, *Les Écoles épiscopales et monastiques de l'Occident.*

Dom Piolin, *Histoire de l'Église du Mans.*

Dom Lhuillier, *Vie de saint Hugues, abbé de Cluny.*

M. le comte de Fontaine de Resbecq, *Histoire de l'enseignement primaire avant 1789 dans les communes qui ont formé le département du Nord.*

M. Ernest Sémichon, *Histoire de l'abbaye d'Aumale.*

M. Léon Lebon, *Histoire de l'enseignement populaire;* — *Répertoire historique, analytique et raisonné de l'enseignement populaire en Belgique.*

MM. Henne et Wauters, *Histoire de Bruxelles.*

Mémoires couronnés et Mémoires étrangers publiés par l'Académie royale des Sciences, des Lettres et des Beaux-Arts de Belgique.

M. l'abbé Demimuid, *Jean de Salisbury.*

M. Lecoy de la Marche, *La Chaire française au moyen âge.*

M. le chanoine Guillotin de Corson, *Pouillé historique de l'archidiocèse de Rennes.*

M. l'abbé Lecanu, *Histoire du diocèse de Coutances et d'Avranches.*

M. Ch. de Ribbe, *La Famille et la Société en France avant la Révolution.*

M. Ch. Pfister, *Études sur le règne de Robert le Pieux*.

M. l'abbé Augustin Sicard, *Les Études classiques avant la Révolution ; — Les deux Maîtres de l'enfance*, Etc., etc.

INTRODUCTION

De l'Enseignement primaire depuis la mort de Charlemagne jusqu'au XIe siècle.

Œuvre de Charlemagne continuée par ses premiers successeurs. Décadence des études, ses causes. — L'Église reste seule chargée de l'enseignement. Mesures qu'elle prend ; écoles qu'elle maintient ou établit. — Coup d'œil sur le IXe et le Xe siècles. — Efforts persévérants couronnés de quelques succès ; progrès accomplis ; demi-renaissance coïncidant avec l'avènement des Capétiens.

JEAN-JACQUES Ampère, après avoir rappelé toutes les mesures prises par Charlemagne pour répandre l'instruction dans ses vastes états et spécialement dans le nord de l'empire, donne les résultats suivants : « Charlemagne avait fondé une école auprès de chaque évêché, de chaque cathédrale, de chaque monastère et de chaque paroisse ; par là il avait établi en France plus d'écoles primaires qu'il n'en existe aujourd'hui⁽¹⁾. » Ces résultats pourront paraître exagérés ; et, en fait, il serait difficile de prouver, avec des textes à l'appui, que les intentions de Charlemagne aient été partout comprises et ses ordres fidèlement exécutés. Du moins ce grand homme avait, inspiré par sa foi et poussé par le sentiment profond des besoins de ses peuples, osé entreprendre ce qui ne s'était vu ni à Athènes ni à Rome, même au temps de sa plus grande splendeur, sous César et Auguste⁽²⁾ : il s'était ardemment occupé, non d'enseigner lui-même, fonction qui n'entre nullement dans la notion de l'État, mais d'encourager les études, de répandre partout au moins les connaissances les plus élémentaires; et il avait ouvert à cet effet des établissements d'instruction publique⁽³⁾. On

---

(1) J.-J. AMPÈRE, *Histoire littéraire de la France*, t. III, p. 230.

(2) CIC., *De Rep.*, IV, 2. — DEZOBRY, *Rome au siècle d'Auguste*, t. II, l. LV.

(3) Voir dans BALUZE, *Capitul. reg.*, t. I, et dans LABBE, *Concil.*, t. VI et VII, tous les décrets et règlements de Charlemagne relatifs à l'enseignement.

sait avec quel zèle il fut secondé dans son œuvre par les évêques et les moines; l'histoire a conservé religieusement les noms de ses principaux collaborateurs : Alcuin, Théodulfe, Leidrade, Paulin d'Aquilée, Pierre de Pise, Paul Warnfried, etc.

L'œuvre de restauration, si heureusement commencée par le grand empereur, ne fut pas subitement ni complètement interrompue, comme quelques-uns l'ont dit après une étude trop superficielle. Du vivant même de son père, Louis le Pieux ou le Débonnaire s'était appliqué à réaliser dans son royaume d'Aquitaine ce qui avait été fait avec tant de succès dans le Nord. Dévoué à l'Église et à ses institutions, il avait aidé saint Benoît d'Aniane dans la réforme de l'Ordre bénédictin et contribué à la fondation d'une multitude de monastères; il avait appelé des maîtres de lecture, de chant, de littérature sacrée et profane[1]. Peu

---

(1) Cf. J.-J. AMPÈRE, *op. cit.*, t. III, p. 230-231. Ardon dit aussi de saint Benoît d'Aniane : « Instituit

de temps après son avènement à l'empire, en 816, sous le pontificat d'Étienne IV, il provoqua la réunion d'un concile à Aix-la-Chapelle. Ce concile, comme celui qui s'était tenu à Mayence trois ans auparavant, s'occupa de la question des études. Le canon 135 entre dans de grands détails sur la manière dont les enfants et les jeunes gens, qui étaient élevés dans les communautés de Chanoines réguliers, devront être formés à la science et aux bonnes mœurs, et il ordonne expressément aux évêques d'y veiller[1]. Dans son capitulaire, promulgué en 822, le pieux empereur faisait instance auprès des évêques, leur recommandant d'ériger partout des écoles pour les clercs[2]. Bien plus, au concile de Paris, tenu

cantores, docuit lectores, habuit grammaticos, et scientia Scripturarum peritos, de quibus etiam quidam post fuere episcopi, adgregavit. Librorum multitudinem congregavit. » (THOMASSIN, *Ancienne et nouvelle discipline de l'Église*, part. II, t. I.)

(1) LABBE, *Concil.*, t. VII, col. 1400-1401.
(2) ID., *ibid.*, col. 1534.

en 829, il inspira le décret suivant : « Chaque évêque ou curé présentera au concile provincial ses écoliers, afin qu'on juge par là de son zèle pour les instruire[1]. »

Quand on voit ce souci constant des études dans un prince portant le poids d'un si lourd héritage et environné de tant de difficultés, on comprend les éloges que lui décernent certains auteurs contemporains, et l'on se sent disposé à en pardonner l'expression exagérée. Ainsi l'historien Thégan célèbre sa profonde érudition ; Jonas, évêque d'Orléans, un des esprits les plus éclairés de cette époque, écrivant à Charles le Chauve la lettre dédicatoire de son ouvrage *Du Culte des Images*, ne craint point d'assurer que le roi son père n'avait pas seulement imité, mais surpassé le zèle et l'ardeur de Charlemagne à soutenir et à favoriser les sciences humaines, et l'étude des Pères et des saintes Écritures[2].

---

(1) LABBE, *Concil.*, t. VII, col. 1663.
(2) DUCHESNE, *Hist. francorum scriptores coetanei*, t. II, p. 226, 279.

En dépit de tous les soins, règlements et prescriptions de Louis le Pieux, le nombre des écoles, loin d'augmenter, diminuait déjà et allait diminuer encore pendant un siècle et demi. Dom Rivet nous signale, d'accord avec tous les historiens, les causes principales de cette décadence, et parmi ces causes les divisions et les guerres intestines entre les princes carlovingiens, la faiblesse de leur gouvernement, les sanglantes irruptions des Normands au nord, des Musulmans au midi, irruptions qui couvrirent de ruines le sol de la Gaule et amenèrent à leur suite toute espèce de désordres[1].

L'ignorance, un instant repoussée de notre pays, menaçait de l'envahir de nouveau. Le concile de Valence, tenu en 855 sur l'initiative de l'empereur Lothaire, le constatait avec tris-

---

[1] *Histoire littér. de la France par les religieux bénédictins de la Congrég. de Saint-Maur.* Édit. Paulin Pâris, t. IV, p. 218.

tesse[1]. De son côté, Loup de Ferrières, un des plus grands humanistes de ce siècle, assurait qu'une plainte universelle s'élevait sur l'incapacité des maîtres, la pénurie de livres, le manque de loisirs pour cultiver les lettres[2]. Charles le Chauve travailla à rétablir les écoles. C'était, s'il faut en croire ses contemporains, un esprit orné et ami de la science, comme Judith, sa mère. Il sut attirer à sa cour des maîtres renommés, et en particulier le fameux Jean Scot Érigène, à qui il confia la direction de l'école du palais. Cette école, dont nous n'aurons plus occasion de parler, paraît avoir été fondée par les Mérovingiens pour l'éducation des jeunes nobles attachés à la cour et des clercs qui se recrutaient dans tous les rangs

---

(1) Canon XVIII : ... « qui ex hujus studii longa intermissione, pleraque ecclesiarum Dei loca et ignorantia fidei et totius scientiæ inopia invasit. » (LABBE, *Concil.*, t. VIII, col. 142.)

(2) LUP. FERRAR., *Epist. XXXIV, ad Altwinum monachum*, apud MIGNE, *Patrol. lat.*, t. CXIX, col. 500.

de la société, parmi les fils des serfs aussi bien que parmi les fils des hommes libres [1]. Restaurée par Charlemagne, elle se maintint sous Louis le Pieux, devint florissante sous Charles le Chauve, puis tomba dans l'obscurité et s'éteignit peu après [2].

Charles le Chauve étendait en même temps sa sollicitude sur des écoles d'un éclat moins éphémère et d'une importance bien autrement grande soit par leur nombre, soit par leur stabilité, nous voulons dire les écoles épiscopales et monastiques. Ici encore on peut remarquer une louable émulation entre les deux pouvoirs :

---

(1) « Scholæ Palatinæ apud Francos nobilibus quibusque destinatæ erant. Atque, ut laicis et clericis communes fuerint etiam aliæ scholæ, id etiam sententiæ nostræ favet. » (MAB., *Præfationes, præfat. in sæculum quartum*, p. 288.) « Postea vero cum ad expeditiones bellicas urgeretur, unum eorum nomine Clementem in Gallia residere precepit, cui et pueros nobilissimos, mediocres et infimos satis multos commendavit, etc. (D. BOUQUET, t. V, p. 107, *Mon. Sang. chron.*, t. I.)

(2) Cf. *Les Écoles épiscopales et monastiques de l'Occident*, par M. LÉON MAÎTRE, chap. IV.

les évêques, réunis en concile ou en synode, rappellent au prince l'exemple de ses religieux prédécesseurs et l'invitent à multiplier les écoles[1]; le prince, à son tour, presse les évêques et les abbés de consacrer tous leurs soins à l'éducation des enfants. Il applaudit au désintéressement de ceux qui s'engagent à donner l'instruction gratuite, pour plaire à Dieu et à Saint-Martin[2].

Charles le Chauve est le dernier empereur qui prête à l'Église un secours efficace dans l'œuvre de l'éducation publique. Ses successeurs ont une autorité trop précaire et sont trop occupés à la défendre pour songer aux besoins intellectuels de leurs sujets. Le pouvoir impérial, comme la société qu'il gouvernait, allait se démembrer, se dissoudre. Les peuples divers, un moment réunis par la forte main de Charlemagne, reprenaient peu à peu leur autonomie,

---

(1) LABBE, *Concil.*, t. VIII, col. 692.
(2) *Diplomata Caroli Calvi*, XXIX. De scholis S. Mart. Turonensis, t. VIII de Dom BOUQUET.

leur vie particulière ; les compagnons de l'empereur, les hommes qui participaient de plus près et dans une plus large mesure à son autorité, se rendaient indépendants ; bientôt il y eut autant de souverains que de ducs, de comtes, de marquis : foule immense de petites souverainetés juxtaposées, au-dessus desquelles plana quelque temps encore, comme un symbole, le vain titre d'empereur conservé aux descendants des Carlovingiens. Le régime féodal était fondé.

Il faut donc le constater : après des efforts persévérants et couronnés d'un certain succès, les rois se déclarent, par la force même des choses, impuissants ; désormais la société n'a plus rien à attendre d'eux en faveur de l'instruction jusqu'à l'avènement d'une nouvelle dynastie. Les seigneurs féodaux, en s'emparant du pouvoir, ne se croient point en état d'en accepter tous les devoirs, devoirs dont ils n'ont d'ailleurs qu'une idée confuse. Se défendre contre les incursions des ennemis ou les tentatives de voisins ambitieux et pillards, faire eux-mêmes des expéditions hardies et lucratives, protéger les pauvres gens qui se donnent à eux et viennent chercher quelque sécurité autour de leur donjon, respecter en général les églises et les monastères, au besoin leur faire rendre justice, en un mot, veiller sur les intérêts matériels, être sans cesse en éveil, sans cesse en haleine, voilà leur vie et toute leur morale sociale. Mais que l'Église, ne désespérant point de l'avenir, lutte contre l'ignorance, essaie de sauver quelques débris des sciences, qu'elle s'avise même d'endoctriner les manants et les serfs, ils le trouvent naturel et lui cèdent volontiers toute autorité en pareille matière. Qu'elle prépare seule les règlements relatifs aux écoles, ils n'en prennent point ombrage; que, dans l'intérêt des âmes, elle légifère, exhorte, menace, ils n'y mettent point obstacle. Eux-mêmes s'adresseront à elle pour former le cœur de leurs enfants, pour leur donner quelques notions de lecture et de calcul. Ils ne sont point, en effet, ennemis de toute instruction; ils pensent que la lecture particulièrement offre d'utiles distractions pendant les heures de solitude et les longues veillées. Nos grandes chansons de gestes ne sont pas encore créées; mais on y prélude par des récits merveilleux et des cantilènes héroïques, compositions d'une beauté simple et primitive, pleines de sève et de poésie, chants qui ravissent les âmes religieuses, guerrières et encore barbares de l'époque. Aussi Dom Rivet remarque-t-il qu'au xe siècle on lit partout des romans, « ces agréables amusements des honnêtes paresseux, » comme parle un peu dédaigneusement le savant Huet[1].

Ainsi l'Église reste seule chargée de l'éducation de la société, œuvre difficile, mais non pas nouvelle pour elle. L'Église a toujours cru avoir, non pas seulement le droit, mais le

---

(1) *Hist. littér.*, t. VI, p. 12 et suiv. — Huet, *Lettre à Segrais*.

devoir d'enseigner. Divinement établie pour conduire les hommes à leur fin surnaturelle, elle garde en dépôt toute la doctrine du salut, merveilleux ensemble de faits et de vérités, qu'elle propose à la méditation des doctes, et qu'elle sait rendre accessibles aux intelligences les plus simples. Elle veut, en effet, l'assentiment de l'esprit, une foi raisonnable, comme dit saint Paul, « rationabile obsequium ». Mais par cela même qu'elle s'adresse à la raison, elle s'impose la tâche de préparer la raison à recevoir ses divins enseignements; elle ne s'oblige pas moins à la prémunir contre l'erreur. L'Église le comprit dès le premier moment; c'est un point qu'il n'est plus permis de contester après les savantes études d'érudits tels que Thomassin, l'illustre oratorien, et M. Théry [1]. Ce dernier a pu dire en parlant des premiers siècles : « Autant d'églises par-

---

[1] THOMASSIN, *Ancienne et nouvelle discipline de l'Église*, part. II, t. I. — M. THÉRY, *Hist. de l'éducation en France*, t. I.

ticulières, autant d'écoles, » écoles bientôt florissantes et qui étaient parvenues, bien avant les invasions barbares, à éclipser, à tuer même dans les Gaules les écoles païennes. De son côté, M. Guizot a rendu à l'Église ce bel hommage : « Du IVe au XIIIe siècle, c'est l'Église qui a marché la première dans la carrière de la civilisation [1]. »

Il est vrai, et nous devons dès maintenant le bien établir, l'Église était la première intéressée à fonder, à entretenir des écoles qui lui étaient indispensables pour le recrutement du sacerdoce. Elle tenait, et avec beaucoup de raison, à susciter, à préparer les vocations ecclésiastiques, à former elle-même dès le bas âge ses futurs ministres, ceux qui devaient arriver à l'honneur de la prêtrise, et ceux qui ne devaient exercer que les fonctions d'un ordre inférieur, comme celles de chantre, de lecteur, de portier, d'économe, de notaire et de défen-

---

[1] Guizot, *Hist. de la civilisation en France*, t. I.

seur⁽¹⁾. Cette intention est très nettement indiquée par le concile de Vaison, tenu en 529, le premier en France qui se soit occupé des écoles presbytérales⁽²⁾, et par le concile d'Orléans de 533, qui défendait d'ordonner aucun prêtre, aucun diacre qui ne fût lettré. Elle ne paraît pas moins dans les divers capitulaires de Charlemagne et de ses successeurs, et dans les canons des conciles du ixe siècle. Si nous avions besoin d'un témoignage plus explicite encore à cet égard, il nous serait fourni par le prêtre Beatus, d'Espagne, dans son premier livre contre Elipand. Ce saint prêtre déclare formellement qu'on n'envoyait aux écoles que les enfants qu'on destinait à la cléricature, les autres se contentant d'apprendre la doctrine chrétienne, à peu près comme le font maintenant les enfants qui assistent au catéchisme de nos paroisses⁽³⁾.

(1) Cf. *Lérins au ve siècle*, par M. l'abbé Goux.
(2) Labbe, *Concil.*, t. IV, col. 1679.
(3) Cité par Thomassin, *op. cit.*

Est-ce à dire que l'Église profitât seule de l'enseignement distribué dans les écoles? Il serait impossible de le soutenir. On choisissait assurément les enfants qui montraient le plus d'aptitude pour le service des autels et qui donnaient les plus belles espérances; mais on n'imposait de contrainte à aucun. L'Église a toujours voulu voir dans ceux qu'elle admet aux ordres des signes manifestes de vocation; et, si l'ambition ou l'intérêt ont forcé parfois les portes du sanctuaire, c'est en dépit de ce sage avis constamment répété : que personne n'entre, s'il n'est appelé. Il semble donc tout naturel de croire que quelques-uns de ces jeunes gens, parvenus à la fin de leurs études préparatoires, refusaient de quitter le monde, parce qu'ils ne sentaient pas ou qu'on ne sentait pas en eux l'appel de Dieu. Et il n'est pas nécessaire d'aller chercher dans l'histoire d'illustres exemples d'hommes d'État ou d'hommes d'épée sortis des écoles épiscopales et presbytérales. On trouverait de même aujourd'hui dans les différentes carrières civiles et militaires nombre d'hommes qui ont passé par nos petits séminaires avec l'idée première d'entrer dans le clergé. Le concile de Vaison[1], que nous citions tout à l'heure, se met lui-même en face d'une éventualité de ce genre : il suppose qu'un jeune homme, instruit à l'école et sous le toit de son pasteur, veuille, une fois arrivé à l'âge adulte, s'engager dans les liens du mariage, et il défend qu'on mette des entraves à son désir. Dans ce cas, on aura travaillé à l'éducation d'un laïque, mais accidentellement ; et d'ailleurs on n'aura perdu ni son temps ni sa peine. Allons plus loin : serait-il téméraire de conjecturer que bien des enfants ont fréquenté les écoles ecclésiastiques dans l'unique dessein de s'instruire et sans jamais avoir eu la pensée de servir l'Église dans les rangs de ses ministres ? Trouvant auprès d'eux des maîtres dévoués et bienveillants, ils auront désiré assister à leurs

---

[1] LABBE, *Concil.*

leçons, et cette faveur leur aura été accordée, selon la recommandation de Théodulfe, évêque d'Orléans, aux pasteurs de son diocèse : « Que les prêtres établissent des écoles dans les villages et dans les bourgs, et si quelqu'un de leurs paroissiens veut leur confier ses enfants pour leur apprendre les lettres, qu'ils se gardent de le rebuter et de lui refuser ce qu'il demande; au contraire, qu'ils s'appliquent à leur éducation avec un soin extrême...»

En résumé, et d'une manière générale, nous partageons l'opinion d'un écrivain contemporain sur les écoles presbytérales du IXe et du Xe siècle : « Ces écoles ne sont pas des écoles primaires, c'est-à-dire des écoles donnant l'enseignement primaire pour lui-même et recevant principalement des enfants non destinés aux carrières libérales[1]. » Toutefois, nous nous séparerons de lui sur un point. Il ne veut voir dans

---

(1) *L'Instruction primaire en France avant 1789*, par J. STANISLAS. (*Le Contemporain*, 1er sept. 1880.)

les « infantes, parvuli, pueri, » dont parlent les ordonnances impériales ou épiscopales, que des enfants d'un âge plus ou moins avancé, semblables à ceux à qui les prêtres de nos villages, encore actuellement, apprennent les éléments du latin et du grec, pour les préparer à entrer dans un grand séminaire. Cette assimilation nous semble inexacte. Aujourd'hui les prêtres ne se chargent que d'enfants qui ont déjà passé par les mains des instituteurs ou des Frères; autrefois ils devaient commencer l'instruction par l'*a b c*. D'autre part, il fallait bien, pour les besoins mêmes du culte, donner de très bonne heure à un certain nombre d'enfants des notions de lecture et de chant.

Ce que nous disons ici des écoles presbytérales n'est pas moins vrai, proportions gardées, de toutes les autres. Partout on dépasse l'enseignement primaire, mais partout aussi l'enseignement primaire est la base du programme plus ou moins étendu des études, qui part des notions les plus élémentaires, et, dans les écoles épiscopales et monastiques, embrasse les cours supérieurs de philosophie, de théologie et d'Écriture sainte. La plupart des élèves qui suivent ces cours supérieurs ont fait leurs débuts dans les écoles mêmes où s'achève leur éducation; car « il y a partout, dans les hautes écoles, une division abécédaire confiée à un ou plusieurs maîtres [1]. »

Tel est l'état des choses au ixe siècle, et la situation ne se modifiera pas avant le xie. L'Église va poursuivre son œuvre au milieu des difficultés que nous avons signalées et qui doivent grandir encore, difficultés dont il faudra tenir grand compte, si l'on trouve que le progrès s'accomplit lentement, si même l'on constate un recul.

A partir de ce moment, nous ne voyons plus guère les conciles s'occuper des écoles et édicter de nouveaux règlements. Le besoin ne s'en fait

---

[1] *Diction. de Pédagogie*, 1re partie, t. I, art. École. — Cf. MART., *Ampl. Collect.*, t. IX, p. 1069. — MAB., *Ana.*, t. III, p. 330, 331. — *Hist. littér.*, t. IX, p. 30.

nullement sentir ; la direction est donnée. On se contente de renouveler les prescriptions des capitulaires et des conciles antérieurs, et de les appliquer dans la mesure que comportent les circonstances. C'est la tâche des évêques dans leurs diocèses, des abbés ou des prieurs dans leurs monastères.

Les évêques montrent-ils partout le même zèle pour l'instruction des fidèles confiés à leurs soins ou la formation des ministres sacrés, il n'est que trop permis d'en douter ; et l'histoire, consultée aux sources, est tristement instructive, non pas tant sur l'affaiblissement des croyances religieuses que sur le relâchement de la discipline et sur les désordres qui s'introduisirent dans le clergé à la suite des bouleversements et des maux que nous avons rappelés. Quelques ordonnances épiscopales, qui nous ont été conservées, témoignent cependant d'un vrai désir de ne pas laisser se perdre le fruit d'efforts persévérants, soutenus depuis près d'un siècle ; elles nous permettent en même temps de deviner les obstacles de toute sorte qui s'opposaient au maintien des écoles anciennes ou à l'établissement de nouvelles. En 858, Hincmar, archevêque de Reims, exprimait le vœu que chaque recteur ou curé eût un clerc, c'est-à-dire, un homme lettré [1], qui pût tenir une école, lire l'épître, et chanter au chœur [2], prescription conforme à celle du pape Léon IV [3]. La même année, Hérard, archevêque de Tours, rappelait à ses prêtres que leurs paroisses avaient besoin de petites écoles, et qu'eux-mêmes, outre l'obligation dans laquelle ils étaient d'y pourvoir, devaient encore se soucier d'y avoir des livres corrigés et d'apprendre le comput [4]. Peu après, Gauthier ou Vauthier, évêque d'Orléans, disait : « Que chaque prêtre ait son clerc, qu'il forme lui-même avec un soin religieux. S'il le

---

(1) Cf. *Glossaire* de Du Cange, t. II, p. 393.

(2) Labbe, *Concil.*, t. VIII, col. 573.

(3) Labbe, *ibid.*, col. 117.

(4) « Ut scolas presbyteri pro posse habeant, et libros emendatos. Ut presbyteri compotum discant. » (Labbe, *Concil.*, t. VIII, col. 629.)

peut, qu'il tienne une école, et donne à ses disciples une instruction morale [1]. » Ce n'était pas là des voix isolées, s'élevant au milieu de l'indifférence générale. On est fondé à le dire, quand on voit le synode de Langres et le concile de Savonnières, près Toul, tenus en 859, faire, sous l'empire des mêmes préoccupations, les recommandations les plus pressantes comme les plus appropriées aux nécessités du temps [2].

Ce serait ici le lieu de citer les principales écoles qui furent établies dans les Gaules pendant toute cette époque de pénible et lente restauration qui commence au règne de Charlemagne. Des érudits l'ont fait, depuis Claude Joly et Launoi jusqu'à M. Léon Maître [3].

---

[1] LABBE, *Concil.*, t. VIII, col. 638.

[2] «... Constituantur undique scholæ publicæ, scilicet ut utriusque eruditionis, et divinæ scilicet et humanæ, in ecclesia Dei valeat accrescere... » (LABBE, *ibid.*, col. 692.)

[3] CLAUDE JOLY, *Traité hist. des écoles épiscopales et ecclésiastiques*. — JEAN LAUNOI, *De scholis celebrioribus*. — M. LÉON MAITRE, *Les Écoles épiscopales et monastiques*.

Nous n'éprouvons pas le besoin de donner cette nomenclature avec les commentaires qu'elle entraînerait, nous nous occupons uniquement d'enseignement primaire, c'est-à-dire d'écoles modestes *qui n'ont point d'histoire*, et notre but est d'établir leur existence, de faire connaître leur mode de fonctionnement et leurs résultats. Nous remarquerons seulement que les écoles épiscopales et presbytérales eurent, avant de devenir des institutions vraiment stables, leurs alternatives de prospérité et de revers, qu'elles subirent même çà et là des éclipses momentanées presque totales. Ainsi l'historien de l'Église de Reims, Flodoard, raconte que « l'honorable pontife Foulques, toujours plein de sollicitude pour le culte de Dieu et l'ordre ecclésiastique et embrasé de l'amour de la sagesse, rétablit à Reims deux écoles presque tombées en ruines : celle des Chanoines du lieu et celle des Clercs de la campagne, » et qu'il sut attirer auprès de lui deux des plus grands maîtres de l'époque : Remi d'Auxerre et Hucbald de Saint-Amand[1].

S'il est des hommes qui soient entrés pleinement dans la pensée de Charlemagne, qui aient prêté à son œuvre un concours généreux et sans défaillance, ce sont les moines. Un des plus grands évêques, qui est en même temps un des écrivains les plus distingués de notre siècle, a dit : « Les ordres religieux qui ont défriché le sol de l'Europe ont fait beaucoup plus; ils ont défriché les landes incultes de l'âme humaine[2]. » Montalembert, pour composer son bel ouvrage, *Les Moines d'Occident,* que tout le monde a lu et qui restera, n'a point eu à grossir ou à farder la réalité; il s'est efforcé de comprendre, puis de peindre avec exactitude. Mais parce qu'il avait cette puissance d'imagination qui reconstitue et fait revivre le passé, il a répandu un charme inex-

---

[1] FLODOARD, *Hist. de l'Église de Reims,* l. IV, ch. IX.
[2] Mgr GERBET, *Introduction au dogme réparateur,* p. 123.

primable sur tous ses récits, et parce qu'en étudiant les moines il s'est épris de sympathie pour ces natures fortes, naïves et généreuses, il n'a pu se défendre de parler avec âme de ce qu'il aimait. L'admiration a paru à quelques-uns excessive, et l'hommage rendu trop éclatant. On s'est même plu à établir une opposition entre les écoles épiscopales et la grande majorité des écoles monastiques, celles-ci étant présentées comme conçues dans un esprit moins large, moins libéral et moins humain[1]. L'étude que nous ferons plus loin de la discipline dans les écoles monastiques nous montrera ce qu'il faut penser de ce reproche. En attendant, qu'on revienne un instant par la pensée, non pas sur les XIe et XIIe siècles, époque où l'Ordre bénédictin atteignit son plus haut degré de splendeur, mais seulement sur les deux siècles qui précèdent, et l'on

---

[1] Cf. *Études sur le règne de Robert le Pieux*, par CH. PFISTER (*Bibliothèque de l'école des Hautes Études philologiques et historiques*, 64e fascicule).

verra que les grands humanistes et éducateurs dont on y rencontre les noms appartiennent presque tous au clergé régulier. Il suffit de citer saint Benoît d'Aniane, saint Pascase Radbert, abbé de Corbie; Raban-Maur, le savant écolâtre de Fulde; Heiric, moine de Saint-Germain d'Auxerre, dont les leçons eurent un tel retentissement que Charles le Chauve lui envoya son fils Lothaire[1]; Loup, abbé de Ferrières; Remi d'Auxerre et Hucbald de Saint-Amand, deux émules dans l'enseignement que l'histoire des lettres aime à réunir; le bienheureux Notker le Bègue, moine de Saint-Gall, homme d'un vaste savoir; saint Odon, abbé de Cluny, un des hommes qui contribuèrent le plus à la prospérité de cette puissante abbaye; saint Abbon, abbé de Fleury ou Saint-Benoît-sur-Loire. A ces noms on devrait ajouter le célèbre Rathier, évêque de Vérone, qui dans sa jeunesse fut moine au

---

[1] M. Léon Maitre, *loc. cit.*, p. 59.

monastère de Lobbes, puis revint au même lieu ou dans quelque monastère voisin terminer une vie laborieuse et tourmentée, remplie des plus curieuses vicissitudes; on devrait ajouter surtout Gerbert, la lumière de son siècle, Gerbert qui, avant de professer avec tant d'éclat aux écoles de Reims, avant de devenir le précepteur des empereurs d'Allemagne, archevêque de Reims, de Ravenne, puis pape sous le nom de Sylvestre II, avait fait son éducation et avait pratiqué la vie religieuse au monastère d'Aurillac. Si certaines écoles épiscopales eurent alors plus de renommée que les écoles monastiques, elles le durent principalement aux moines que les évêques appelèrent auprès d'eux [1].

Nous ne pouvons, dans ce rapide aperçu, passer en revue les abbayes et monastères de cette époque, et montrer quel soin on y prenait de l'enfance. Toutefois il nous sera permis

---

[1] MAB., *Præfat. ad sæcul. III. Bened.*, § IV, n. 46.

de dire un mot de la région à laquelle nous appartenons, et qu'on accuse d'être restée alors absolument réfractaire aux études. Voici, en effet, ce que nous lisons dans l'ouvrage, d'ailleurs si intéressant, de M. Léon Maître : « C'est en vain que nous avons cherché à découvrir la trace des établissements scolaires fondés dans les diocèses de la Bretagne. Isolé du reste du royaume autant par son humeur que par sa situation géographique, ce pays semble n'avoir pris aucune part au mouvement rénovateur. Nous ne le verrons sortir de son indifférence que vers la fin du XIe siècle[1]. » Si le savant archiviste de la Loire-Inférieure avait poussé plus loin ses recherches, il aurait trouvé quelques traces d'établissements scolaires. On lit dans les *Acta Sanctorum* de Mabillon que saint Gildas, après s'être formé sous l'austère discipline du bienheureux Iltud ou Ydeuc, émigra en Armorique au VIe siècle et s'établit

---

[1] M. Léon Maitre, *loc. cit.*, p. 50.

d'abord, pour y mener une vie solitaire, dans une île située en face de cette langue de terre que nous appelons la presqu'île de Rhuys. Bientôt la renommée de ses vertus s'étendit au loin, et de tous côtés on lui amena des enfants en le priant avec instance de se charger de leur éducation. Le saint y consentit avec empressement[1], et, pour donner asile à sa famille spirituelle qui s'accroissait sans cesse, il bâtit un monastère, monastère qui existait encore au xie siècle, lorsque Félix, moine de Fleury, en prit la direction, et qui continuait toujours d'instruire des enfants[2]. Au commencement du viie siècle, saint Méen fondait le monastère de Saint-Jean de Gaël[3], et il comptait

---

[1] « Cœperunt hinc et inde venire ad eum et ejus magisterio et doctrinæ commendare filios suos erudiendos : quos omnes libenter suscipiens spirituali eos eruditione erudiebat. » (MAB., *Act.*, t. I, p. 143.)

[2] MAB., *Act., ibid.*, p. 149.

[3] Chronicon Britannicum ex collectione M. S. ecclesiæ Nannetensis, apud Dom LOBINEAU, *Hist. de la Bretagne*, t. II, col. 30.

parmi ses disciples un prince breton, saint Judicaël.

Ainsi voilà, dès cette époque reculée, deux maisons d'éducation ouvertes en Bretagne. Ce n'est pas tout. Les actes de la vie de saint Convoyon nous apprennent qu'un fils de bonne maison trouvait, au IXe siècle, dans le pays de Vannes, des ressources pour une éducation libérale[1]. Où se donnait l'instruction, les *Actes* ne le disent pas, ou plutôt indiquent assez clairement Vannes même. Ce jeune seigneur, devenu presque un savant, se retira avec des compagnons, de noble origine et instruits comme lui, dans un lieu solitaire et pittoresque, à une faible distance du confluent de la Vilaine et de l'Oust; et un ermite, nommé Gerfroid, demeurant dans la forêt de la Noüe, entre Josselin et La Chaise, fut averti en songe d'aller

---

[1] « Quem genitores liberalibus studuerunt tradere artibus imbuendum. Qui cum ingenio uteretur docili, repente factus est scientia summus. » (MAB., *Act.*, t. VI, p. 189.)

visiter ces vrais serviteurs de Dieu et de les former à la vie religieuse. Telle fut l'origine de la célèbre abbaye de Redon[1]. Elle était à peine fondée que les enfants des plus nobles familles vinrent en foule recevoir les leçons des bons moines. Désormais les centres d'études vont se multiplier en Bretagne. Des essaims de moines sortiront de Redon et d'autres grandes abbayes, comme Marmoutiers, Saint-Melaine de Rennes, Saint-Jacut de la Mer; ils couvriront l'Armorique de florissantes colonies, qui seront des lieux de prière et par surcroît des maisons d'étude.

Si l'existence d'écoles monastiques en Bretagne avant le XIe siècle n'est pas contestable, en est-il ainsi des écoles épiscopales? Les Actes de la vie de saint Convoyon permettraient seulement une conjecture relativement au diocèse de Vannes. Pour ce qui regarde les autres diocèses, nous n'avons trouvé qu'un rensei-

---

[1] MAB., *Act.*, t. VI, p. 195.

gnement certain : l'obituaire de Dol fait mention de deux prêtres scholastiques avant l'épiscopat de Baudri[1]. Mais Baudri appartient au xiie siècle; de combien d'années ces deux dignitaires de l'Église de Dol l'ont-ils précédé? il demeure impossible de l'établir, même d'une façon approximative.

Une pensée doit se présenter à l'esprit du lecteur : les monastères s'élèvent de toutes parts, même dans les contrées les plus déshéritées; les hommes qui y entrent ont l'esprit de leur vocation : comment se fait-il que l'instruction, qui est un de leurs buts, paraisse si peu se répandre, que quantité de moines restent eux-mêmes ignorants et grossiers? Un auteur, qui a visité en érudit et en artiste les monastères bénédictins d'Italie, va nous l'expliquer : « Quand la seconde invasion barbare arriva, dit-il, ni la protection des souverains,

---

(1) Cf. *Pouillé histor. de l'Archevêché de Rennes*, par M. le chanoine GUILLOTIN DE CORSON, t. I, p. 501.

ni même l'image si souvent tutélaire de la croix ne purent défendre les monastères contre les Normands, les Hongrois et les Sarrazins, dont les ravages s'étendaient de la mer Baltique à la mer de Sicile. Les églises incendiées, les écoles détruites, les trésors des chartriers et des bibliothèques dévastés, les moines massacrés ou mis en fuite, voilà les fléaux qu'apportaient avec eux les hordes sauvages qui, du IXe au Xe siècle, vinrent tant de fois dans les monastères chanter ce qu'ils appelaient « la messe des lances ». Au milieu de calamités semblables, auxquelles des communautés sans défense étaient bien plus exposées encore que des villes et des châteaux fortifiés, il était difficile qu'une exacte discipline fût toujours observée, que les travaux de l'art ou de la science fussent poursuivis avec zèle. Comment de pauvres moines qui, sous une menace continuelle de pillage et de mort, n'étaient jamais assurés du lendemain, auraient-ils pu se renfermer dans la stricte observance des devoirs prescrits par la règle et les traditions littéraires de leur Ordre? Aussi, une fois les barrières de la clôture monastique renversées, l'enseignement des écoles suspendu, le désordre et l'oisiveté pénétrèrent dans les cloîtres et, à leur suite, l'ignorance avec son triste cortège. Il ne faut donc pas s'étonner des mille plaintes que font entendre les auteurs contemporains en déplorant la décadence des mœurs et des études, et en montrant partout la nuit la plus sombre succédant à un jour lumineux. Ces plaintes, du reste, remarquons-le bien, ne s'appliquent pas seulement à l'état particulier du monachisme, mais à la situation générale de la société, qui, livrée à la tyrannie féodale et à l'invasion étrangère, tombait comme épuisée de lassitude pendant cette triste halte que forme le xe siècle [1]. »

---

[1] ALPHONSE DANTIER, *Les Monastères bénédictins d'Italie*, t. II, p. 249-250.

M. Dantier se sert du terme « nuit » communément employé, quand on cherche un mot expressif pour peindre la barbarie du xe siècle [1]. Ce terme est-il bien exact? Kant a dit : « Deux objets remplissent l'âme d'une admiration et d'un plaisir toujours renaissants : le ciel étoilé au-dessus de nos têtes, la loi morale au-dedans de nous-mêmes. » Les hommes du xe siècle n'étaient point privés de ces spectacles, ni des sentiments qu'ils font naître, sentiments qui sont les plus beaux du cœur humain. Lorsqu'ils élevaient leurs regards vers la voûte céleste, ils voyaient écrit « sur le front des étoiles » le nom de celui qui a fait le ciel et la terre avec

---

[1] Ce n'est pas le seul terme caractéristique dont on se serve. Qu'on lise les paroles d'un savant bénédictin : « Decursis quatuor primorum Ordinis sæculorum stadiis, nunc ad illud accedimus, quod sui asperitate ac boni sterilitate *ferreum*, malique exundantis deformitate *plumbeum*, atque scriptorum inopia *obscurum* appellat summus Annalium ecclesiasticorum conditor Baronius. Neque profecto suo colore caret hæc effigies, quantumvis deformis. » (ZIEGELBAUER, *Historia rei litterariæ*, t. I, p. 36.)

toutes leurs merveilles, et ils disaient avec le psalmiste : « Seigneur, notre maître, que votre nom est admirable dans toute la terre! Car votre magnificence s'élève jusque par-delà les astres. » Non qu'ils eussent besoin, pour découvrir le Créateur des mondes, d'un raisonnement plus ou moins compliqué, dont leur intelligence, du reste, n'était point incapable; ils n'avaient qu'à se rappeler les premières paroles du Credo, qu'ils avaient apprises dans l'enseignement de l'Église ou de l'école, et qu'ils récitaient chaque jour ; car si la plupart ne savaient pas lire, tous savaient prier. Cette profession de foi naïve, mais profonde, les mettait à l'abri des hésitations ou des erreurs dont les plus hautes intelligences du paganisme ne s'étaient point gardées. Si, détournant leurs yeux de la contemplation du monde, ils regardaient en eux-mêmes, ils découvraient un nouvel objet d'admiration et d'étonnement : c'est la loi morale, loi éternelle, immuable, universelle, loi qui oblige sans contraindre, qui règle toutes les volontés libres, et qui est manifestée par la conscience. La conscience, cette voix intime de l'âme qui commande et qui défend, elle parlait à tous avec une force souveraine, parce que l'autorité de ses préceptes était confirmée par l'enseignement indiscuté de la religion sur les joies du ciel et les peines de l'enfer [1]. Sans doute elle n'empêchait qu'imparfaitement le débordement des vices dans des natures pleines de fougue et impatientes de tout frein ; mais, remuant puissamment le cœur du coupable, elle amenait souvent le repentir et l'expiation. Il y a plus : du sein de ces populations grossières et de tous les rangs de la société surgissaient des âmes d'élite, vrais modèles de toutes les vertus. Qui pourra

---

[1] « Pour nous, disait fièrement un moine du VIIe siècle, pour nous, qui nous gardons de ces égarements (des païens), nous avons une physique véritable dans le récit historique des Écritures, une logique véritable dans les contemplations de la foi, de l'espérance et de la charité, une éthique véritable dans la pratique des préceptes divins. » (*Vita S. Maximini, abbatis Misiacensis.* MAB., *Act.*, t. I, p. 581, Prologus.)

dire combien ces apparitions bénies, sous le haubert comme sous le froc et la mitre, ont contribué à mettre dans les âmes de pureté, de générosité, de désintéressement, de douceur, en un mot, d'élévation morale?

Que l'on continue donc, si l'on veut, de parler de nuit à propos du xe siècle; mais que l'on dise que c'était une nuit étoilée, une nuit illuminée de tous les feux du ciel, comme ces nuits de l'Orient pendant lesquelles David, petit pâtre dans les champs de Bethléem, méditait sur les œuvres de Dieu, et au souvenir desquelles, devenu roi, il composait le psaume dont on a cité le début plein de grandeur et d'éclat. Les hommes pouvaient y marcher sans perdre de vue le but que la raison aussi bien que la foi leur montraient et qu'ils conservaient la volonté d'atteindre.

Cette remarque faite, on devra reconnaître que M. Alphonse Dantier, loin d'assombrir le tableau, se contente de tracer une esquisse, et qu'il laisse entendre plus de choses qu'il n'en dit. Le discours d'Hervé, archevêque de Reims, prononcé à l'ouverture du concile de Troslé, en 909, est autrement explicite : là c'est l'Église sondant la profondeur de son mal pour y chercher un remède. Le courageux métropolitain montre l'Église de Dieu comme abandonnée, et les crimes se multipliant de jour en jour; les évêques négligeant leurs devoirs, et particulièrement le ministère de la parole de Dieu, laissant périr, faute d'instructions et de bons exemples, le troupeau du Seigneur; les pillages et les violences continuant leur œuvre de destruction, et, comme résultats de tous les excès, les villes dépeuplées, les monastères ruinés ou brûlés, les campagnes désertes; le dérèglement où tombent les moines, les chanoines, les religieuses, parce qu'ils n'ont plus pour supérieurs que des étrangers; des abbés laïques consommant les revenus des monastères avec leurs femmes, leurs enfants et leurs chiens, et, quoique pour la plupart ils ne sachent pas même lire, ne laissant pas de vouloir juger de la conduite des prêtres et des moines. Comment remédier à tant de maux? Le concile prend les décisions qui lui semblent le plus de nature à les combattre avantageusement; il termine par une longue et pathétique exhortation sur la nécessité d'instruire les fidèles des vérités les plus importantes de la religion [1].

Après ce concile, où l'enseignement a été si vivement recommandé, l'Église, préoccupée d'autres soins, se tait pendant de longues années sur la question des écoles. Mais ses essais jusque-là n'ont pas été infructueux. Les clercs et les moines reçoivent quelque instruction; les laïques n'en sont pas complètement dépourvus, un certain nombre ont appris à lire et cultivent la lecture. Quant aux évêques, s'il en est, au dire d'Adalbéron, plus d'un qui ne sait que compter sur ses doigts les lettres de l'alphabet [2], plusieurs ont un noble souci

---

(1) LABBE, *Concil.*, t. IX, col. 520 et sqq.
(2) ADALB., *Carmen ad Robertum regem*, v. 49.

de la science et s'efforcent de répandre autour d'eux le goût de l'étude.

Voilà de quelle manière il convient, nous semble-t-il, de juger l'action de l'Église pendant cette période de laborieux enfantement. Si nous apercevons en elle des taches, de la rudesse, des goûts vulgaires s'alliant aux plus graves préoccupations, n'en soyons pas choqués outre mesure, et ne demandons pas aux hommes de l'an mil la politesse et la distinction des siècles plus cultivés. « Il fallait, dit Michelet, que l'Église devînt matérielle et barbare pour élever les barbares à elle, qu'elle se fît chair pour gagner les hommes de chair. De même que le prophète qui se couchait sur l'enfant pour le ressusciter, l'Église se fit petite pour couver ce jeune monde [1]. » L'auteur de l'Histoire de France parlait ainsi de l'époque mérovingienne ; sa parole ne cesse pas d'être vraie, parce que nous l'appliquons à des temps posté-

---

(1) MICHELET, *Histoire de France*, t. I, p. 254.

rieurs. Elle concorde, d'ailleurs, parfaitement avec l'opinion d'un savant, moins brillant écrivain que Michelet, mais d'une compétence universellement reconnue dans les choses du moyen âge. « On doit, dit M. Guérard, savoir gré à l'Église de ses efforts pour retirer les populations de l'ignorance et de la barbarie; et si elle n'a pas obtenu un meilleur succès, il faut en attribuer la faute à l'esprit essentiellement barbare de la féodalité [1]. »

Mais un nouvel ordre de choses commence, et déjà on peut présager des destinées plus brillantes pour l'enseignement en France. Le renouvellement coïncide avec l'avènement des Capétiens au trône, et ces princes n'y sont pas étrangers. Robert, fils de Hugues Capet, a fait ses études à Reims sous la direction du docte Gerbert; il passe lui-même pour un savant, il s'applique avec succès au chant et à la poésie

---

[1] GUÉRARD, *De la formation de l'état social, politique et administratif de la France.* (*Bibliothèque de l'école des Chartes*, 1851, p. 2138).

sacrée ⁽¹⁾. Plus tard Louis le Gros ira se former dans la puissante abbaye de Saint-Denys, Louis VII dans le cloître de Notre-Dame de Paris avec son frère Philippe, qui s'engagera dans le Clergé et deviendra archidiacre de la même église; et désormais nos rois voudront se distinguer par une véritable culture intellectuelle.

Les écoles épiscopales vont se multiplier : bientôt il n'y aura plus un seul diocèse qui n'ait la sienne. Pour assurer l'avenir de l'enseignement dans leurs diosèses non moins que pour se créer des auxiliaires vertueux et dévoués, les évêques réformeront leurs chanoines, et, à l'exemple de saint Chrodegang, évêque de Metz au VIIIᵉ siècle, ils feront d'eux des religieux sous le nom de chanoines réguliers ⁽²⁾. L'impulsion vigoureuse donnée par l'évêque au centre du diocèse se communi-

---

(1) Cf. *Patrol.*, MIGNE, t. CXLI, col. 911; *Joan. Trithemii Hirsaug. Chronic.*, p. 141.

(2) Cf. Dom RIVET, *Hist. littér.*, t. VII, p. 12.

quera de proche en proche et se fera sentir jusque dans les campagnes les plus reculées. Les laïques mêmes participeront à ce désir de répandre l'instruction, et, sous le nom de grammairiens, enseigneront les lettres aux petits enfants.

Mais les instruments les plus actifs de cette demi-renaissance, comme l'appelle Littré[1], seront les moines. Le XIᵉ et le XIIᵉ siècle marquent l'apogée de l'Ordre de Saint-Benoît, qui a compris tout l'ordre monastique de l'Occident et dans l'histoire duquel Bossuet « voit ce qu'il y a de plus beau dans l'histoire de l'Église[2]. » La plupart des papes et des cardinaux, les plus grands évêques, les conseillers les plus écoutés des princes, les orateurs et les savants les plus renommés sont bénédictins. Si ce grand Ordre jette alors un pareil éclat,

---

(1) LITTRÉ, *Études sur les Barbares et le Moyen Age*, p. 241.

(2) *Lettres à dom Jean Mabillon*, œuvres, édit. Lachat, XXVII, p. 292.

s'il exerce une influence universelle, c'est qu'il s'est appliqué à faire fleurir dans son sein la vertu et la science, et qu'il est animé d'une incroyable ardeur de prosélytisme. Nous le verrons distribuer partout l'enseignement, dans les plus humbles monastères comme dans les abbayes les plus florissantes, aux pauvres comme aux riches, aux serfs comme aux hommes libres, se croyant redevable à toute âme rachetée par le sang de Jésus-Christ.

Lorsque le voyageur, après avoir cheminé longtemps dans une contrée âpre et semée de broussailles, arrive enfin sur des hauteurs ensoleillées qui dominent de fertiles plaines, il éprouve, en face de cette riche nature, de ces larges horizons, un véritable soulagement et comme une délivrance. Le patient auteur des Annales bénédictines a ressenti quelque chose de semblable. Lui aussi a traversé une époque confuse et troublée, l'époque féodale; parvenu aux limites du XIe siècle, il découvre des temps meilleurs où l'ordre se rétablit, où de grandes choses se préparent. Il ne retient pas le sentiment de joie qui naît au fond de son âme : ce tome, dit-il, comprendra soixante-six années du xie siècle, de ce siècle « dans lequel toute chose prend un aspect plus riant et plus calme, *in quo jucundior et serenior rerum facies sese explicat* [1]. »

Ce n'est pas que le progrès soit bien sensible encore dans les premières années du xie siècle. Les mêmes causes qui ont entravé dans l'âge précédent le développement des études continuent d'y faire obstacle. Châteaubriand, considérant le long règne de Robert le Pieux, remarque que « c'est ce qu'il fallait alors pour un monde au berceau. » Mais, descendant de quelques années le cours des âges, il dit : « Au règne de Philippe Ier, la *nuit* qui couvrait une enfance sociale laborieuse se dissipe : le moyen âge paraît dans l'énergie de sa jeunesse, l'âme toute religieuse, le corps

---

(1) Mab., *Ann.*, t. IV, præfat.

tout barbare, et l'esprit aussi vigoureux que le bras⁽¹⁾. »

Que ce soit du règne de Philippe Ier que date la renaissance et déjà l'épanouissement de l'enseignement en France, on ne peut plus guère le contester. Guibert de Nogent, parlant de la première moitié du XIe siècle, constatait la rareté des maîtres de grammaire, surtout dans les campagnes. Mais, arrivé à la fin de ce même siècle, il reconnaît que « de tous côtés on se livre avec fureur à l'étude de la grammaire, et que le nombre toujours croissant des écoles en rend l'accès facile aux hommes les plus grossiers⁽²⁾ ». Celui qui étudierait avec attention les conciles tenus à cette époque, verrait que l'Église ne prescrit plus de bâtir des écoles, l'empressement géné-

---

(1) CHATEAUBRIAND, *Analyse raisonnée de l'histoire de France.*

(2) Préf. de son *Hist. des Croisades.* (*Collection des Mémoires relatifs à l'hist. de France*, par M. GUIZOT, t. IX, p. 5.)

ral à le faire rendant cette recommandation désormais superflue; ce dont elle s'occupe, c'est de les réglementer [1].

Nous nous proposons de passer en revue ces différentes écoles, d'indiquer l'objet de l'enseignement et la discipline suivie, de parler de la condition des maîtres et des diverses catégories d'élèves, de traiter enfin de toutes les questions qui se rattachent à ce sujet assez vaste, et toutefois assez nettement déterminé. On devra sortir de cette étude avec la conviction que, même avant l'institution des Universités, l'instruction était répandue en France; qu'il n'était, pour ainsi dire, pas un enfant qui ne fût à même d'apprendre la lecture, l'écriture, le calcul et le chant.

[1] Cf. v. gr. LABBE, *Concil.*, t. IX, col. 1085.

CHAPITRE PREMIER

Des Écoles monastiques.

Antiquité des écoles monastiques. — Au xi° siècle, l'instruction est donnée dans presque toutes les abbayes et par presque toutes les Congrégations ; elle est aussi donnée dans les monastères de moindre importance, doyennés, prieurés, celles. — Deux sortes d'écoles : écoles intérieures pour les moines illettrés et les oblats, écoles extérieures pour les enfants qui doivent rester dans le monde. Ces dernières s'éteignent peu à peu après la fondation des Universités.

Si l'on voulait remonter à l'origine des écoles monastiques, on serait insensiblement conduit par ses recherches jusqu'aux premiers siècles de l'Église. Dès ce moment, en Égypte comme en Syrie, dans le Pont et en Mésopotamie comme en Perse, en Italie comme dans les Gaules, les monastères, qui sont avant tout des écoles de sainteté, deviennent aussi des écoles de science⁽¹⁾. Le fait nous est attesté par les témoins les plus autorisés, par saint Athanase, saint Basile, saint Grégoire de Nazianze, saint Jean Chrysostome, Théodoret, saint Jérôme, Rufin et saint Augustin. D'après les prescriptions de saint Basile, les moines devaient se charger de l'éducation des jeunes garçons, notamment des orphelins, non pour en faire des moines, mais pour les préparer à l'état qu'il leur plairait de choisir. Saint Jean Chrysostome exprimait le désir que les écoles des couvents servissent non seulement au clergé, mais à l'éducation des laïques, et cela à dater de leurs plus jeunes années, pour qu'ils y reçussent de bonne heure les semences de la foi et de la piété, et que ces vertus mûrissent peu à peu en eux⁽²⁾. En Occident, Cassiodore se servait de son crédit auprès de Théodoric le Grand et de ses successeurs pour

---

(1) Cf. MAB., *Traité des Études monastiques*, Ire partie, chap. I et II passim.
(2) *Adversus oppugnatores vitæ monasticæ*, l. III, c. XVII.

gagner les barbares conquérants de l'Italie aux idées et à la civilisation des Romains. Ayant vu la monarchie des Goths tomber sur les champs de bataille, il alla chercher un asile pour les lettres dans le monastère de Viviers, qu'il bâtit à l'extrémité de l'Italie, au bord du golfe de Squillace. Là il rassembla des cénobites, établit une école et composa, à l'usage des enfants qu'il élevait, un traité spécial où il les préparait à l'étude des saintes Écritures par des notions détaillées sur les sept arts libéraux [1]. A la même époque, remarque Montalembert, mais à une autre extrémité de l'Europe, l'abbé Magloire, dans l'île de Jersey, présidait à l'éducation d'enfants de race noble, que l'hagiographie représente allant réciter leurs leçons, à haute voix, au milieu des rochers battus des flots, pour ne point troubler la sieste de leurs professeurs [2].

(1) *Cassiod. Instit.*, c. 23.
(2) « Tunc parvuli monachi, nobili prosapia editi, qui inter claustra monasterii rigore disciplinæ constringeban-

Mais déjà les disciples de saint Benoît se répandaient en Italie et en Sicile, et, du vivant même du patriarche, une colonie de moines, conduite par saint Maur, venait en Anjou jeter les fondements de l'abbaye de Glandfeuil. Nul Ordre religieux n'a rendu plus de services à l'éducation, dans nos contrées. Il est remarquable toutefois que la règle de saint Benoît ne contienne aucune disposition spéciale touchant les écoles ou les études, soit sacrées, soit profanes [1]. Voici de quelle manière les Bénédictins furent amenés à faire une si large place à l'étude et à l'enseignement ; nous allons voir qu'en agissant ainsi ils n'ont point méconnu les intentions de leur

tur..., dicentes : « Permittite nobis portum atque littus adire ut garrulitas nostræ linguæ monachis quiescentibus somnum non possit eripere, et ut securius alta voce legentes nostras lectiones valeamus commendare... » Hilares effecti per devexa montis latera et scopula ad floca maritima descenderunt. » (Mab., *Act.*, t. I, p. 228.)

(1) Cf. Ziegelbauer, *Historia rei litterariæ*, t. I, p. 5.

saint fondateur et ne sont point sortis des limites qu'il avait tracées à leur action.

La journée d'un religieux, telle qu'elle est réglée par saint Benoît, est un enchaînement d'occupations variées, parmi lesquelles il faut donner le premier rang aux prières canoniales et au travail des mains. Mais plusieurs heures y sont aussi consacrées à la lecture, lecture des saintes Écritures, de la vie des saints, des ouvrages ascétiques, des écrits des Saints-Pères, lecture même des poésies chrétiennes, comme celles de Sédulius, et de l'histoire ecclésiastique, par exemple, l'*Histoire du monde*, d'Orose. Chaque cloître doit avoir une bibliothèque, garnie de tous les ouvrages utiles; et, de crainte que le nombre des manuscrits devienne insuffisant, on commence à les multiplier par la copie. Chaque moine a, dans son mobilier, des tablettes et un poinçon à écrire. La permission, l'ordre même que donnait la Règle de vaquer à la lecture, éveilla, chez les moines, l'amour de la science; ils se livrèrent à l'étude des auteurs sacrés, puis des auteurs profanes, dont la connaissance n'était point inutile à l'intelligence des saintes Écritures. Naturellement les novices, jeunes gens ou hommes faits, qui entraient au couvent, n'étaient pas, pour la plupart, initiés aux sciences ecclésiastiques; de là la nécessité d'un enseignement habilement gradué, qui devait être profitable aux maîtres aussi bien qu'aux élèves. Et comme, dans la suite des temps, tous les jeunes novices aspirèrent au sacerdoce, le cercle des études ne put que s'agrandir.

D'un autre côté, la communauté était autorisée à recevoir des enfants dès le plus bas âge, et nous voyons saint Benoît donner lui-même des leçons aux fils des nobles Romains [1]. Cette autorisation de recevoir et d'élever des enfants devint le germe des écoles

---

[1] « Cœpere ad eum Romæ urbis nobiles et religiosi concurrere, suosque filios omnipotenti Deo nutriendos dare. ». (*S. Greg. Magni, Dial.*, I, 3.)

intérieures d'abord, des écoles extérieures ensuite ; car on ne se borna pas à instruire les enfants qui promettaient de rester dans le monastère ou plutôt pour qui les parents donnaient cette promesse ; on se vit bientôt comme forcé d'ouvrir les portes de l'école à la multitude d'enfants qui se présentaient sans autre but que celui d'apprendre quelque chose. Cette remarque n'a pas échappé à l'historien de l'Université de Paris, Du Boulay, dont Ziegelbauer cite les paroles en leur donnant l'appui de sa haute autorité [1].

Les écoles monastiques acquirent un tel renom que Charlemagne, dans sa fameuse lettre-circulaire de l'an 772, ordonna qu'il y

---

[1] « Opportune iisdem temporibus D. Benedictus Ordinem suum instituit, et propter innumerabilem ad eum confluentium multitudinem, ubique passim cœnobia erexit, et in cœnobiis scholas privatas, quas deinde necessitate cogente publicas facere, et externis atque laicis aperire coacti sunt. » (ZIEGELBAUER, *ibid.*, t. I, p. 8.) — Cf. MAB., *Præfat. ad sæcul. III O. S. B.*, § IV, n. 39.

en eût une auprès de chaque monastère[1]. Ces écoles, dans la pensée du jeune roi, n'étaient destinées qu'aux ecclésiastiques ; mais on y reçut de bonne heure les laïques, surtout les laïques des classes élevées. Au XIe siècle, en thèse générale, tout monastère était une école : telle est l'opinion de dom Martène, et le savant bénédictin juge le fait si bien avéré qu'il ne croit pas devoir s'arrêter à le prouver[2]. Un vieil auteur, Baudoin Moreau, disait : « Omnia cœnobia erant gymnasia, et omnia gymnasia cœnobia. »

Toutefois il nous faut faire une distinction importante. Jusqu'alors l'Ordre monastique ne formait qu'un seul corps, arbre immense sur

---

[1] « De scholis per singula episcopia et monasteria instituendis. » (LABBE, Concil., t. VI, col. 1779). Cette lettre, écrite à Baugulfe, abbé de Fulde, était de celles qui, sous la même forme à peu près, étaient envoyées aux métropolitains, évêques, abbés, etc. Elle n'est qu'un exemplaire.

[2] MARTEN., Commentarius in regulam S. Patris Benedicti, p. 641.

le tronc duquel avaient poussé une multitude infinie de rameaux. Chaque rameau, ou, pour parler sans figure, chaque couvent bénédictin puisait la vie à la même source, à savoir, la règle du saint patriarche. Mais cette règle, toujours vénérée en principe, pouvait en fait être modifiée selon les temps et selon les lieux, ici appliquée dans toute sa rigueur, là restreinte arbitrairement. On pensa qu'il y avait là un danger, et qu'il convenait de réunir les membres épars du corps monastique par un lien de fraternité fondée sur l'unité de doctrine et de sentiments, sinon par des liens de juridiction. Déjà une réforme avait été faite en ce sens, au IXe siècle, par saint Benoît d'Aniane, réforme fortement appuyée par Charlemagne et Louis le Pieux. Après les commotions et les bouleversements que les invasions sarrazines, les guerres normandes produisirent durant deux siècles, après les transformations qui s'étaient opérées dans la société et dont l'Église avait subi le contre-coup, ce n'était pas seulement une restauration monastique qui devenait urgente, mais une nouvelle organisation. Dans ce dessein, il se forma des congrégations, c'est-à-dire des associations de couvents groupés autour d'une puissante abbaye qui, en les réformant ou en les fondant, leur imposait une règle et en surveillait l'exacte observance[1]. Voilà ce qui donna naissance en France à la congrégation de Cluny, en Italie aux congrégations des Camaldules et de Vallombreuse, en Allemagne à celle d'Hirschau. On vit même du sein toujours fécond du grand Ordre bénédictin sortir de nouveaux Ordres, tels que Citeaux, Fontevrault et la Chartreuse.

L'ordre bénédictin étant divisé, son esprit va-t-il se conserver et ses bonnes traditions se maintenir ? La question ne se pose à nous qu'au point de vue de l'éducation ; mais il importe de la résoudre.

---

[1] Cf. *Vie de saint Hugues, abbé de Cluny*, par le R. P. Dom LHUILLIER, chap. XXIX.

Commençons par Cluny, cette illustre abbaye qui ne partageait qu'avec Marmoutiers la prééminence parmi les monastères français. Cluny eut le bonheur, à cette époque, d'être gouverné par une succession de grands abbés, à partir de saint Bernon, son fondateur, jusqu'à saint Hugues-le-Grand, en passant par saint Odon, le bienheureux Aymard, saint Maïeul et saint Odilon. Une abbaye organisée et dirigée par de tels hommes, pouvait servir de modèle aux autres, et l'on ne s'étonne pas que son influence se soit exercée dans un si vaste rayon. A ceux qui ont lu les *Coutumes de Cluny,* et spécialement les articles disciplinaires, si curieux, si intéressants sur l'éducation du premier âge, il n'est pas nécessaire de démontrer que l'enseignement primaire y était florissant. Après avoir exposé les règlements relatifs à l'éducation des enfants, saint Ulric termine par cette réflexion : « Bien souvent, considérant avec quel soin on veille sur eux, nuit et jour, je me suis dit dans mon cœur qu'il serait difficile que le fils d'un roi fût élevé dans son palais avec plus de sollicitude qu'on n'en témoigne au dernier d'entre eux à Cluny[1]. » Et encore, comme le remarque M. l'abbé Cucherat dans ses études sur l'état de Cluny au xie siècle, ces soins prodigués avec une égale affection à l'enfant du pauvre et à l'enfant du riche, à l'enfant du monastère et à l'enfant du siècle, étaient gratuits, aussi bien que la nourriture et l'enseignement. S'il ne s'agissait ici que d'une maison, le fait que nous rapportons aurait déjà son importance. Il en acquiert une incomparablement plus grande quand on se rappelle que les usages suivis à Cluny l'étaient également dans tous les monastères qui relevaient de la maison-mère. Or, quarante ans après la mort de saint Hugues, Pierre le Vénérable comptait environ deux mille maisons réunies sous sa crosse, de grandes abbayes

---

(1) *Udalrici Cluniacensis monachi Consuetudines Cluniacenses*, l. III, c. viii. (*Patrol.*, Migne, t. CXLIX, col. 741 et sqq.)

comme Moissac, dans la Gascogne; Vézelai, dans la Bourgogne, Saint-Allyre de Clermont, Saint-Géraud d'Aurillac, Saint-Pierre-le-Vif de Sens, Saint-Martial de Limoges, Saint-Gilles en Provence, etc.; puis des monastères moins considérables, prieurés, doyennés, celles.

Cluny eut une autre gloire, celle de contribuer à la formation de nouvelles congrégations. Un de ses moines, saint Guillaume, avait été envoyé à l'abbaye de Saint-Bénigne, à Dijon, pour y rétablir la discipline, singulièrement ébranlée. Il le fit avec tant de succès que de tous côtés, princes, évêques, rois le sollicitèrent de prendre le gouvernement de monastères ayant un égal besoin de réforme. Le saint abbé se rendit d'abord à Fécamp, résidence favorite et habituelle des ducs de Normandie. L'auteur de sa vie nous dit à ce propos : « Voyant que non seulement à Fécamp, mais dans toute la province de Normandie et même dans toute la Gaule, parmi les clercs des campagnes principalement, la science du chant et de la lecture était négligée, sinon même absolument inconnue, le bon père très vigilant institua, dans les monastères dont il était chargé, des écoles sacrées où, pour l'amour de Dieu, des frères instruits et propres à l'enseignement distribuaient gratuitement le bienfait de l'instruction à tous ceux qui se présentaient, sans exclusion de personne. Serfs et libres, pauvres et riches, avaient une part égale à cet enseignement charitable. Plusieurs recevaient des monastères, en même temps que l'instruction, la nourriture qu'ils n'avaient point eu le moyen de se procurer, et parmi ceux-là il s'en trouva qui prirent l'habit monastique. » « On ne peut douter, ajoute l'hagiographe, que cette sainte institution n'ait rendu les plus grands services[1]. Réflexion fort juste, car saint Guillaume apporta sa réforme dans plus de quarante monastères dont les principaux furent : Saint-Michel

---

[1] Boll., *Act. S. S.*, t. I, p. 631. Radulph. Glaber, *in Vita S. Guillelmi*, n. 11.

de Tonnerre, Moutier Saint-Jean, Saint-Arnoul de Metz, Saint-Evre de Toul, Gorze en Lorraine, Fécamp, Jumiège, Saint-Ouen de Rouen, le Mont Saint-Michel, Saint-Germain des Prés, à Paris, Saint-Pierre de Melun, et l'abbaye de Frutare au diocèse d'Yvrée.

Dans le même temps florissait un autre restaurateur de la discipline monastique, non moins dévoué à l'éducation de l'enfance, le bienheureux Richard, abbé de Saint-Vanne, à Verdun. Cette abbaye dépérissait lorsque le jeune moine, issu d'une noble famille de France et formé aux excellentes écoles de Reims, en accepta le gouvernement. Mais alors les choses changèrent de face. De toutes parts, lisons-nous dans la chronique de Hugues de Flavigny, de toutes parts, de Neustrie, de France, d'Austrasie, de Bourgogne, on accourait à Saint-Vanne; les uns venaient se mettre sous la direction du saint abbé, abandonnant le monde et ses charmes décevants; les autres lui confiaient leurs enfants; l'affluence était si grande qu'on aurait dit des essaims d'abeilles se précipitant vers une ruche [1]. Tel était à cette époque l'élan des âmes que le même concours se produisait partout où apparaissait un homme supérieur. L'heureuse réforme du vénérable abbé de Saint-Vanne s'étendit à vingt-et-un monastères, parmi lesquels nous citerons Saint-Laurent de Liège, Saint-Amand, Saint-Bertin, Corbie, Saint-Waast d'Arras, Saint-Pierre de Châlons-sur-Marne, Saint-Vandrille en Normandie, Saint-Hubert dans les Ardennes.

Le xie siècle fut vraiment pour l'Ordre de Saint-Benoît une époque de restauration générale et de développement extraordinaire. Aux congrégations déjà nommées, il faut ajouter la Chaise-Dieu, fondée entre l'Auvergne et le Velay par un grand seigneur du pays, saint Robert; cette abbaye ne faisait aucun établissement, quelque médiocre qu'il fût, sans y placer

---

[1] *Hug. abbatis Flavin. Chron.*, anno *1004*, t. II, n° 1. (*Patrol.*, MIGNE, t. CLIV, col. 197.)

un écolâtre[1]; elle compta 293 prieurés parmi ses dépendances dans les diverses provinces de France, d'Espagne et d'Italie. Il faut ajouter encore l'abbaye de la Grande-Sauve, qui élevait les enfants d'une bonne partie de la noblesse gasconne, et qui bientôt compta parmi ses dépendances 70 monastères ou prieurés[2]; l'abbaye de Saint-Victor de Marseille, qui dans l'intervalle de trente à quarante ans réforma environ vingt monastères, tant en France qu'en Espagne et en Sardaigne[3]; l'antique abbaye de Marmoutiers qui, ayant été réformée au siècle précédent par saint Maïeul, adopta les usages de Cluny et les porta dans une quantité de prieurés. N'était la crainte d'allonger outre mesure cette énumération, nous ne nous défendrions pas de citer l'école de Saint-Vincent de Metz, si florissante sous la direction

---

[1] Mab., *Act.*, t. IX, p. 189.
[2] Cf. *Hist. de l'abbaye et Congrég. de N.-D. de la Grande-Sauve*, par M. l'abbé Cyrot de la Ville, 2 vol.
[3] *Hist. littér.*, t. VII, p. 41.

du célèbre Sigebert, moine de Gembloux; celle de l'abbaye du Bec, qui n'eut pas de rivale en ce siècle, et pour la gloire de laquelle il suffit de nommer Lanfranc et saint Anselme; l'abbaye de Saint-Riquier, qui donnait l'instruction à cent enfants à la fois et aux soins de laquelle, dès les siècles précédents, les fils des plus nobles familles étaient confiés[1]; nous citerions l'école de Fleury, qui compta un nombre prodigieux d'élèves; l'école de Luxeuil, où la jeunesse de Lyon, Besançon, Autun, Langres, Châlons et Strasbourg allait étudier sous l'écolâtre Constance, mort en 1015[2].

Dans cette revue des écoles monastiques, on ne saurait omettre celles qui étaient tenues par les Chanoines réguliers. Les Chanoines régu-

---

[1] « Centum pueros scholis enutriendos... statuimus... In hoc enim cœnobio duces, comites, filii ducum, filii comitum, filii etiam regum educabantur : omnis sublimior dignitas quaqua versum per regnum Francorum posita, in sancti Richarii monasterio se parentem habere gaudebat. » (*Chron. Centul. in Spicilegio Dacher.*, t. II.)

[2] MONTALEMBERT, t. VI, p. 169.

liers, en effet, étaient de véritables religieux, pratiquant la vie commune et faisant les vœux solennels de pauvreté, de chasteté et d'obéissance. Or, l'institut des Chanoines réguliers de l'Ordre de Saint-Augustin fonda, du IXe au XIVe siècle, un grand nombre de monastères et de hautes écoles, dont l'annexe obligée, il ne faut pas l'oublier, était toujours « la division des abécédaires », la petite école où l'on enseignait aux pauvres et aux riches, avec « la créance, leur alphabeton et escripture, matines et chant pour chanter à l'église seulement [1] ».

Il n'est pas jusqu'aux hôpitaux, aumôneries, hospices qui ne devinssent des écoles pour un certain nombre d'enfants, les enfants exposés qui y avaient trouvé un refuge et un asile. C'est là, comme on l'a si justement remarqué, « c'est là qu'il faut chercher l'origine des écoles de charité. Les règles et les constitutions des

---

[1] Cf. *Dict. de Pédag.*, Ire partie, t. I, art. Chan. réguliers.

Bénédictins, des Augustins imposaient aux religieux le devoir d'instruire les enfants, de nourrir ceux qui étaient pauvres et délaissés, de « leur distribuer le pain matériel en même temps que le pain de la parole [1]. »

Les Congrégations dont nous venons de faire mention donnaient l'instruction aux enfants du dehors aussi bien qu'à ceux qui appartenaient au monastère à titre d'oblats ou de novices. Il se forma alors des Ordres religieux qui, sur ce point, rompirent en partie avec les traditions anciennes et ne voulurent conserver que les écoles intérieures ou monastiques proprement dites. De ce nombre sont les Chartreux. Leur illustre fondateur avait trop brillé aux écoles de Reims et trouvé dans l'enseignement des jouissances trop délicates pour dédaigner jamais les lettres. Le goût de saint Bruno et de ses savants compagnons passa à leurs disciples : ils s'appliquèrent

---

[1] *Dict. de Pédag.*, *ibid.*

à copier les bons livres, et ils surent se rendre capables d'en composer eux-mêmes [1].

Les études ne furent pas moins en honneur à Citeaux, bien qu'on n'y tînt pas d'écoles publiques. Les Cisterciens ne s'adonnaient pas uniquement à la contemplation ou au travail des mains; ils s'occupaient aussi de prédication, et leur règlement édictait des peines rigoureuses contre ceux qui, en prêchant, commettraient des erreurs. Un autre motif les portait à s'instruire : la formation religieuse, pour donner tous ses résultats, exige, outre une certaine distinction morale, une véritable culture intellectuelle. Le spirituel abbé de Clairvaux, saint Bernard, avoue, quelque part, qu'il avait beaucoup appris parmi les chênes et les hêtres [2]; mais il

---

(1) Cf. *Hist. litt.*, t. IX, p. 119-120.

(2) Socrate, au contraire, disait : « J'aime à m'instruire. Or, les champs et les arbres ne veulent rien m'apprendre, et je ne trouve à profiter que parmi les hommes, à la ville. » (PLATON, *Phèdre*, t. VI de la traduction Cousin, p. 10.)

déclare ailleurs, et nous l'en croyons, qu'il avait plus appris encore des Pères de l'Église, auxquels ils ne préférait que les Livres saints. On sait, du reste, que de solides études faites à Châtillon-sur-Seine [1] l'avaient préparé à comprendre le langage de la nature et à découvrir Dieu dans ses œuvres. On voulut qu'il en fût ainsi pour tous les religieux de la réforme cistercienne, et les statuts de l'Ordre, rédigés sous saint Rainard, cinquième abbé de Cîteaux, contiennent un chapitre spécial sur les études des novices [2].

En résumé, aux XIe et XIIe siècles, tous les monastères rivalisaient d'ardeur pour répandre le bienfait de l'instruction; quelques-uns seulement n'y admettaient pas les enfants du dehors. Qu'on fasse maintenant une opération de statistique rétrospective, qu'on essaie de

---

[1] BOLL., *Acta S. S.*, 20 Aug. S. Bernardi Vita, auctore GUILLELMO, cap. I, 5.

[2] Cap. LXXV. De pueris litteras discentibus. (*Patrol.*, MIGNE, t. CLXXXI, col. 1737.)

déterminer le nombre de ces maisons religieuses, car il y avait des écoles jusque dans les prieurés dépendant des principales abbayes. On pourrait prendre comme sujet d'étude, non pas un diocèse riche en monastères, tel que Rouen, Paris, Angers ou Metz, mais un pays d'un renom alors fort modeste, accusé même de quelque tiédeur à l'endroit des lettres, soit la contrée enfermée dans les limites actuelles du diocèse de Rennes. Eh bien! ce pays possédait alors cinq abbayes de l'Ordre de Saint-Benoît[1] : les abbayes de Saint-Melaine de Rennes, de Saint-Méen, de Saint-Sauveur de Redon, de Notre-Dame du Tronchet, de Saint-Sulpice des Bois, et trois abbayes de Chanoines réguliers : celles de Saint-Pierre de Rillé, de Saint-Jacques de Montfort et de Notre-Dame de Paimpont. Chacune de ces abbayes avait dans sa dépendance un nombre plus ou moins

(1) Nous omettons à dessein l'abbaye de Saint-Georges de Rennes, qui était une abbaye de femmes, et l'abbaye de la Vieux-Ville, qui était une abbaye de Cisterciens.

grand de prieurés; celle de Saint-Melaine en avait fondé trente-deux dans les limites que nous avons déterminées. Ajoutons à ce chiffre les prieurés dépendant d'abbayes étrangères, telles que Marmoutiers, Saint-Florent de Saumur, Mont Saint-Michel, Saint-Serge, Saint-Aubin et Saint-Nicolas d'Angers, Saint-Jouin de Marne, Évron, Pontlevoy, Saint-Julien de Tours, etc.; on trouvera presque autant de prieurés qu'il y a de communes dans le département d'Ille-et-Vilaine. Quelques villes, comme Vitré, Montfort, Combourg, Fougères, en possédaient deux[1]. Si tous ces prieurés étaient fidèles aux traditions des abbayes dont ils relevaient, on devra reconnaître que l'enseignement primaire était largement distribué dans notre contrée.

Une autre observation nous conduirait à une conclusion analogue. Un grand nombre de

---

[1] Cf. *Pouillé hist. de l'Archid. de Rennes,* par le chan. GUILLOTIN DE CORSON, t. II.

chartes de cette époque sont signées de témoins qui se donnent le titre de *grammaticus, scolarius, magister*. Or, ces mots, d'après l'auteur du *Cartulaire de Redon*, M. Aurélien de Courson, signifient la même chose, c'est-à-dire écolâtre ou maître d'école[1]. Que tous les témoins ainsi qualifiés aient été moines, on peut le contester sans que notre thèse en soit affaiblie ; nous aurions seulement quelque peu anticipé sur les chapitres suivants. Nous serions même heureux qu'on démontrât le caractère laïque de ces magisters ; ce serait une nouvelle preuve de la diffusion de l'enseignement à cette époque.

---

[1] Cf. *Cartulaire de l'abbaye de Redon*, p. 243, 291, 308, 329, 351. — *Cartulaire de l'abbaye de Saint-Bertin*, p. 147, 212, 371. — Dom LOBINEAU, *Hist. de Bretagne*, t. II, col. 98, 101, 109, 127. — *Cart. de Saint-Père de Chartres*, etc. — Remarquons l'acte de fondation du Prieuré de Pontchâteau par Rodoal, sous Urbain II. Ce Rodoal est qualifié *miles litteratus*. L'abbé consent à accepter le fils de la veuve de Rodoal et à l'instruire : « et puerum quando ablactaretur nutriri et litteris erudiri faceret. » (Dom LOBINEAU, *ibid.*, col. 164.)

L'occasion se présentera de parler des maîtres laïques.

Nous avons distingué deux écoles dans les monastères : l'une intérieure ou claustrale, l'autre extérieure ou canonique ; la première instituée pour les novices, les futurs religieux, les enfants que les parents eux-mêmes destinaient à la vie claustrale ; la seconde, pour tous ceux qui devaient, un jour, rentrer dans le monde, dans laquelle on recevait, avec les fils des roturiers et avec les fils des nobles, les clercs envoyés par les évêchés. Il faudrait encore, à propos de l'école intérieure, distinguer deux sortes d'enseignements : un enseignement élémentaire, donné à tous indistinctement, et dans tous les monastères ; un autre, plus élevé, qui n'était donné qu'aux sujets d'élite, dans les grandes et riches communautés, sous la direction de religieux non moins versés dans la littérature profane que dans la théologie [1]. Laissons de côté, pour ne

(1) Mab., *Act.*, præfat. in sæculum quartum.

pas sortir de notre cadre, ce second degré d'enseignement (les scholæ majores), qui correspond à ce que nous appelons aujourd'hui l'enseignement secondaire et l'enseignement supérieur.

« Toutes les règles monastiques, dit Montalembert, s'accordaient à autoriser et à prescrire l'étude aux religieux. La plus ancienne de toutes, celle de saint Pacome, est formelle sur ce point. Elle exigeait que tout religieux sût lire et écrire. Lorsqu'un moine se présentait en dehors de ces conditions, on lui mettait, sur-le-champ, un alphabet entre les mains. La règle de saint Benoît laissait à chaque religieux quatre heures par jour pour la lecture, c'est-à-dire pour l'étude[1]. Rien de plus sage que de

---

(1) *Les Moines d'Occident*, t. VII, p. 144 et suiv. — Comme ce point est d'une assez grande importance, il convient de le mettre hors de toute contestation. Donnons quelques extraits d'autres règles monastiques. Cassiodore, du livre des Institutions aux lettres divines, chap. XXVIII : « Il conseille l'étude des lettres profanes

pareils règlements, et, avouons-le, rien de moins tyrannique. Les connaissances élémentaires exigées par les règles monastiques

à ses religieux, pourvu qu'ils le fassent avec modération et dans la vue d'en tirer du secours pour l'intelligence des Livres saints. Il ajoute que si un tempérament froid, qui glace le sang dans les veines, comme parle Virgile, empêche quelques frères de devenir parfaitement savants dans les lettres sacrées ou dans les sciences humaines, il faut qu'après y avoir fait un progrès médiocre, qui leur serve de fondement, ils prennent, selon que leur dit le même poète, leurs plaisirs dans les champs et dans les ruisseaux qui arrosent les plaines. Ce n'est pas, en effet, une occupation contraire à l'état des moines de cultiver les jardins, de labourer la terre, de se réjouir de l'abondance des fruits, puisqu'il est écrit : « Labores manuum tuarum quia manducabis; beatus es, et bene tibi erit. (*Ps.* 127, 2). Et il renvoie les religieux aux auteurs qui ont traité de l'agriculture. » (Dom CEILLIER, *Hist. générale des auteurs sacrés et ecclésiastiques*, t. XI, p. 233.) — *S. Ferreoli Ucetiensis episcopi Regula ad monachos.* Caput XI : « Omnis qui nomen vult monachi vindicare, litteras ei ignorare non liceat. Quin etiam psalmos totos memoriter teneat : neque se quacumque excusatione defendat, quominus sancto hoc studio capiatur. Similiter etiam his qui pastores pecorum, ut est moris, de congregatione mittentur, curæ erit vacare étaient indispensables à des hommes voués par état à la psalmodie, et qui, d'autre part, devaient vaquer à la lecture, soit pour ap-

psalmis ut cæteri : ne in id quod majus est minores inveniantur, et in confusionem sui illud eis aptetur exemplum : animalis homo non percipit ea quæ sunt spiritus Dei (*I Cor.*, II) » (*Patrol.*, MIGNE, t. LXVI, col. 963-964.) — « Et certe sæculo IV in quodam parthenone S. Euphraxiae se suscipi roganti, respondit abbatissa : « Filia, si vis hic permanere, litteras habes discere et Psalterium. » (*Patrol.*, MIGNE, *ibid.*, col. 430.) — La règle de Murbach, au diocèse de Strasbourg, imposait, à ceux qui l'acceptaient, l'obligation de savoir d'abord par cœur les psaumes, les hymnes et les cantiques; ensuite, de parcourir les commentaires des Pères sur l'Écriture sainte, et d'abord après la littérature profane. Quand un séculier entrait dans ce monastère sans aucune science, il devait apprendre les principes fondamentaux de la religion et ne cesser de les étudier toute sa vie : « Qui vero de habitu sæculari conversi notitia litterarum indigent, post earum cognitionem, orationem dominicam et symbolum et sic deinceps pœnitentium psalmos... (*Reg. statuta abb. Murbac. S. Simperti*, Op., MIGNE, t. XCIX.) — « L'entrée dans les maisons religieuses exigeait ordinairement que ceux qui y aspiraient eussent quelque teinture des lettres. » (*Hist. littér.*, t. IX, p. 11.)

prendre l'histoire de la religion, soit pour meubler leur esprit de saintes pensées. Ceux qui se seraient refusés à ce travail fort simple devaient évidemment renoncer à dépasser la condition de frère convers. Encore, faut-il dire que le plus humble frère lai, celui qui gardait les troupeaux du monastère, apprenait son psautier aussi bien que les clercs.

Mais, était-il pratique d'en demander davantage à une époque où les livres étaient rares, où une certaine exubérance de vie physique tendait à se dépenser dans les œuvres extérieures, c'etait là un point délicat laissé à l'appréciation des supérieurs. Beaucoup de moines se prêtaient volontiers à un supplément d'instruction qui n'était certes pas un luxe de l'esprit. Il s'en trouvait aussi, et l'espèce n'en a peut-être pas complètement disparu, qui, sous prétexte de vertu ou de piété, faisaient profession de dédaigner la science. On leur répondait justement que le temps consacré à l'étude n'est point un temps dérobé à la piété, parce que le travail est lui-même une prière ; que, s'il n'est pas convenable à un chrétien, bien moins encore à un religieux, d'accroître son savoir pour satisfaire une vaine curiosité ou nourrir l'orgueil, rien n'est plus légitime quand on se propose son propre perfectionnement ou le perfectionnement des autres [1]; qu'enfin, l'ignorance est plus propre à engendrer l'orgueil que l'humilité : « Ignorantia plures habet superbos quam humiles. » Ces idées finirent par entrer dans tous les esprits et, au XIIe siècle, selon Lebeuf, « les supérieurs déclarèrent publiquement la guerre aux anciens religieux ignorants, disant après saint Jérôme : Senex elementarius ridiculum est [2]. »

(1) Cf. *S. Bernardi Sermones in Cantica*, sermo XXXVI : quod scientia litterarum sit bona ad instructionem, sed scientia propriæ infirmitatis sit melior ad salutem. (*Patrol.*, MIGNE, t. CLXXXIII, col. 967 et seqq.)

(2) LEBEUF, *Disserlat. sur l'état des sciences en France, depuis la mort du roi Robert jusqu'à celle de Philippe le Bel*, XIIe siècle.

La deuxième classe d'élèves admis aux écoles claustrales se composait des enfants offerts dans les monastères pour servir Dieu dans l'état religieux. Cette coutume d'offrir les enfants dans les monastères semble aussi ancienne que la vie cénobitique elle-même. Elle est mentionnée au chapitre 59 de la Règle de saint Benoît, sous ce titre : *de filiis nobilium vel pauperum qui offeruntur*. L'offrande des enfants avait lieu dès l'âge le plus tendre ; l'engagement pris par les parents était irrévocable ; il était censé lier la conscience des enfants[1]. Cette disposition, qui nous choque à bon droit, paraissait alors très sage. Le concile de Tolède, de 633, déclarait « que la dévotion des parents ou la profession propre fait le moine, et que l'une ou l'autre de ces deux manières oblige de demeurer moine, et empêche de rentrer dans le monde[2] ».

(1) *Recueil des historiens des Gaules par les religieux bénédictins de la Congrégation de Saint-Maur*, t. IX, préface, p. ccx.

(2) LABBE, *Concil.*, t. V, col. 1717.

Longtemps avant saint Benoît, un des plus grands instituteurs de la vie monastique en Orient, saint Basile, avait établi une semblable discipline. Cet étrange oubli de la liberté humaine, cette méconnaissance des conditions exigées pour le choix d'un état aussi saint, ne sont-ils pas de nature à exciter la surprise, l'étonnement, surtout quand on les trouve chez des hommes dont tous les siècles ont vanté la haute sagesse? Un auteur a proposé l'explication suivante : « Saint Benoît comme saint Basile vivaient sous les lois romaines, qui ne mettaient point de bornes au pouvoir des pères sur leurs enfants; si ces derniers pouvaient être déshérités ou vendus, comment n'auraient-ils pas pu recevoir des chaînes dans lesquelles ils trouvaient la véritable liberté[1]? » L'explication paraît vraisemblable, et nous voyons là un nouvel exemple

---

[1] *Examen critique des Recherches hist. sur l'esprit primitif et sur les anciens collèges de l'Ordre de Saint-Benoît*, Ire partie, § III. — Paris, 1788.

de l'influence des préjugés d'éducation sur les plus fermes esprits.

Mais l'Église devait corriger peu à peu la rigueur des lois romaines. Déjà un autre concile de Tolède, de 656, décrétait que les enfants offerts au clergé ou aux monastères par leurs parents ne pourraient plus retourner dans le siècle, mais qu'aussi les parents ne pourraient les offrir qu'à l'âge de dix ans; qu'après cet âge, que les parents en eussent la volonté ou que les enfants fussent les seuls à le vouloir, il serait permis à ceux-ci de se consacrer à la Religion [1]. C'était une première et heureuse tentative pour restreindre le pouvoir abusif des parents. Près de deux siècles après, l'empereur Louis le Pieux ayant convoqué une assemblée à Aix-la-Chapelle, les moines et les abbés qui s'y étaient rendus firent une réunion à part pour traiter des intérêts de leur Ordre. Comme ils remarquaient que la principale cause du

---

[1] LABBE, *Concil.*, t. VI, col. 468.

relâchement de la discipline venait de la diversité des observances dans les pratiques non écrites, ils jugèrent utile, nécessaire même, d'ajouter à la Règle primitive des statuts qui lui servissent d'explication et comme d'interprétation authentique, et établissent l'uniformité de conduite dans tous les monastères de l'Ordre. Après de mûres délibérations, ils arrêtèrent unanimement une constitution, dont un article concerne spécialement la question des oblats. Cet article porte « que les parents pourraient offrir leurs enfants à l'autel dans le temps de l'offertoire, et faire pour eux la demande en présence de témoins laïques, mais que les enfants, étant arrivés à l'âge de raison, devraient la confirmer; quam tempore intelligibili puer ipse confirmat [1] ». Ainsi, la liberté triomphait.

L'assemblée avait exprimé le vœu que cette constitution fût reçue dans tous les monas-

---

(1) LABBE, *Concil.*, t. VII, col. 1510.

tères de l'empire, pour y être inviolablement observée. Quelques abbés, jugeant que les écoles d'enfants étaient peu compatibles avec la paix, la retraite et le silence, qui sont l'âme des communautés religieuses, les supprimèrent. La mesure obtint de hautes approbations : saint Pierre Damien, l'austère moine, se réjouissait de n'avoir point aperçu au Mont Cassin de ces enfants, dont la présence dans un monastère est propre à affaiblir le nerf de la discipline; de n'avoir vu que des hommes mûrs et des jeunes gens qui, semblables aux fils des Prophètes, étaient de taille à suivre Élie à travers le désert[1]. Toutefois, on est fondé à croire que ce fut là un essai plutôt qu'une mesure définitive. Bien des faits le prouve-

---

(1) « Inter cœteros virtutum flores, hoc mihi non mediocriter placuit, quod ibi scholas infantium, qui sæpe rigorem sanctitatis enervant, non inveni, sed omnes aut senes aut juveni decore lætantes, qui ut filii Prophetarum idonei sint ad Eliam per deserta quærendum. » (*S. Petri Damiani opuscula*, 36, c. 16.)

raient. Contentons-nous d'en citer un : Lanfranc, traversant la France pour aller à Rome, dut explorer avec soin les contrées qu'il parcourait pour trouver un monastère où il n'y eût pas d'école[1]. Il faut reconnaître que les écoles d'enfants, qui sont toujours bruyantes, pouvaient devenir une gêne et un ennui, surtout à certains moments de l'année où les moines avaient plus besoin de solitude et de silence pour vaquer à l'oraison. On avait obvié à cet inconvénient, à l'abbaye de Vassor et bien ailleurs sans doute, en transportant les classes dans un lieu écarté[2].

Puisque nous en sommes arrivés à cette question du local des classes, il nous faut donner quelques détails sur le lieu où se tenaient les écoles intérieures dans les monastères. « Des salles lambrissées, dit M. Albert Lenoir, étaient disposées vers un des côtés du cloître, et la

(1) *B. Lanfranci Vita.*
(2) *Dacherii Spicileg.*, t. XII; Chronic. Valciodorensis cœnobii, p. 579.

galerie sur laquelle étaient ouvertes ces pièces consacrées à l'étude servait elle-même d'école ou de lieu de récréation pour les novices. Les Clunistes et les Cisterciens nommaient *auditorium* (Du Cange) le lieu où se faisaient les leçons aux novices. La galerie voisine de l'église était particulièrement destinée à ces lectures que les Cisterciens nommaient *collationes*. Des armoires disposées au-dessus des bancs ou même dans leur épaisseur contenaient les livres. A l'abbaye de Cruas, sur le Rhône, contre la coutume, l'armoire aux livres était dans l'église. La galerie de l'ouest était de préférence consacrée aux novices, lorsqu'ils n'avaient pas, comme dans l'abbaye de Saint-Gall, un bâtiment particulier à leur usage. Alors de ce côté se trouvaient quelques salles pour leurs différents genres d'études; celle du chant était du nombre. Les bancs placés dans cette galerie du cloître étaient accompagnés de celui du maître; des livres attachés avec des chaînes se plaçaient dans cette galerie pour l'usage des enfants. « In latere claustri occidentalis, dit du Cange, est scholaris subjectio[1]. »

De bonne heure, sans qu'on puisse préciser la date, il y eut dans les monastères, à côté de l'école intérieure, une école extérieure pour l'éducation des enfants qui n'aspiraient point à embrasser la vie monastique. Il semble même que la classe noble ait, en général, préféré l'enseignement des monastères, tendance qui s'est depuis assez souvent manifestée, notamment dans les derniers siècles, lorsque les Jésuites ouvrirent des collèges. L'existence des écoles extérieures fut un instant menacée; l'assemblée d'Aix-la-Chapelle, de 817, pour mieux empêcher le contact entre les séculiers et les enfants voués au service de Dieu, avait décidé qu'il n'y aurait plus dans les monastères d'autre école que celle des oblats : « ut schola in monasterio non habeatur, nisi eorum qui oblati

---

[1] ALBERT LENOIR, *Architecture monastique*, t. II, p. 384-385.

sunt⁽¹⁾. » La mesure était radicale. On vit après une plus mûre réflexion qu'il était possible de parer à l'inconvénient signalé, sans renoncer à élever les séculiers; il suffisait pour cela de séparer complètement les deux classes d'enfants. Aussi cette prescription ne dut-elle pas être longtemps observée; du moins elle ne l'était plus au XIe siècle : ce que nous avons dit des congrégations de Cluny, de Saint-Bénigne de Dijon, de Saint-Vanne et de la Chaise-Dieu le prouve surabondamment. Les textes s'offriraient aussi nombreux, si on consultait les annales des abbayes du Bec, de Corbie, de Fleury, de Lobbes, de Gorze, de Saint-Gall, de Richenau, etc [2].

On nous permettra de ne pas quitter ce sujet des écoles extérieures sans dire un mot d'une catégorie bien intéressante d'élèves qui

---

(1) LABBE, *Concil.*, t. VII, col. 1510. — V. Dom CEILLIER, t. XIII, p. 655.

(2) Cf. MAB., *Traité des Études*, p. 188 ; ZIEGELBAUER *Hist. rei litter.*, pars I, c. III.

les fréquentait, nous voulons parler des clercs que les évêques envoyaient dans les grandes abbayes pour compléter leur instruction. Nous n'oublions pas qu'il ne s'agit plus ici d'enseignement primaire, mais il peut être curieux de connaître à quelle discipline étaient astreints les clercs du XIIe siècle. Nous trouvons ces détails dans un sermon sur l'Épiphanie du savant Hildebert, alors étudiant, mais destiné à être une des lumières du clergé de France. Cet homme, qui passa pour un des premiers écrivains de son temps en vers comme en prose,

Inclytus et prosa, versuque per omnia primus,

avait étudié, croit-on, sous le trop fameux Bérenger, archidiacre de Tours; de là il était allé puiser une meilleure doctrine aux écoles de Cluny, sous la haute direction du saint abbé Hugues. Élève distingué, il a été prié de dire, à l'occasion de la fête, quelques mots d'édification à la communauté. Il s'adresse à ses jeunes confrères, « qui, comme lui, se livrent à l'étude des sciences sacrées avec une grande application et en se soumettant à un régime d'une austérité presque monacale [1] ; » il leur rappelle les souffrances et les privations de toutes sortes auxquelles ils se sont condamnés ; il les engage à prier Dieu de leur apprendre à étudier, car douce est la science, mais elle ne se trouve point parmi les aises de la vie ; puis les apostrophant : « Je ne m'imagine pas, leur dit-il, que vous soyez venus ici pour vous plonger dans les délices et nager dans les plaisirs, mais pour que, redoublant de courage, vous peiniez dans les labeurs de l'étude [2]. » Ne tenons pas compte d'un certain

[1] ... « ad scholares, illos scilicet qui cum ipso (ut par est credere), Cluniaci, sub S. Hugonis abbatis disciplina et magisterio, sacris litteris multo cum labore et austeritate monasticæ proxima, licet non monachi, dabant operam. » (*Patrol.*, MIGNE, t. CLXXI, col. 413.)

[2] « Scholares vero in fame et siti, in frigore et nuditate vitam tenuem agentes, dicant : Domine, doce nos

cliquetis de mots qui, dans l'idiome du jeune orateur, sent manifestement la recherche ; ne tenons même pas compte de certaine pensée inattendue que contient le dernier mouvement oratoire. On reconnaîtra, du moins, que le genre de vie décrit par Hildebert ne donne point à penser que l'on gâtât à Cluny les écoliers de vingt et de vingt-cinq ans ; on avouera encore que ce rude langage décèle, chez celui qui le tenait et chez ceux qui étaient dignes de l'entendre, une assez mâle énergie.

Nous empruntons au savant archéologue déjà cité une description des bâtiments affectés aux écoles des jeunes séculiers, clercs et laïques. On constatera, en la lisant, que l'école extérieure se tenait dans un édifice séparé,

lectioni vacare, quoniam suavis est sapientia ; non tamen invenitur in terra suaviter viventium, sed in terra viventium. Nec ergo vos huc venisse arbitror ut affluatis, deliciis et voluptatibus affluatis, obstinatione perefluatis ; sed ut excitati studeatis in labore et ærumna. Laboris vero merces in præsenti est cordis illuminatio ; in futuro utriusque hominis glorificatio. » (*Patrol.*, MIGNE, *ibid.*)

tandis que l'école intérieure se tenait dans le monastère même; disposition généralement adoptée⁽¹⁾. « On voit, dit-il, dans le plan de Saint-Gall les distributions principales d'un de ces établissements d'instruction publique. L'édifice est situé au nord de l'église pour éviter les relations avec le monastère, construit au midi. Un vestibule conduit à deux grandes salles voûtées, placées au centre et séparées par un mur; elles étaient destinées aux récréations, *domus vacationis*. Cette division de l'édifice en deux parties égales par un mur rappelle ce qui se fait de nos jours dans les écoles communales pour séparer les sexes. Ici le but était probablement de distinguer les degrés d'étude,

---

(1) « ... Scholam duplicem... illa (claustralis) in remotiore monasterii parte; hæc (canonica sive clericalis) extra monasterium in adjacenti ædificio, cui tamen et ipsi præerant cœnobitæ. Et hæc sane scholarum partitio solemnis erat in Floriacensi cœnobio, in Cluniacensi, maxime vero in Fuldensi. » (In vitam B. Lanfranci Dom. Lucæ Dacherii notæ et observationes. *Patrol.*, MIGNE, t. CL, col. 84-86.)

peut-être aussi était-ce pour diviser les enfants selon le rang qu'occupaient les parents dans le monde. Autour des salles de récréation sont distribuées les classes au nombre de douze; on y lit : *hic mansiunculæ scholasticorum;* une table occupe le centre de chacune d'elles. Ces classes, rangées ainsi autour des pièces centrales, rappellent les grandes écoles de la Turquie et de la Perse, contrées où l'on rencontre à chaque pas des dispositions analogues à celles qu'on prenait en occident au moyen âge... Pendant la belle saison, les enfants jouaient probablement autour de l'édifice, car il est séparé des constructions voisines par des haies, et auprès de celle qui est établie vers l'église on lit ces mots :

Hæc quoque septa premunt discentis vota juventæ.

Une entrée à l'église, commune aux hôtes et aux écoliers, est établie auprès du parvis :

Hic hospes   vel templi tecta subibit :
Discentis scholæ pulchra juventa simul.

Enfin, vis-à-vis l'école et contre le mur latéral du temple, est l'habitation du chef des études, *mansio capitis scholæ;* ce sont deux chambres allongées : la première, entourée de bancs et chauffée, communique avec une chapelle du bas côté du nord; la deuxième est une pièce réservée; on y lit : *ejusdem secretum*[1]. »

Les écoles monastiques subsistèrent dans cet état jusque vers la fin du XIIᵉ siècle. A ce moment, les écoles s'étaient extrêmement multipliées dans les villes et les campagnes; les Universités se formaient et attiraient à elles les esprits avides de nouveautés. Le beau temps des études classiques était passé; après quelques notions de grammaire hâtivement apprises, la jeunesse abordait d'emblée les questions les plus hautes de philosophie et de théologie; le règne de la dialectique commençait. Les moines, n'ayant ni le pouvoir ni la volonté de s'oppo-

---

[1] M. Albert Lenoir, *Architecture monastique*, t. II, p. 381-382.

ser au mouvement des esprits, cessèrent peu à peu de recevoir des enfants dans leurs écoles. Après avoir noté ce grand changement, Mabillon ajoute : « Ce nous est un sujet de consolation que les choses soient tournées de la sorte, et que les ecclésiastiques qui sont destinez pour enseigner les autres ayent enfin trouvé chez eux-mêmes les moyens de s'instruire ; et nous devons estre assez satisfaits d'avoir contribué pendant sept ou huit siècles à conserver les livres, les lettres et les sciences, autant que le malheur et la barbarie des temps l'ont pu souffrir. L'Imprimerie enfin a rendu dans ces derniers siècles les livres plus communs, et par conséquent les études plus faciles, et on a la satisfaction de voir dans le clergé quantité d'ecclésiastiques également vertueux et sçavants [1]. »

Au moment où le vénérable et docte religieux écrivait ces lignes, la congrégation de

---

(1) MAB., *Traité des Études monastiques*, p. 189.

Saint-Maur, à laquelle il appartenait, songeait à renouer la chaîne de la tradition et à suivre les exemples de ces moines du moyen âge qui, du vie au xiie siècle, avaient rendu si célèbres les écoles bénédictines. Elle ouvrit des maisons pour l'enseignement primaire et surtout pour l'enseignement secondaire. Dès 1725, le collège de Pontlevoy donnait l'éducation à plus de deux cents gentilshommes de toutes les provinces. Vers la fin du siècle, Saint-Maur tenait environ trente écoles secondaires, parmi lesquelles il faut compter six écoles militaires dont la direction lui avait été confiée par la déclaration du 28 mars 1776, savoir : Sorèze, Pontlevoy, Tiron, Rebais, Beaumont et ensuite Auxerre [1].

(1) Cf. *Les Études Classiques avant la Révolution*, par M. l'abbé AUGUSTIN SICARD, p. 447 et suiv.

CHAPITRE II

Des Écoles épiscopales, collégiales et presbytérales.

 Les écoles épiscopales, à côté des écoles municipales, sous l'Empire romain ; elles continuent de subsister après les invasions barbares. Leur nombre aux xi⁰ et xii⁰ siècles ; mesures prises pour assurer leur maintien en face des Universités naissantes. — Écoles collégiales. — Écoles qui ne donnent que l'instruction élémentaire ; écoles presbytérales ; documents qui établissent leur existence dans presque toutes les paroisses.

L ES écoles épiscopales sont aussi anciennes que les écoles monastiques. Nous les voyons même, avant ces dernières, s'établir dans les Gaules à côté des écoles municipales. Au iv⁰ siècle, elles ont pris un tel développement et jeté un tel éclat qu'elles éclipsent les écoles païennes, tenues la plupart du temps par des affranchis. Il faut remarquer, en effet, que les écoles païennes n'ont point succombé sous les coups des Barbares, mais sous le poids de leur impopularité : des fables ridicules débitées sous le nom de religion, de vaines disputes philosophiques, de froides amplifications de rhétorique, des machines poétiques depuis longtemps usées, tout cela ne suffisait plus au monde. L'idée vint à quelques fanatiques de relever les écoles plus ou moins officielles de leur discrédit en tuant leurs rivales; on connaît la tentative de Julien l'Apostat, dernier effort du paganisme expirant. L'orage passé, les écoles chrétiennes se reformèrent; les Barbares n'en prirent point ombrage ; ils finirent par y venir eux-mêmes [1].

Au VIe siècle, la ruine des écoles païennes était complète, les écoles ecclésiastiques restaient presque seules debout [2]. Nous avons,

---

[1] Cf. M. THÉRY, *Hist. de l'Éducation en France*, t. I, p. 55.
[2] *Ibid.*, p. 87.

dans notre Introduction, exposé brièvement tout ce que l'Église, aidée des pouvoirs publics, fit pour subvenir aux besoins intellectuels du monde renaissant. Quelle était la situation aux XIe et XIIe siècles ?

D'après les ordonnances de Charlemagne, comme d'après les prescriptions formelles de l'Église, chaque cathédrale devait avoir, comme annexe, une école dans laquelle on recevait, à l'origine, les enfants et les jeunes gens qui se destinaient à l'état ecclésiastique, et, plus tard, tous les enfants indistinctement, à quelque classe de la société qu'ils appartinssent et quelque genre de vie qu'ils eussent le dessein d'embrasser. Eh bien ! sommes-nous en droit d'affirmer que, à l'époque où nous arrivons, c'est-à-dire à un moment où la paix, si favorable aux études, se rétablit partout, sommes-nous, dis-je, en droit d'affirmer que chaque cathédrale est pourvue de son école ? Les auteurs de l'*Histoire littéraire* ne mentionnent, avec développement, que quarante-six écoles épiscopales[1]. Mais ils ne se proposent pas de les passer toutes en revue : ils n'entreprennent, ils ont bien soin de nous en avertir, ils « n'entreprennent de parler que de celles qui offrent des traits mémorables pour la Littérature. » Au reste, ils ne doutent point que « chaque cathédrale n'eût persévéramment son école, autant que le malheur des temps pouvait le permettre pour l'instruction de ses clercs. » Il ne leur semble même pas possible de supposer le contraire : « Les écoles épiscopales, étant aussi des séminaires pour fournir des ministres à l'Église,

---

[1] Ces écoles sont celles de : Amiens, Angers, Angoulême, Arras, Autun, Auxerre, Avranches, Bayeux, Beauvais, Besançon, Bordeaux, Bourges, Cambrai, Châlons-sur-Marne, Châlons-sur-Saône, Chartres, Évreux, Langres, Laon, Le Mans, Liège, Limoges, Lisieux, Lyon, Mâcon, Maguelonne, Meaux, Metz, Noyon, Orléans, Paris, Périgueux, Poitiers, Reims, Rouen, Saintes, Sens, Séez, Soissons, Strasbourg, Thérouanne, Toul, Tournai, Tours, Troyes, Verdun. (Cf. *Hist. littér.*, t. VII et IX : État des lettres aux XI et XIIe siècles, *passim*.)

comme il a été dit, chaque cathédrale avait la sienne [1]. »

Voilà le sentiment d'auteurs qui ont eu entre les mains tous les documents anciens et les ont étudiés avec la plus minutieuse attention; nous devons nous y rallier. Comment croire, par exemple, que des écoles, célèbres dès le vi^e et le viie siècles, fussent complètement tombées sans avoir pu se relever ? Que Arles, qui fut « la reine des Gaules » sous saint Césaire, son évêque; que Toulouse, qui mérita d'être surnommée la « Rome » d'au-delà des monts; que Clermont, Gap, Vienne, Narbonne, Cahors et une foule d'autres eussent renoncé, sans raison apparente, à soutenir leur antique réputation ? Nous l'avouerons pourtant, nous eussions aimé pouvoir nous assurer, par nous-mêmes, de l'existence de ces écoles.

Ce qui augmente notre regret en même

---

[1] *Hist. littér.*, t. IX, p. 32.

temps que notre confiance, c'est que toutes les fois que le temps ou les moyens nous ont permis de faire des recherches sur une contrée de la France, ces recherches ont donné des résultats, par exemple, pour la Bretagne. Une lettre de Pierre de Blois à Robert, archidiacre de Nantes, nous autorise à penser qu'il y avait une école en cette ville[1]. Dom Lobineau nous apprend que l'évêque de Rennes, Guérin, fonda, vers l'an 1035, un maître d'école dans son église cathédrale; ce fut le premier scolastique de Rennes, et ce dut être un certain Incomaris, figurant dans une charte de cette époque avec la qualification de *grammaticus*[2]. L'œuvre de l'évêque Guérin fut activement poursuivie par ses successeurs, Sylvestre de la Guerche, qui « cherchait, dit Baudri de Bourgueil, à s'entourer de lettrés, espèce alors

[1] *Petri Blesensis opera omnia*, in-fol. Paris, 1667. Epist. CI, p. 157.

[2] Cf. Chan. GUILLOTIN DE CORSON, *Pouillé hist. de l'Archid. de Rennes*, t. I, p. 180.

rare en Bretagne⁽¹⁾ », et le célèbre Marbode, l'ancien écolâtre d'Angers. L'école épiscopale de Dol nous est connue par l'obituaire de cette église, qui, comme nous l'avons dit plus haut, cite deux prêtres scolastiques avant l'épiscopat de Baudri, au XIIe siècle. Nous ne trouvons point parmi les dignitaires de l'église de Saint-Malo celle de scolastique ou chef des écoles. Mais les actes de la vie du bienheureux Jean de la Grille nous font connaître que cet évêque si zélé, sur le conseil du pape Eugène III, avait attiré auprès de lui des chanoines réguliers de Saint-Victor de Paris, ordre récemment institué par Guillaume de Champeaux[2]. Il les chargea sans doute de l'enseignement dans son école cathédrale. D'après l'abbé Manet, la première école publique de « pédagogie » fondée à Saint-Malo date de 1162. On pourrait diriger des

---

[1] BOLL., *Act. S. S.*, 25 Febr., B. Roberti de Arbris. Vita, auctore Baldrico, Dolensi episcopo.

[2] BOLL., *Act. S. S.*, 2 Februarii.

recherches semblables sur les autres diocèses, soit de Bretagne, soit de quelque autre province un peu négligée par les auteurs de l'*Histoire littéraire*, avec l'espoir fondé d'arriver à de précieuses découvertes. Au terme de ce travail, on se verrait obligé de dire avec Dom Rivet : Chaque cathédrale avait alors son école.

Où se tenait cette école ? Le concile convoqué à Rome par le pape Eugène II avait déclaré nécessaire l'établissement d'un cloître auprès des églises, voulant que les clercs, chargés des fonctions du ministère, y vécussent en communauté[1]. Cette institution parut excellente, et le concile de Pontion, tenu en France cinquante ans plus tard, en 876, l'imposa aux évêques. Les cloîtres des églises cathédrales se composaient d'un ensemble de maisons formant un carré long et représentant assez bien une large rue qui serait fermée à ses deux extré-

---

(1) LABBE, *Concil.*, t. VIII, col. 103 et sqq.

mités. Tel fut à Paris le cloître Notre-Dame, où l'on installa l'école épiscopale [1]. Destinée d'abord, comme toutes celles du même genre, au recrutement des clercs, elle reçut dans la suite des externes séculiers [2]. Mais alors elle devint insuffisante et l'on en établit de semblables dans chaque paroisse, puis dans chaque quartier, pour les garçons d'abord, puis pour les filles ; ce furent les petites écoles ou écoles de grammaire, placées sous l'autorité du chapitre de Notre-Dame et, par délégation, sous celle du chantre [3]. Un érudit fait, à propos des écoles épiscopales et du lieu où elles se tenaient, une remarque intéressante. « Autour de la cathédrale de Rouen, dit-il, on voyait

---

(1) Claude Joly nous apprend qu'à la fin du XIIe siècle l'école fut transférée dans le parvis entre le palais épiscopal et l'Hôtel-Dieu (*Traité histor. des Écoles épiscop.*, part. II, c. v.

(2) *Cartulaire de l'Église de Notre-Dame de Paris*, t. I, p. 339.

(3) Cf. *Hist. de la ville de Paris*, par Dom Michel Félibien, t. I, p. 207 et suiv., et 613.

autrefois, à côté de la demeure de l'archevêque et du cloître des chanoines, l'Hôtel-Dieu pour les malades et l'école du diocèse, touchants annexes qui montraient la charité inspirée par la religion et pratiquée sous une double forme : les secours aux misérables et l'enseignement aux personnes désireuses de s'instruire. Une décrétale d'Alexandre III (*in capitulo unico de magistris,* Decretal., lib. V, tit. III) donne lieu de croire que, du temps de ce pape, les églises de France avaient conservé plus fidèlement que les autres cet usage dont nous avons montré l'antiquité [1]. »

La fondation des Universités avait arrêté net le développement des écoles monastiques, ou mieux encore elle marquait le commencement de leur décadence progressive. Les écoles épiscopales coururent également un grand danger. Les Universités attiraient professeurs et élèves :

---

(1) M. CH. DE BEAUREPAIRE, *Recherches sur l'Instruction publique dans le Diocèse de Rouen avant 1789,* t. I, p. 79.

les professeurs, les hommes de talent, qui ne résistaient point au désir de paraître sur un plus grand théâtre, qui, du reste, trouvaient des avantages et des privilèges dans leur affiliation à une corporation puissante; les élèves, parce qu'ils recouvraient leur pleine liberté, et que déjà la considération entourait, à leur retour dans leur pays, ceux qui avaient fréquenté les cours universitaires. Désormais on continuerait d'aller chercher les connaissances premières dans l'enceinte modeste et silencieuse des écoles épiscopales, mais on achèverait ses études dans le milieu plus vivant et plus bruyant des Universités. Qui sait même si la ruine de l'enseignement secondaire et supérieur dans les écoles épiscopales n'entraînerait pas celle de l'enseignement primaire ? Les évêques virent le danger et voulurent le conjurer. Le troisième concile de Latran, de 1179, promulgua le décret suivant : « L'Église de Dieu étant obligée, comme une bonne et tendre mère, de pourvoir aux besoins corporels et spirituels des indigents, désireuse de procurer aux enfants pauvres, dépourvus de ressources pécuniaires, la faculté d'apprendre à lire et de s'avancer dans l'étude des lettres, ordonne que chaque église cathédrale ait un maître chargé d'instruire gratuitement les clercs de cette église et les écoliers pauvres, et qu'on lui assigne un bénéfice, qui, suffisant à sa subsistance, ouvre ainsi la porte de l'école à la jeunesse studieuse [1]. » Innocent III publia la même ordonnance, au quatrième concile de Latran, en faveur d'un maître de grammaire et l'étendit aux écoles des Collégiales ; il chercha, ainsi que ses successeurs Honorius III et Grégoire IX, à rehausser la considération des maîtres des écoles épiscopales en leur accordant des droits et des privilèges, en les mettant au niveau des professeurs des Universités [2]. Les écoles épiscopales, vigoureusement soutenues par les

---

(1) LABBE, *Concil.*, t. X, col. 1518.

(2) Cf. *Diction. encyclop. de la Théol. cathol.*, traduit de l'allemand par GOSCHLER, t. VII.

papes et les évêques, réussirent à se maintenir. Elles subsistent toujours sous le nom de grands et petits séminaires.

Nous venons de nommer les écoles collégiales; en réalité, nous devons les rapprocher des écoles épiscopales, puisque aussi bien elles étaient, mais avec un caractère plus profane, de véritables petits séminaires, où les parents envoyaient leurs enfants dès le bas âge. On sait que les collégiales étaient des églises desservies par des chanoines, séculiers ou réguliers. Parmi les écoles collégiales de cette époque, il faut citer celles de Saint-Martin de Tours, de Sainte-Geneviève de Paris [1], de Lille, de Saint-Dié, de Guastine dans l'évêché de Thérouanne, de Saint-Quentin près Beauvais, de Saint-Gaucher à Cambrai, de Brioude, du Daurat, de Conques dans le Rouergue, de Meun-sur-Loire, de Saint-Hilaire à Poitiers, de

---

(1) Les chanoines de Sainte-Geneviève furent remplacés, au XIIe siècle, par les chanoines réguliers de Saint-Victor.

Saint-Barthélemy dans un faubourg de Liège [1]. Ces écoles subsistèrent jusqu'au XVe siècle; à ce moment, elles disparaissent ou se confondent dans les écoles épiscopales [2].

Les écoles dont nous parlons depuis le début du chapitre précédent, monastiques, épiscopales, collégiales, donnent l'enseignement à tous les degrés, système complet d'éducation qui commence par l'a b c et se termine par l'étude des sciences nécessaires, soit au prêtre, soit au jurisconsulte, soit au médecin, car le droit et la médecine figurent au programme de plusieurs de ces écoles tout aussi bien que la rhétorique, la dialectique et la théologie. Nous arrivons à d'autres écoles, bien plus nombreuses, qui se bornent à l'instruction élémentaire ou ne la dépassent pas sensiblement : ce sont les écoles presbytérales.

On a rapporté plus haut les prescriptions des empereurs, des conciles et des évêques

---

[1] Cf. *Hist. littér.*, t. VII et IX, *passim*.
[2] *Diction. de Pédagogie*, art. Écoles.

touchant l'établissement des écoles dans les paroisses : ce sont moins des recommandations pressantes que des ordres formels, et des mesures sont prises pour s'assurer de leur exécution. On a cité, en particulier, le capitulaire de Théodulfe d'Orléans. Ce document célèbre semble être devenu, au XIᵉ siècle, la formule classique des ordonnances épiscopales : nous le trouvons reproduit, mot pour mot, par plusieurs évêques de France et d'Italie[1]. Quelquefois on l'abrège, comme dans ce règlement que Labbe rapporte à l'an 1049 : « Les prêtres auront dans les villes et les villages des écoles publiques où ils instruiront tous les enfants de fidèles qu'on y enverra[2]. » D'autres fois on en modifie légèrement l'expression, mais c'est pour mieux insister sur l'obligation d'accepter absolument tous les enfants qui se présenteront.

(1) Cf. LABBE, *Concil.*, t. IX, col. 1012 ; *Patrol.*, MIGNE, t. CXXXIV, col. 9-915.
(2) LABBE, *Concil.*, t. IX, col. 1003 et sqq.

Toutes ces prescriptions, et bien d'autres que l'on pourrait retrouver dans les archives des diocèses, par exemple dans celles de Rouen, ne permettent guère de douter qu'il y ait eu, dès une origine très reculée, des écoles gratuites attachées à chaque église et confiées aux soins et à la direction des curés, que probablement même elles aient été contemporaines de l'érection des paroisses. « L'habitude constante du clergé, dit M. Léon Maître, habitude dont on trouve la trace à toutes les époques, a été de former, autour de chaque presbytère, une maîtrise d'enfants choisis parmi les meilleurs de la paroisse, soit afin de se préparer les clercs nécessaires à la célébration des offices religieux, soit pour alimenter la pépinière des séminaristes. Si l'on admet, comme je l'espère, que tous ces élèves n'embrassaient pas l'état ecclésiastique, on voudra bien reconnaître alors que les curés devenaient les instituteurs, volontaires ou non, de leurs paroissiens et vulgarisaient la lecture et l'écriture[1]. »

Cette fonction d'instituteur de l'enfance, travail assez absorbant par lui-même, pourra paraître peu conciliable avec les exigences du saint ministère. Mais on voudra bien se rappeler que les prêtres des paroisses rurales, peu occupés alors par la lecture et l'étude à cause de la rareté des livres, avaient des loisirs. De nos jours encore, malgré les relations plus compliquées qu'a fait naître un ordre social nouveau, malgré les études diverses auxquelles ils doivent se livrer pour se tenir au courant des questions les plus importantes, agitées dans le monde savant, ils ont des moments libres, et plusieurs savent, en sages économes de leur temps, trouver quelques heures de reste qu'ils consacrent à la formation de futurs élèves du sanctuaire. D'ailleurs, selon

---

(1) M. Léon Maitre, *L'Instruction primaire à Nantes.* (*Revue de Vendée et de Bretagne,* avril 1874.)

la remarque de M. Baudrillard⁽¹⁾, la tâche devait être encore facilitée aux curés par la présence d'une multitude de clercs au milieu des campagnes. En attendant la collation d'un bénéfice, ils restaient parfois longtemps parmi les paysans, dont ils partageaient la vie et les travaux. On voyait de même, aux siècles derniers, dans nos campagnes, un grand nombre de prêtres attachés à des chapellenies qui, soit par dévouement, soit pour se conformer à la volonté expresse des fondateurs, s'imposaient le devoir d'enseigner le catéchisme, avec la lecture et l'écriture, aux enfants des villages environnants.

Rien donc n'empêchait les curés d'obéir aux ordres de leurs évêques comme de suivre les inspirations de leur propre zèle ; et dès lors qu'ils le pouvaient, ils le faisaient en très grande majorité. Cette affirmation ne paraîtra point hasardée à ceux qui ont observé chez

---

(1) *Les Populations agricoles de la France,* — *Normandie et Bretagne.*

les prêtres un véritable goût pour l'enseignement : le goût pour une chose, disposition toujours désirable pour assurer l'accomplissement du devoir, même chez les hommes de conscience. Mais notre démonstration sera plus forte et plus décisive, tout le monde le comprendra, si nous pouvons apporter des faits qui prouvent d'une manière irréfutable l'existence d'écoles presbytérales dans un certain nombre au moins de paroisses. Une induction légitime nous permettra ensuite de conclure à la généralité de ces institutions. Nous citerons ces faits un peu au hasard, suivant que nos lectures nous les ont fournis. Du reste, le moment n'est pas encore venu d'écrire, à ce point de vue, l'histoire complète de chacune de nos provinces.

Le premier exemple qui se présente à nous est emprunté à la vie du bienheureux Robert d'Arbrisselles[1]. Qu'on nous permette, à ce

---

(1) Boll., *Act. S. S.*, 25 Februarii.

propos, une réflexion. On pourrait croire, avant de l'avoir consulté, que le volumineux recueil des Bollandistes doive être un véritable trésor entre les mains de ceux qui sont à la recherche de documents sur les écoles du moyen âge. On ne tarde pas à être détrompé. Pour quelques renseignements précieux et recueillis sur-le-champ avec amour, que de pages il faut tourner, que de volumes il faut feuilleter aux bons endroits ! On en vient à se demander si on est vraiment payé de sa peine. Ce n'est pas que les vénérables et candides hagiographes restent indifférents à la question des études. Non, ils n'oublient point de noter que leur héros, dès ses plus tendres années, a commencé de s'instruire ; ils ont même, pour le dire, deux ou trois formules qui ne varient guère ; mais dans quelle école, sous quel maître, d'après quel mode d'enseignement, c'est ce qu'ils négligent presque toujours de nous révéler. Ils avaient pour but, en écrivant la vie des saints, d'édifier les fidèles, et non pas de satisfaire la curiosité des siècles à venir. Ils ne prévoyaient pas les accusations qui seraient un jour portées contre leur temps, et ils ne se préoccupaient pas de fournir des armes à leurs défenseurs.

Pour en revenir à Robert d'Arbrisselles, son biographe, un lettré, nous raconte qu'il fut mis aux études dès son enfance, *ab annis infantilibus*. Puis il le montre quittant son pays, dont il a bientôt épuisé le savoir, parcourant les diverses provinces pour assouvir son désir toujours plus vif d'apprendre, et ne s'arrêtant qu'à Paris. Ainsi, d'après Baudri de Bourgueil, les études ne sont pas très avancées en Bretagne; du moins les petites écoles ne font pas défaut, ni les hommes de talent. C'est exactement la note donnée par les auteurs de l'*Histoire littéraire* : l'Armorique forme d'illustres élèves, mais elle ne leur donne pas le dernier perfectionnement. Et parmi ces élèves on se plaît à citer Abélard, Gilbert l'Universel, évêque de Londres; les deux frères Bernard et

Thierry, tous les deux professeurs à Paris et réputés hommes très doctes; enfin quatre cardinaux en un même siècle, Yves de Saint-Victor, Bernard de Rennes, Melior et Rolland[1].

Nous trouvons d'autres documents sur la Bretagne. Dom Martène rapporte un sacrilège commis à Fougères et découvert par Gaufroi, prêtre de Romagné; plusieurs personnes en témoignent, entre autres, Rigard, grammairien, et Morin, meunier. Ce grammairien, associé à un meunier et autres personnes du peuple, n'est sans doute qu'un humble maître d'école. Plus bas, le même auteur parle d'un Hardouin de Chartres, qui dirigeait alors, c'est-à-dire, au xie siècle, les écoles de Fougères[2].

L'abbé de Redon, dit l'historien de cette ville, avait le droit de mettre un maître d'école en chacune des paroisses de Redon, de Bains, de Brain et de Langon « pour instruire et

---

(1) *Hist. littér.*, t. IX, p. 90-91.
(2) « ... qui tunc praeerat Filgerensibus scholis. » (MART., *Anecd.*, t. I, p. 253.)

apprendre les enfants des dicts lieux⁽¹⁾. » Une charte du Cartulaire de la même abbaye, de 1096, donne le nom du maître d'école de Brie, il s'appelait Garnier⁽²⁾. Il est encore question de l'école de Pornic au comté Nantais⁽³⁾. Abélard, dont la famille habitait auprès de Nantes, nous apprend que « son père avait pris quelque teinture des lettres avant d'embrasser la profession des armes⁽¹⁾. »

La Normandie était une des provinces les plus renommées de France pour ses écoles abbatiales. Les petites écoles ne devaient pas être moins bien entretenues. Les érudits sont parvenus à découvrir les titres authentiques de quelques-unes d'entre elles. « Dans la charte de confirmation de l'abbaye d'Eu, au milieu du

---

(1) *Histoire de Redon*, par Dom JAUZION, p. 91.
(2) M. AURÉLIEN DE COURSON, *Cartul. de Redon*, charte CCCXL.
(3) *Dictionnaire de Pédagogie*, art. Bretagne.
(4) PETR. ABAEL., *Epist. I, seu historia calamitatum*, cap. I.

xiie siècle, Henri, comte d'Eu, reconnaît parmi les possessions de cette abbaye les écoles d'Eu, de Blangy, de Foucarmont et de Criel. Assurément, par les lieux où elles étaient placées, il faut croire que ces écoles étaient des écoles populaires et non des classes de hautes études. C'est vers la même époque que la bulle du pape Alexandre, en 1178, constate parmi les possessions de l'abbaye d'Aumale, le doyenné et les écoles avec toutes leurs dépendances[1]. » Des actes de la même époque nous montrent une école à Quillebeuf et une à Fécamp, celle-ci établie à côté et sous la protection de l'abbaye de la même ville et régie par plusieurs clercs[2].

Nous avons compté dans le nord et l'est de la France un grand nombre d'écoles épiscopales et monastiques. On n'apportait pas moins de soin à y multiplier les petites écoles

---

(1) *Hist. de l'abbaye d'Aumale*, par M. ERNEST SÉMICHON. Introd., p. CXXVII-CXXVIII.

(2) Cf. M. CH. DE BEAUREPAIRE, *op. cit.*, t. I, chap. I.

dans les petites villes et bourgades. L'*Histoire littéraire* cite les écoles de Clermont en Beauvaisis, de Gournay-en-Bray, de Chaumont-en-Bassigny, de Rhetel, de Gueldre dans les Pays-Bas[1]. — Il est question, dès 1188, des écoles de Mézières, placées sous la surveillance du chapitre de Saint-Pierre[2]. — A Marchiennes, dans le département actuel du Nord, un procès-verbal constate que, le 16 mai 1133, les reliques de sainte Eusébie y ayant été transportées, « les os avaient été montrés sains et entiers aux fidèles, aux religieux et aux enfants des écoles[3] ». — Voici un autre document qu'il importe de faire connaître : c'est une bulle du pape Lucius III à Simon II, abbé de Saint-Bertin, datée de Vérone, 11 août 1182. Par cette bulle, le pape Lucius, sur les pres-

---

(1) *Hist. littér.*, t. IX, p. 87, 88, 95.
(2) Cf. *Dict. de Pédag.*, t. I, p. 108.
(3) Cité par M. le comte de Fontaine de Resbecq. (*Hist. de l'enseignement primaire, avant 1789, dans les communes qui ont formé le départ. du Nord*, p. 168.

santes instances de l'abbé de Saint-Bertin, l'autorise à établir lui-même des écoles dans la circonscription de toutes les paroisses dépendantes de l'abbaye, et lui donne le droit de nommer les clercs à qui la direction en sera confiée[1]. Nous pensons qu'il faut attribuer à cette pièce la plus haute importance. Si, en effet, elle laisse deviner les conflits qui s'élevaient parfois entre le clergé et les moines au sujet du droit de nommer les maîtres d'école, elle montre, d'autre part, le zèle des abbés à répandre l'instruction jusque dans les plus petits villages. Or, le nombre était grand

---

[1] ...« Eapropter, dilecti in Domino filii, vestris justis postulationibus grato concurrentes assensu, presentibus vobis litteris auctoritate apostolica indulgemus, ut vobis in omnibus parrochiis vestris liceat clericos instituere, qui, assensu et propria voluntate vestra, regimen scholarum obtineant; et hec firma et illibata decernimus omni tempore permanere : statuentes ut nulli omnino hominum liceat hanc paginam nostre concessionis infringere, vel si aliquantenus contraire... Datum Veronæ, tertio idus Augusti. (*Cartul. de l'abbaye de Saint-Bertin*, p. 354.)

de ces paroisses rurales qui relevaient d'une seule abbaye.

On pourrait ajouter des noms à cette liste déjà longue, citer l'école de Chinon-sur-Vienne, établie en 1142 par Hugues d'Étampes, archevêque de Tours[1], et les nombreuses maîtrises fondées dans le diocèse de Toul, écoles où les enfants, dit Mabillon, apprenaient la lecture avec les principes de la religion[2]; rappeler les écoles paroissiales, dites de grammaire, dont l'apparition dans le Soissonnais, au XIe siècle, était signalée dernièrement par M. Choron[3]; mais on n'attend pas, sans doute, que nous parcourions, le crayon à la main, tous les hameaux de France et de Navarre où pouvait se trouver un curé ou desservant aidé ou non aidé d'un clerc.

(1) JOAN. MAAN, *Sancta et Metropolitana Ecclesia Turonensis*, p. 114.

(2) MAB., *Act.*, t. VII, p. 375; *Amplis. Collect.*, t. IV, p. 860.

(3) *Revue des Sociétés savantes*, 1876, p. 294.

Nous voulons cependant faire une dernière citation pour une raison particulière. Il est dit, dans la vie de saint Hugues, abbé de Cluny, que le jeune comte, ne parvenant point à goûter la compagnie bruyante du château de Semur, aimait à faire seul des échappées dans la campagne. Lorsqu'il le pouvait, sans être vu, il s'en allait visiter quelque église et s'asseoir pour quelques moments dans une des écoles des paroisses rurales situées aux environs[1]. Où se tenaient donc les écoles presbytérales, dans l'église même ou dans le presbytère? Dans le vestibule de l'église, disent les uns, et ce serait de cette coutume que cette portion de l'édifice aurait pris le nom de parvis, *a parvis docendis*. D'autres adoptent pour le

---

[1] « Nec prætereundum est quod sæpenumero furto laudabili ecclesiarum limina terebat, scholis ultro se ingerebat, callidusque explorator latenter id agebat ut patrem lateret. » (Biblioth. Nat , ms fonds S.-Germain, 12607. *Vita S. Hugonis Cluniacensis abbatis*, auctore GILONE.)

mot parvis une étymologie différente : Littré le fait venir du latin *paradisus*. Nous abandonnons cette question aux grammairiens. Dans tous les cas, il ne faut point s'attendre, lorsqu'on étudie les modestes écoles paroissiales du moyen âge, à retrouver trace des palais scolaires dont les architectes modernes, amoureux du grand, ont décoré nos petites communes.

Nos pères, qui avaient toujours goûté l'enseignement des monastères; qui, plus tard, avaient accueilli avec faveur l'institut des Jésuites et les congrégations enseignantes des Frères, ne professaient pas moins d'estime pour le clergé séculier. Les novateurs eux-mêmes de 1789 ne pensaient pas que l'éducation publique pût être remise en des mains meilleures. Le tiers, la noblesse demandèrent, en particulier, pour le curé une grande influence sur l'école primaire; c'est à lui ou à son vicaire qu'ils voulaient confier la charge de faire la classe, quand il n'y aurait pas d'autre instituteur[1]. « Que les vicaires, dit le tiers état du Maine, soient chargés de faire les écoles des garçons, dans les paroisses où il n'y en a point de fondées. » Ce vœu était une reconnaissance des services rendus à l'éducation par le clergé paroissial.

[1] M. l'abbé AUG. SICARD, *Les Études classiques avant la Révolution*, p. 506.

CHAPITRE III

Écoles diverses.

<small>Maîtres ambulants. — Écoles buissonnières. — Écoles établies par les communes; maîtres laïques. — Éducation privée. — Écoles juives. — Conclusion : la France est de toutes les contrées de l'Europe celle où les écoles sont le plus nombreuses.</small>

Nous groupons dans ce chapitre diverses écoles qui ne pouvaient rentrer dans aucune des catégories précédemment étudiées. Ce n'est pas qu'elles aient toutes contribué pour une grande part à l'instruction du pays. Mais, comme il ne convient pas de méconnaître, encore moins de dédaigner les petits services, nous avons cru que nous devions aux plus faibles essais l'honneur d'une mention.

Il est toutefois un certain nombre d'écoles que nous devons écarter, véritables cours supérieurs de grammaire, de rhétorique, de philosophie, de théologie, de droit canon ou de médecine, établis dans des centres populeux comme Lyon, Montpellier, Caen, Paris, ou transportés momentanément dans de petites villes comme Provins, Corbeil, Melun; Nogent-sur-Seine, où enseigna Abélard; Douai, où enseigna Goswin; Château-Gontier, et une ville du comté de Saint-Gilles qu'on ne nomme pas[1]. Ces écoles, qu'on appelait publiques, parce qu'elles étaient ouvertes à toutes sortes de personnes, étaient nombreuses surtout à Paris, soit au cœur même de la cité, soit autour de la montagne Sainte-Geneviève, dans le quartier si connu depuis sous le nom de Quartier latin. Là professèrent avec éclat des hommes dont les noms sont passés à la postérité : Abélard, Roscelin, le chef des Nominatistes; Robert de Melun, Guillaume de Conches, Adam de Petit-Pont, Gilbert de la

---

(1) Cf. *Hist. littér.*, t. IX, *passim*.

Porrée; Robert Pullus, depuis cardinal; Jean de Salisbury, l'esprit le plus lettré peut-être de l'époque[1], et enfin le célèbre Maître des Sentences, Pierre Lombard.

Il n'y a pas lieu de s'arrêter davantage à ces maîtres ambulants qui n'avaient de résidence fixe nulle part et se portaient où on les appelait. Tel fut saint Gauthier qui, avant de se faire moine, ouvrit une école brillante sur les confins des diocèses de Rouen et de Paris[2]; tel fut encore Manégolde ou Manégaud, qui professa en une multitude d'endroits, en Alsace, en France, en Poitou[3]. M. Charles de Beaurepaire[4] emprunte à Du Boullay une pièce qui nous fournit un curieux exemple de pro-

---

[1] Cf. *Jean de Salisbury*, par M. l'abbé DEMIMUID.

[2] « Et famosissimas regens scholas, thesauros scientiæ, quos multo labore et sudore quæsivit, aliis aperire et eructare cœpit. » (MAB., *Act.*, t. IX, p. 814.)

[3] Sur Manégolde, v. notice au t. CLV de la *Patrol. latine*, col. 147.

[4] M. CHARLES DE BEAUREPAIRE, *op. cit.*, t. I, p. 22.

fesseurs de cette espèce. Il s'agit d'une lettre de recommandation écrite par Raoul, comte de Clermont, à Hugues de Gournay et à ses clercs. « Je possède à Clermont, leur dit-il, un maître qui, cette année encore, y tient les écoles. La réputation de votre ville, le désir de se concilier votre amitié l'ont porté à solliciter de vous, comme une faveur, ce qui ne sera que l'accomplissement de vos propres souhaits. Il est versé dans l'étude des auteurs et des philosophes, dans celle des divers arts, de la grammaire notamment. Il connaît l'Écriture sainte, et, ce qui est comme le condiment de ces avantages, il s'est rendu recommandable par la gravité de ses mœurs. Il vous demande la permission d'enseigner l'année prochaine à Gournay. »

Les écoles de Clermont et de Gournay étaient sans doute, en principe, des institutions fixes et permanentes. Mais, ce changement perpétuel de professeurs une fois entré dans les mœurs, il fallait bien des précautions pour que l'enseignement n'y fût pas exposé, de temps en temps, à un chômage.

On pourrait ranger dans cette classe de maîtres ambulants certains maîtres des petites écoles de Paris. On sait que ces petites écoles relevaient du chantre de Notre-Dame ; or, comme les maîtres étaient obligés de lui payer une redevance, plusieurs, pour se soustraire à cet impôt, tinrent école hors de la ville, dans les champs ou les bois, auprès des buissons. De là, le nom si connu, mais peu compris, d'écoles buissonnières.

Toutes les écoles dont nous avons parlé jusqu'ici sont établies et dirigées par des moines ou des clercs, parfois sous la protection et avec les encouragements du pouvoir civil, mais en dehors de son action directe ; elles n'ont rien d'officiel. Partout nous rencontrons l'initiative privée ou partiellement collective, avec une vigueur, une hardiesse, une constance dont il n'y avait pas eu d'exemple dans les annales de l'éducation. L'Église intervient comme société constituée, mais plutôt, semble-t-il, pour donner l'impulsion première que pour organiser ; l'organisation de chaque école est l'œuvre particulière des évêques et des abbés. De cette situation résulte la conspiration de tous les efforts vers le même but poursuivi, et une heureuse variété dans les moyens de l'atteindre. L'État, depuis Charles le Chauve, se tient à l'écart du mouvement; pendant longtemps son rôle se bornera à accorder des privilèges, à sanctionner des règlements, à exercer une simple surveillance ; il ne créera rien, et personne ne désirera qu'il sorte de sa réserve.

Mais voici qu'une classe de la société, qui jusqu'alors n'a guère pris part aux affaires, la classe inférieure, la classe moyenne, demande sa place au soleil, ose même prétendre à l'existence politique. Le peuple entre en scène, à son tour, avec un élan, une vigueur, une impétuosité qui surprennent, déconcertent parfois l'Église et la noblesse. « Le XIIe et le XIIIe siècles virent se produire ce mouvement d'émancipation qui donna la liberté aux serfs, créa les bourgeoisies privilégiées et les communes indépendantes, fit sortir de terre les villes neuves et les bastides, affranchit les corporations de marchands et d'ouvriers, en un mot plaça du premier coup, à côté de la royauté, de la féodalité et de l'Église, une quatrième force sociale destinée à absorber un jour les trois autres[1]. » Ce mouvement devait entraîner bientôt les conséquences les plus étendues[2], et exercer, en particulier, une influence considérable sur l'enseignement populaire. Un ordre de choses nouveau a de nouvelles exigences. La commune, avec ses autorités électives veillant aux intérêts de la cité, devient un centre de progrès, un foyer d'énergie et de vie morale. Elle sent tout d'abord la nécessité où

---

(1) *Les Communes françaises à l'époque des Capétiens directs,* par M. LUCHAIRE. Introduction.
(2) Cf. M. VIOLLET-LE-DUC, *Revue archéologique,* 1863. Étude sur l'album de Villars de Honnecourt.

elle est de s'instruire : aussi voit-on les bourgeois courir à l'envi aux écoles, tous désirent apprendre au moins à lire et à écrire[1]. Les écoles établies jusque-là ne suffisent plus. D'ailleurs, la commune, jalouse de son indépendance, veut avoir ses écoles à elle, et réclame la liberté d'enseignement.

C'était la première fois qu'on entendait parler de liberté d'enseignement. L'Église, qui avait tant favorisé la multiplication des écoles, ne pouvait menacer l'existence même de celles que les communes fondaient en face des siennes dans le nord de la France, dans les Flandres, le Brabant et la Hollande[2]; mais elle était décidée à ne pas laisser contester les droits de juridiction et d'inspection que lui conféraient

---

[1] Cf. t. XXIII des *Mémoires couronnés et mémoires étrangers publiés par l'Académie royale des Sciences, des Lettres et des Beaux-Arts de Belgique. De l'Instruction publique au moyen âge*, VIIIe-XVIe siècle, par CHARLES STALLAERT et PHIL. VAN DER HAGHEN, p. 97.

[2] Cf. ID., *Histoire de Bruxelles,* par MM. HENNE et WAUTERS (1845), p. 101, 114.

les capitulaires de Charlemagne et qu'une longue tradition avait consacrés. Il est prouvé, du reste, qu'elle était hostile à l'émancipation des communes. De cette disposition des esprits surgirent des luttes dans lesquelles les deux pouvoirs triomphèrent tour à tour, mais qui heureusement ne retardèrent pas les progrès de l'enseignement.

A Gand, les bourgeois firent un règlement scolaire, qu'ils se contentèrent de soumettre au souverain. Ils stipulaient que « quiconque en avait la volonté, la capacité et les moyens, pouvait tenir école, de plein droit, dans la ville, sans que personne eût à s'y opposer. » C'était se soustraire complètement à l'autorité de l'Église. Mais ils ne jouirent pas longtemps de ce privilège, confirmé en 1192 et retiré en 1235, par la comtesse Jeanne. Le droit de désigner la personne apte à tenir une école, pour une année seulement, fut confié au chapitre de Sainte-Pharaïlde. Si la désignation n'était pas faite avant Pâques, le souverain se réservait le soin de choisir lui-même le maitre. Ce règlement fut approuvé par l'évêque de Tournai, qui le rendit applicable au Tournaisis [1].

A Ypres, les échevins et les bourgeois furent frappés d'excommunication par le même évêque, pour avoir contesté les droits conférés par le Saint-Siège aux chanoines de Saint-Martin et en vertu desquels personne, dans les limites des paroisses de cette église, ne pouvait tenir école sans l'autorisation du prévôt et de la communauté ecclésiastique [2]. Ils n'en obtinrent pas moins, avant la fin du XIIIe siècle, de faire décider « que le droit d'enseigner est libre pour les écoles inférieures et que tout bourgeois peut faire instruire ses enfants dans sa maison par qui il lui plaît. »

A Anvers, à Bruxelles, à Lille, dans le comté de Hollande, nous trouvons les mêmes con-

---

[1] M. Léon Lebon, *Hist. de l'enseignement populaire*. Bruxelles, 1868, p. 167.
[2] M. Léon Lebon, *ibid*.

flits[1]. Partout où s'établit une commune, la lutte fut vive et persistante. Un moment vint pourtant où l'accord se fit. A l'époque dont nous nous occupons les idées de liberté n'excluaient en rien le dévouement à la foi; nul ne songeait d'ailleurs à écarter le prêtre de l'école. Au contraire, les autorités locales et les instituteurs recherchaient son intervention pour assurer l'enseignement religieux. De son côté, l'Église, ne pouvant s'opposer plus longtemps à la création et à l'existence d'écoles libres et communales dirigées par des laïques, tenait à y exercer au moins une part d'influence. De cette manière, il était aisé de s'entendre. Il se produit de fait une sorte de transaction réciproque qui donne aux nouvelles écoles un caractère mixte, non pas imposé, mais en quelque sorte volontairement consenti, accepté.

---

(1) M. Léon Lebon, *ibid.* et *Répertoire historique analytique et raisonné de l'enseignement populaire en Belgique.* Vol. I, titre II, chap. I, § 3. — *Histoire de Bruxelles*, par MM. Henne et Wauters, p. 114.

L'enseignement scientifique est généralement donné par des laïques, l'enseignement religieux par des prêtres des paroisses. De la même manière, s'établit également pour la première fois une double inspection, civile et religieuse, l'une exercée par le magistrat, l'autre par l'écolâtre[1].

Ce qui nous frappe dans tous ces faits, ce n'est pas la victoire remportée par les bourgeois sur telle église ou telle communauté de chanoines, dépossédée du droit d'établir des

---

[1] Cf. LÉON LEBON, *Répertoire historique analytique et raisonné*, loc. cit. — Toutefois il y a, au sujet des pays que nous avons cités, une différence à noter. « Tandis que dans les provinces de Belgique, à l'exception peut-être des écoles élémentaires de quelques villes, le droit de l'écolâtrie était partout dévolu en fait à l'écolâtre du chapitre, l'enseignement dans les écoles communales de Hollande était entièrement soustrait à l'inspection légale du clergé et leur caractère était essentiellement laïque... Les écoles municipales de la Hollande relevaient immédiatement du comte, et il octroya le droit de les établir soit sous forme de privilège à certaines villes, soit comme faveur spéciale à des particuliers... Le premier privilège de cette nature fut accordé en 1290. » (*Histoire de Bruxelles*, par MM. HENNE et WAUTERS, p. 114).

écoles : l'autorité ecclésiastique se prêtait aux transactions dans l'intérêt général de l'instruction ; c'est l'introduction d'un élément nouveau dans le personnel de l'enseignement, c'est l'apparition de maîtres et de maîtresses laïques. D'où sortaient-ils et quelle préparation pouvaient-ils apporter à leurs fonctions dans un temps où n'existait aucun de ces établissements spéciaux que nous possédons sous le nom d'écoles normales d'instituteurs et d'institutrices, il serait difficile de le dire avec quelque précision. Ils se recrutaient sans doute parmi les élèves des écoles municipales. Ces maîtres d'école, ainsi qu'on les nommait (en flamand *Schoolimpters*), formèrent bientôt entre eux des corporations ou gildes ; ils étaient rangés dans la classe des artisans (*Ambacts-lieden*). Là est peut-être l'origine des Sociétés d'instituteurs qui plus tard devaient rendre tant de services à l'enseignement primaire[1].

---

(1) M. LÉON LEBON, *Répertoire historique analytique et raisonné*, loc. cit.

On retrouve encore des laïques parmi ces maîtres particuliers qu'il faut nommer pour être complet, et qui n'étaient point rares aux XIe et XIIe siècles; car si beaucoup de seigneurs, si des rois envoyaient leurs enfants aux écoles épiscopales et monastiques, d'autres, pour des raisons diverses, préféraient l'éducation privée. L'auteur d'une récente vie de saint Hugues de Cluny remarque, comme une chose peu ordinaire, que les châtelains de Semur n'aient jamais voulu partager l'éducation de leur fils avec un précepteur étranger[1]. Quel était le plus souvent le précepteur? Tantôt un ermite, comme le maître de saint Romuald, ou ce saint homme qui montre à Aiol, le héros d'une de nos épopées, « l'art de lire et d'embriever le latin et le roman[2] »; tantôt un pauvre clerc, comme ce pédagogue aussi ignorant et dur qu'honnête et pieux à qui fut confiée la débile

---

(1) *Vie de saint Hugues, abbé de Cluny*, par le R. P. Dom L'HUILLIER, p. 6.

(2) *La Chevalerie*, par M. LÉON GAUTIER, chap. V.

enfance de Guibert de Nogent[1]; tantôt un noble chevalier, tel que le précepteur de Guillaume le Conquérant, ce Turold, que quelques érudits regardent comme l'auteur de l'immortelle chanson de Roland[2]; ou même un prélat, tel que l'évêque Gui, entre les mains de qui le comte de Vermandois, Herbert, remettait un fils âgé de cinq ans, pour le lui reprendre dans sa vingtième année[3]. Le plus ordinairement c'était le chapelain du château. « Au moyen âge, lisons-nous dans le *Dictionnaire de Pédagogie*, tout chapelain est plus ou moins pédagogue. » Le prêtre était mêlé à la vie du château. Le baron, homme de foi, le traitait, non pas comme le premier de ses serviteurs, mais comme un égal ou plutôt comme le repré-

---

(1) GUIB. NOVIG., *De Vita sua*, lib. I.

(2) M. Aug. Thierry raconte que, à la bataille de Hastings, un normand, appelé Taillefer, entonna le chant, fameux dans toute la Gaule, de Charlemagne et de Roland (*Conq. d'Angleterre*, t. I, p. 265).

(3) M. THÉRY, *Hist. de l'éducation en France*, t. I, p. 165.

sentant de Dieu, et il voulait qu'il fût honoré de tous. Il se faisait un devoir d'assister tous les jours à sa messe et d'y conduire sa famille. C'était pour ses enfants une première leçon : ceux-ci apprenaient à prier et priaient. L'éducation se poursuivait, avant tout morale et religieuse; car dans ces siècles on n'isolait pas la science de la religion des autres sciences[1]. Le moment n'est pas venu d'indiquer tout ce qui était enseigné au jeune baron et ce qui suffisait d'ordinaire à son instruction. Mais il fallait montrer que le chapelain était un véritable maître.

Avons-nous passé en revue toutes les écoles et n'en est-il aucune qui ait échappé à notre investigation? Lorsque nous nous sommes fait cette question, notre pensée s'est reportée vers une race exilée du pays de ses pères, à qui les nations chrétiennes avaient donné l'hospitalité et qu'elles avaient bien voulu admettre

---

[1] Cf. *La Chevalerie*, par M. Léon Gautier, chap. v.

en participation des biens communs, tout en éprouvant pour elle une invincible répulsion : nous voulons dire la race juive. Les écoles du moyen âge, qui n'étaient point neutres, ne pouvaient pas plus s'ouvrir aux Juifs, tandis qu'ils resteraient en dehors de la communion chrétienne, que les Juifs ne devaient désirer d'y entrer; mais on leur reconnut le droit d'avoir leurs écoles particulières, car on pratiquait la tolérance à leur égard.

Jusqu'à quelle époque remonte chez les Juifs l'enseignement primaire proprement dit, il serait oiseux de le chercher. Au temps de Notre-Seigneur, des écoles élémentaires étaient attachées à toutes les synagogues, et les enfants y étaient admis vers l'âge de six ans. Partout où il y avait vingt-cinq enfants d'un âge convenable, ou, suivant Maimonide, cent vingt familles, on devait établir un maître d'école. S'il y avait quarante enfants, le maître devait avoir un aide; s'il y en avait cinquante, la synagogue nommait deux maîtres. En général, l'école se tenait dans la synagogue, et le maître était le sacristain. Celui-ci était payé par la communauté, et ne pouvait rien recevoir de ses élèves, pour ne pas être exposé à favoriser les plus riches. Étant investi d'une fonction importante et particulièrement honorée chez les Juifs, on voulait qu'il fût au-dessus de tout soupçon de légèreté et d'avarice, que sa vie pût être donnée en exemple à tous; car chez les Juifs, mieux que chez les Romains, on appliquait cette maxime du poète : *maxima debetur puero reverentia;* on respectait l'enfance, on entourait de soins pieux ces petits êtres « dont les anges sont toujours devant la face du Père céleste, » on veillait à éloigner d'eux tout contact mauvais. Ajoutons, à l'éloge de ce peuple, qu'il avait un soin spécial des pauvres et des orphelins.

L'instruction primaire se bornait pour tous les jeunes israélites à savoir lire, peut-être écrire, et à répéter par cœur les passages essentiels de la Loi. Leur livre d'éducation par excellence était la Bible, livre où ils trouvaient tout : le récit de la création du monde, l'origine du péché, l'histoire de leur race, leur droit public et privé, des notions exactes sur Dieu et l'âme humaine, des principes de morale pour toutes les conditions[1].

Cette coutume, cette organisation se maintinrent, autant que les circonstances le permirent, après la ruine de Jérusalem et la dispersion du peuple. A l'époque où nous sommes arrivés, les Juifs étaient répandus dans la plupart des villes de France, par groupes plus ou moins considérables, dont le chiffre variait de quarante à trois cents. Ils avaient, surtout dans le Midi, des écoles florissantes, que les auteurs de l'*Histoire littéraire* décorent du nom d'académies, écoles supérieures auxquelles l'ensei-

---

[1] Ces renseignements sont empruntés à M. l'abbé Trochon : *La Sainte Bible*, Introduct. générale, t. II, p. 682-684. (Paris, Lethielleux, éditeur). On nous excusera d'entrer dans tous ces détails sur des écoles que nous ne devons plus nommer.

gnement primaire était la préparation indispensable : parmi ces écoles on doit citer celles de Narbonne, de Béziers, de Lunel au diocèse de Maguelonne, de Saint-Gilles, de Marseille, de Troye et d'Orléans. Tous ces détails nous sont fournis par un Juif d'Espagne, Benjamin de Tudèle, qui commençait, vers l'an 1160, par la France ses longs voyages à travers le monde, et qui en a laissé la relation.

Nous achevons, nous aussi, un long voyage à travers les écoles des Gaules. Au terme de ce voyage, qui a ses ennuis et aussi ses charmes, on ne se demande plus s'il y avait des écoles en France, au XIIe siècle, on chercherait plutôt le coin de terre ignoré qui pouvait en être privé. Les historiens de l'éducation remarquent, et ils en ont le droit, que nul pays de l'Europe n'égalait alors le nôtre pour le nombre des écoles et l'éclat des études ; et le pape Alexandre III, un de ceux qui ont le plus honoré le Saint-Siège au moyen âge, ne rêvait pour l'Allemagne et l'Italie rien de mieux que ce qu'il avait vu se pratiquer en France[1]. Si les étrangers reconnaissaient notre supériorité, s'ils nous adressaient le plus flatteur des hommages en venant auprès de nous chercher l'instruction, les Français eux-mêmes ne reculaient pas devant leur propre éloge. Diederic, moine de Fleury, représentait naïvement la France comme le pays, non pas seulement le plus soigneux de conserver la ferveur de la discipline monastique et le plus riche, après Rome, en reliques des saints, mais comme le plus fertile du monde et le plus zélé pour la culture des sciences[2]. On s'associerait volontiers à cet enthousiasme et, si l'on ne craignait d'encourir le reproche de partialité, on appliquerait à la France toute entière ces vers que Baudri de Bourgueil composait sur l'école de Reims,

---

(1) Cf. *Hist. littér.*, t. IX, p. 92.
(2) Mab., *Act.*, t. VI, p. 351.

dirigée alors par l'écolâtre Godefroy, successeur de saint Bruno :

> *Gallia tunc etiam studiis florebat opimis,*
> *Florebatque tuo Gallia plus studio.*
> *Ad te currebant examina discipulorum,*
> *Et refocebantur melle parentis apes.*

CHAPITRE IV

De la Licence d'enseigner et de la Condition des Maîtres.

L'Église est devenue, par le fait des circonstances, l'éducatrice unique des peuples; sans prétendre au monopole de l'enseignement, elle se réserve le droit d'accorder la licence d'enseigner. Ce droit est exercé dans les monastères et sur les terres dépendantes des monastères par l'abbé ou le prieur; dans les autres écoles par un délégué de l'évêque : l'écolâtre le plus souvent, quelquefois le grand chantre. — La licence d'enseigner est conférée gratuitement, et d'après des règles fixes. Pour mieux assurer cette gratuité comme l'avenir de l'enseignement, on fonde des prébendes en faveur de l'écolâtre et des professeurs. — Qualités exigées des maîtres de l'enfance.

C'EST une vérité, non pas de haute philosophie, mais de sens commun, que les parents, qui ont donné à leurs enfants l'existence et la vie, ont contracté par là même l'obligation de les instruire et de les élever, de développer leur intelligence et de former leur caractère, comme ils ont le devoir de les nourrir et de développer leurs forces physiques. Mais, si l'on ne peut raisonnablement contester que l'enseignement soit, selon une expression moderne, un service familial, on reconnaîtra aussi qu'il se trouve bien peu de parents qui aient soit le temps, soit les facultés et les moyens de s'acquitter convenablement de cette tâche. Il faut alors de toute nécessité qu'ils se déchargent de ce soin sur les personnes qu'ils jugent les plus dignes de les suppléer. Dans une société bien constituée le choix n'offre pas, pour l'ordinaire, de grandes difficultés. Mais nous supposons une société bien constituée, une société où l'action éclairée et incessante d'un pouvoir veille à écarter de l'enseignement les incapables et les indignes. En droit naturel, quel est ce pouvoir? On n'hésitera pas à répondre : l'État. Il est certain que, la fin de l'État étant la fin même de l'humanité, c'est-à-dire le bien matériel, intellectuel et moral de ses membres, l'État a la mission spéciale d'y concourir par un ensemble de lois qui garantissent les droits des citoyens et aident au développement de leurs facultés. Dans cette théorie, il appartiendrait à l'État, non pas d'enseigner lui-même, mais de surveiller, d'encourager, de protéger l'enseignement, de prononcer sur la capacité et l'aptitude des maîtres, d'accorder enfin la licence d'enseigner.

Ces notions n'étaient point étrangères aux esprits du moyen âge; ils acceptaient la direction de l'État, à la condition toutefois que l'État fût chrétien. Ils ne voulaient point, en effet, d'une doctrine qui ne considère que l'homme purement homme, qui ignore ou paraît ignorer sa grandeur originelle, sa dégradation par le péché et la rédemption en Jésus-Christ, philosophie qui plus tard indignait Pascal, préoccupé avant tout de nos intérêts éternels, et lui arrachait des cris de colère et de dédain. C'est pourquoi, à côté de l'État, ils voyaient un autre pouvoir, l'Église, pouvoir investi d'une mission plus haute, celle de continuer l'œuvre de J.-C. et tout d'abord d'instruire, en vertu de cette parole du divin Maître : *Ite, docete omnes gentes.* Sans doute on ne doit pas entendre cette parole dans le sens que l'Église serait chargée de tout enseigner, même les sciences profanes. Telle ne fut point non plus la prétention de l'Église : elle n'ouvrit d'abord des écoles que pour enseigner la doctrine chrétienne ; elle travaillait pour elle-même, pour se préparer des ministres. Mais après l'écroulement de la puissance romaine et la disparition des écoles païennes, voilà qu'elle reste seule capable de donner l'enseignement. Elle s'y prête avec un entier dévouement ; et encore faut-il remarquer qu'elle hésite dans les premiers temps à recevoir les enfants et les jeunes hommes qui n'ont point l'intention de la servir dans le cloître ou le sanctuaire.

Ainsi l'Église n'est devenue l'éducatrice des peuples que par le fait des circonstances. Elle n'a désiré ni recherché le monopole de l'enseignement. Elle ne va pas non plus le garder ;

elle va, au contraire, accorder la plus ample liberté d'enseignement, et l'État, qui marche d'accord avec elle, ne fera aucune loi restrictive de cette liberté. La science, en effet, s'est répandue ; les maîtres surgissent de tous côtés, et déjà parmi eux on aperçoit des laïques. Qu'ils prennent part à l'enseignement, leur collaboration sera reçue avec reconnaissance. Seulement l'Égl'se, qui a en dépôt le trésor de la vérité, doit veiller à ce qu'il se conserve intact au sein de la communauté chrétienne. Pour éviter que les maîtres, par ignorance ou perversité, n'enseignent l'erreur, elle exercera sur eux un ministère de surveillance et de contrôle, elle se réservera le droit de juger de leurs aptitudes, elle les obligera à obtenir d'elle la *licence d'enseigner*. Cette obligation peut paraître onéreuse, et toutefois il ne semble pas qu'elle ait pesé beaucoup aux maîtres de cette époque; il est incontestable du moins que l'Église, en l'imposant, n'a été guidée par aucune pensée de domination :

elle voulait conserver la pureté de la foi et de la morale, elle voulait préserver l'âme des enfants à un âge où l'esprit est sans défense contre les fausses doctrines. Ses intentions, son but ont été assez clairement indiqués par elle pour qu'il n'y ait pas lieu de s'y méprendre [1].

La question que nous traitons en appelle d'autres. Mais entrer dans cette voie serait aborder le terrain doctrinal. Nous préférons continuer notre exposition purement historique.

Nous venons de voir comment l'Église a été amenée à être la maîtresse souveraine de l'enseignement. Disons maintenant quelles mesures elle prend et quelles conditions elle exige pour conférer le pouvoir d'enseigner. Et, pour plus

---

(1) Qu'on relise, par exemple, ce statut du concile de Rouen, de 1074 : I « ut nullus cujuslibet quæstus gratia, vel alia qualibet occasione sumat populum docere nisi persona probata ab episcopo, propter multimodos et detestandos errores, quos docent imperiti. » (LABBE, *Concil.*, t. X, col. 311.)

de clarté, faisons une distinction, mettant d'un côté les écoles monastiques, de l'autre toutes les autres écoles, qui relèvent plus spécialement de l'autorité épiscopale.

Dans les monastères, tous les pouvoirs étaient entre les mains de l'abbé. Comme l'enseignement est une charge peu compatible avec le gouvernement d'une vaste maison, l'abbé nommait un écolâtre ou scolastique à la direction des hautes écoles, il confiait à des maîtres particuliers l'éducation des enfants[1]. Il se réservait à lui-même la surveillance générale; et, considérant que rien n'est petit dans le service de Dieu, il ne dédaignait pas de descendre parfois aux détails les plus minutieux. Orderic Vital nous dit d'Osbern, abbé de Saint-Évroul, dans le diocèse de Lisieux : « Il savait à merveille contenir les jeunes gens et les forçait très bien à lire, à psalmodier

---

[1] Cf. Beati Lanfranci, Cantuariensis archiep., decreta pro Ordine S. Benedicti, cap. XXI : De disciplina puerorum (*Patrol.*, t. CL, col. 506 et sqq.).

ainsi qu'à écrire, en employant comme il fallait les réprimandes et les corrections. Il fabriquait lui-même des écritoires pour les enfants et les ignorants, préparait des tablettes cirées, et ne négligeait pas de se faire remettre tous les jours par chaque individu la tâche de travail qu'il lui avait imposée[1]. » Dans les monastères moins importants, le prieur enseignait lui-même, ou déléguait à cet office quelque moine instruit. Enfin nous avons montré que, sur les terres de leur dépendance, les abbés, les prieurs prenaient un soin particulier des petites écoles et des enfants pauvres; qu'ils jouissaient du droit d'y nommer les clercs chargés de l'enseignement; que, ce droit ayant été contesté, la cause avait été déférée au tribunal du Souverain Pontife, lequel la trancha en faveur des abbayes[2].

[1] ORDERIC VITAL, *Hist. de Normandie*, liv. III (Collect. des Mémoires relatifs à l'hist. de France, t. XXVI, p. 88).

[2] A la bulle déjà citée de Lucius III à l'abbé de Saint-Bertin, on peut joindre la lettre d'Alexandre III

On le voit donc, rien n'est facile à résoudre comme cette question : à qui appartient-il d'accorder le droit d'enseigner dans les monastères et sur les terres de leur dépendance? Les écoles diocésaines vont nous retenir plus longtemps. Une revue périodique publiait sur ce sujet, il y a quelques années, un article très étudié, auquel nous ferons plus d'un emprunt[1]. « Le résultat de nos recherches, dit l'auteur, peut se résumer dans cette proposition; il y a eu, au moyen âge, dans chaque diocèse, un personnage chargé spécialement par l'Église d'exercer en son nom un contrôle sur les établissements d'instruction, spécialement en ce qui concerne le choix des maîtres, d'accorder ou de refuser à ceux-ci une licence

à l'archevêque de Reims au sujet des prétentions inadmissibles de l'écolâtre de Châlons-sur-Marne (*Petri abbatis Cell. opera omnia*, *Alexandri III epistolæ*, p. 222-223).

[1] *De la licence d'enseigner*, par M. GEORGES BOURBON, élève de l'École des Chartres (*Revue des Questions historiques*, 1er avril 1876).

d'enseigner devenue nécessaire à partir du XIIe siècle, et d'imprimer par ce moyen à l'enseignement une direction conforme à l'esprit et aux vues de l'Église. Nous donnons à ce personnage le nom d'écolâtre, parce que, dans la plupart des textes, il porte cette dénomination. Nous désignons de ce nom le personnage qui délivre aux autres la licence d'enseigner. »

L'auteur que nous citons constate la pratique universellement suivie après l'an mil. Jusque-là les évêques avaient souvent enseigné eux-mêmes [1], avec quel éclat, on se le rappelle quand on songe aux Fulbert de Chartres, aux

---

[1] Leur enseignement sans doute ne s'adressait qu'à des élèves déjà avancés. Quelquefois cependant ces hommes, pleins de l'esprit du Christ, ont bien voulu s'abaisser jusqu'à instruire des enfants complètement illettrés ; on peut le conclure du moins d'une chronique des évêques de Liège. Après avoir rappelé la coutume de l'évêque Notger de s'occuper de l'éducation de ses clercs dans ses voyages, le chroniqueur ajoute : « Sicque fiebat ut quos plerumque rudes et illiteratos a claustro abduxis-

Notger et aux Vason de Liège, aux Gilbert Maminot de Lisieux. Et si l'on veut savoir quel souvenir ils laissaient d'eux à leurs disciples, qu'on lise la lettre d'Adelmann, élève de Fulbert, à son ancien condisciple Bérenger, le célèbre archidiacre de Tours[1]. Le nombre toujours croissant d'hommes instruits que formèrent ces évêques professeurs permit à leurs successeurs de se décharger sur d'autres du soin de l'enseignement pour vaquer en liberté à l'administration de leur diocèse. L'auxiliaire choisi par eux eut la direction de l'école épis-

set, et ipsos quos prius magistros habuerant, in litterarum perfectione redeuntes superarent. » (Anselmi gesta episcoporum Leodiensium. *Patrol.*, MIGNE, t. CXXXIX, col. 1092.)

(1) *Patrol.*, t. CL. Adelmann, pour ramener le disciple égaré, fait l'éloge touchant de leur maître commun, auquel il donne le nom de Socrate ; il rappelle les doux entretiens qu'ils avaient avec lui, les instructions qu'il leur donnait, quelquefois les larmes aux yeux, surtout lorsqu'il les conjurait de marcher soigneusement sur les traces des saints Pères, sans jamais s'en écarter pour prendre des sentiers détournés.

copale et une haute autorité sur toutes les petites écoles. Cet auxiliaire, ce suppléant de l'évêque, fut originairement, dit Claude Joly, le grand chantre, c'est-à-dire le membre du chapitre chargé d'enseigner le chant à la cathédrale ; ce fut plus généralement, dirons-nous avec les meilleurs auteurs, l'écolâtre, c'est-à-dire le chanoine, ou quelque docteur de talent pris en dehors du chapitre, chargé de l'enseignement des arts libéraux, chargé de plus, dans beaucoup d'endroits, de l'enseignement du chant lui-même. Il porta différents noms suivant les différentes églises ; il fut appelé écolâtre à Orléans, Amiens, Arras, Soissons et autres lieux ; capischol en Gascogne, chancelier en quelques églises, principalement aux villes où s'établit une Université. Dans tous les cas, il était le maître, le chef des écoles, *magister scholarum*, tandis que les autres n'étaient que les maîtres d'une école particulière, *magister scholæ*.

Voilà l'homme investi du droit de choisir et de nommer les maîtres, de délivrer la licence d'enseigner. De même qu'auparavant nul ne pouvait tenir école dans l'étendue du diocèse sans l'autorisation de l'évêque, de même maintenant il faut, pour le faire, l'agrément de l'écolâtre. Il est vrai que l'écolâtre est obligé, s'il refuse, de fournir les preuves de l'incapacité des maîtres[1], mesure excellente qui l'empêche d'exercer son pouvoir arbitrairement.

Dans certains diocèses, la puissance de l'écolâtre fut contrebalancée par le grand chantre ou plutôt il se produisit une rivalité d'attributions. Ainsi, à Paris, le chancelier garda la direction des grandes écoles, mais le chantre eut l'intendance sur les petites [2].

(1) *Hist. littér.*, t. IX, p. 32.
(2) Dom MICHEL FÉLIBIEN, *Hist. de la ville de Paris*, t. I, p. 613. — « Le chantre avait des attributions fort étendues. Il fixait le nombre des écoles et celui des élèves qu'elles pouvaient recevoir, et les visitait par lui-même ou par son délégué. Il avait son tribunal et tenait ses assises à l'officialité; là il jugeait les conflits, sauf appel au chapitre, et plus tard au Parlement. Il rédigeait des

Le même partage du pouvoir s'opéra à Senlis⁽¹⁾.

Bien que la surveillance suprême des écoles et le droit de choisir les maîtres fussent généralement reconnus à l'évêque ou à son délégué, des tentatives furent faites, dès le xi⁰ et le xii⁰ siècles, surtout par les communes nouvellement émancipées, pour échapper à la tutelle ecclésiastique. Quelques-uns de ces conflits se terminèrent heureusement par un accord entre l'évêque et les bourgeois; d'autres tournèrent contre les villes qui les soulevaient prématurément : elles avaient prétendu obtenir tout de haute lutte, elles durent ajourner leurs espé-

statuts qu'il proclamait dans son synode annuel, sorte de conférence ou de congrès auquel tout le personnel enseignant était tenu d'assister. Il recevait le serment des maîtres et maîtresses, leur renouvelait chaque année leurs lettres de maîtrise et leur rappelait leurs obligations dans des sortes de mercuriales dont plusieurs nous ont été conservées. » (*Dict. de Pédagogie*, art. Paris).

(1) Cf. *Gallia Christiana*, t. X, col. 213, Instrumenta.

rances de complète liberté ⁽¹⁾. Les seigneurs, de leur côté, revendiquèrent pour eux la faculté de nommer les maîtres dans les terres de leur domaine. Nous avons rapporté la curieuse lettre du comte de Clermont à Hugues de Gournay. D'autres exemples permettraient de croire que le fait se serait généralisé ⁽²⁾. Cette immixtion des seigneurs dans la direction des écoles, l'Église ne pouvait l'accepter; si elle ne fut pas toujours en état de faire prévaloir ses droits, du moins elle maintint ferme le principe.

La licence d'enseigner, étant obligatoire, devait être conférée gratuitement par l'écolâtre. « Sur ce point, dit l'auteur déjà cité ⁽³⁾, l'Église montre une sévérité et une sollicitude remarquables; dès que la nécessité d'un contrôle plus spécial que celui de l'évêque s'était fait

---

(1) Cf. M. DE FONTAINE DE RESBECQ, *loc. cit.*, p. 11-13.
(2) M. LÉON MAÎTRE, *Les Écoles épiscopales et monastiques*, p. 182.
(3) M. GEORGES BOURBON, *loc. cit.*

sentir, l'Église l'avait établi dans l'intérêt des élèves et dans celui des études : la licence n'était en effet qu'un certificat de capacité et de moralité. Des abus, comme il s'en attache toujours aux meilleures choses, lorsqu'elles sont nouvelles, ne tardèrent pas à se produire : certains écolâtres exigeaient une somme d'argent en paiement du privilège qu'ils accordaient, et leurs faveurs étaient concédées beaucoup plus en considération de ces *épices* que du talent et du savoir. » Les Souverains Pontifes ne manquèrent pas à leur devoir de dénoncer ces abus et de les flétrir. « La science étant un don de Dieu, dit le pape Alexandre III, il doit être libre à chacun d'en faire bénéficier qui bon lui semblera. C'est pourquoi nous voulons qu'aucune exaction ne vienne empêcher un homme probe et instruit d'ouvrir une école, car on ne doit pas vendre ce qu'on tient de la munificence du ciel, mais le dispenser à tous gratuitement, pour se conformer à cette parole des saints Livres : Vous avez reçu gratuitement, donnez gratuitement [1]. »

Dans cette lettre, Alexandre III ne défendait pas absolument à l'écolâtre de Châlons-sur-Marne de prélever une taxe sur les écoles de la ville, il se contentait de déclarer cette coutume pernicieuse. Il pensa que ce n'était pas assez, et qu'il fallait travailler à l'extirper. Aussi le concile de Latran, de 1179, fit-il, sous son inspiration, le règlement suivant : « Personne n'exigera de rétribution, ni pour la permission d'enseigner, ni pour l'exercice de l'enseignement, appuyât-il son droit sur la coutume, et la licence de tenir école ne sera pas refusée à qui justifiera de sa capacité. Les contrevenants seront privés de leur bénéfice ecclésiastique, car c'est justice que, dans l'Église de Dieu, celui qui, vendant par cupidité la permission d'enseigner, empêche le progrès des églises, soit privé lui-même des fruits de son travail [2]. »

(1) LABBE, *Concil.*, t. X, col. 1278.
(2) ID., *ibid.*, col. 1518.

Quel motif avait pu porter certains écolâtres à commettre des exactions ? L'insuffisance de leurs revenus sans doute. Le meilleur remède à l'abus était tout indiqué : puisqu'on désirait et ordonnait la gratuité, il fallait assurer aux maîtres un bénéfice qui suffît largement à leur subsistance. De cette façon, on coupait le mal dans sa racine. C'est aussi ce que demanda le concile. Déjà, du reste, des prébendes avaient été fondées dans une foule de diocèses. Une pièce tirée des archives du chapitre de Châlons-sur-Marne, et qui est de l'année 1146, nous apprend qu'on avait déjà affecté certains revenus fixes à l'entretien de l'écolâtre du diocèse[1]. Vers l'an 1147, Thé-

---

(1) « In nomine Sanctæ et individuæ Trinitatis, Guido, Dei gratia, Catalaunensis episcopus. — Noverint universi, præsentes et futuri, cujusdam querelæ quam habebat dominus Garnerus, precentor et magister scholarum ecclesiæ B. Stephani Catalaunensis, adversus fratrem Odonem Oiensis (monasterii) abbatem, et monachos ejus de decima villæ quæ Escuracis nuncupatur, quæ videlicet decima ad jus magisterii scholarum perti-

bault, évêque de Senlis, accordait de ses deniers une rémunération à l'écolâtre et au chantre qu'il instituait dans son église, et ses chanoines imitaient son exemple [1]. Un peu auparavant, un des plus vaillants compagnons de Guillaume le Conquérant, Robert, comte de Mortain, avait fondé, avec l'aide des barons du comté, seize prébendes en faveur du monastère de Saint-Évroul [2]. « La prébende

net, adhibitis religiosis et litteratis viris, utriusque partis assensu, talem nos fecisse concordiam. Decrevimus namque quod monachi Oienses decimam prædictæ villæ, sicut in privilegiis suis, quæ præ manibus habebant continebatur, quiete et absque omni contradictione in perpetuum possiderent, et magistro Garnero, et aliis succedentibus magistris, pro eadem decima censum quinque solidorum Catalaunensium in festo sancti Vincentii, singulis annis persolverent. Quod ut deinceps fixum... Anno di MCXLVI. (Mémoires concernant les évêques de Châlons; manuscrit. — Cité par M. le chanoine Puiseux : *L'Instruction primaire dans le diocèse ancien de Châlons-sur-Marne, avant 1789*, p. 4.)

(1) *Gallia Christiana*, t. X, col. 213-214. Instrumenta.
(2) Charte de fondation. *Mémoires des antiq. de Normandie*, IIe série, VIIe vol., 3e livraison, p. 332.

de l'écolâtre fut, de toutes, la plus richement pourvue; mais à charge de donner l'instruction à la jeunesse, et condition de surveiller les écoles dans tout le val de Mortain[1]. La maîtrise de Chartres était également pourvue d'une prébende, prébende consacrée à l'entretien des enfants de chœur et de deux maîtres de psallette et de grammaire, chargés de leur instruction[2]. On montrerait de même que des prébendes étaient fondées, quelques-unes même depuis une époque assez ancienne, à Toulouse, Toul, Angers, Laon, Tournai, et, en général, dans presque toutes les métropoles des Gaules[3].

Les églises qui n'en possédaient pas encore avisèrent au moyen d'assurer à l'écolâtre un traitement convenable, de sorte qu'à la fin du siècle on s'était presque partout conformé aux prescriptions du concile de Latran. L'exécution

---

(1) *Hist. du diocèse de Coutances et d'Avranches*, par l'abbé LECANU, t. I, p. 205.

(2) *Cartulaire de Notre-Dame de Chartres*, t. I, p. 127, note 2.

(3) Cf. M. LÉON MAITRE, *loc. cit.*, p. 188-189.

en ayant été négligée en certains endroits, un autre concile, aussi de Latran, renouvela le décret en 1215 [1]. Les écolâtres étant désormais attachés par des bénéfices aux églises où ils enseignaient, leur emploi devenait une charge fixe et régulière, disons mieux, une des premières dignités du chapitre. Le maître des écoles avait sa place au chœur et venait après le doyen. Dès lors aussi il fut, dans un assez grand nombre de diocèses, nommé par le chapitre et non plus par l'évêque [2]; ce dernier toutefois conserva dans beaucoup de lieux le droit de présentation, et assurément il ne pouvait se désintéresser d'une nomination si importante. L'écolâtre était, en réalité, le premier homme du diocèse après l'évêque; son emploi, celui qui supposait le plus de distinction dans le talent et de connaissances acquises, celui aussi qui fut toujours le plus considéré et le plus honoré.

(1) LABBE, *Concil.*, t. XI, col. 164, c. 11.
(2) *Gallia Christiana*, t. IX, p. 133; t. X, p. 51 C, p. 213 D. Instrumenta.

Au-dessous de l'écolâtre s'échelonnait toute une série de professeurs, depuis ceux qui enseignaient les hautes sciences à l'école épiscopale ou dans les écoles publiques, jusqu'aux modestes maîtres des écoles des faubourgs et des villages. Il paraît que le désir d'amasser quelque argent avait gagné les professeurs comme le maître général de l'enseignement, et que plusieurs d'entre eux, Abélard notamment, vendaient leurs leçons à beaux deniers. Leurs écoles rappelaient celle de Flavius, « où allaient, dit Horace, pour quelque argent, payé au retour des ides, avec leurs bourses à jetons et leurs tablettes sous le bras gauche, les nobles fils de nos illustres centurions[1]. » Ils poussaient la cupidité jusqu'à louer à d'autres à prix d'argent les écoles qu'ils tenaient. Le mal s'était communiqué à l'Angleterre, et le concile de Londres, de 1138, s'était vu obligé de l'arrêter par une interdiction formelle.

(1) HOR., *Sat. I*, VI.

Cette pratique d'exiger de l'argent, pratique exécrable, disait un chanoine contemporain de Louis le Pieux [1], soulevait donc l'opinion publique au XII° siècle. Elle ne devait pas être encore entrée dans les mœurs, au siècle dernier, puisque les auteurs de l'*Histoire littéraire* traitent de mercenaires les maîtres qui s'y conformaient. Nous sommes moins sévères aujourd'hui. Et vraiment est-il messéant à un professeur de retirer quelque bénéfice de son enseignement ? Ne peut-on appliquer à sa profession, comme le faisait observer Crevier, ce que Quintilien dit de la profession d'avocat : « C'est un genre de bienfait qui ne doit ni se vendre, ni être perdu pour le bienfaiteur : *nec venire hoc beneficium oportet, nec perire ?* [2] » Un maître ainsi qu'un auteur

Peut sans honte et sans crime
Tirer de son travail un tribut légitime.

(1) MART., *Thesaurus novus anecd.*, t. I, p. 32-33.
(2) QUINTIL., *Institut. Orator.*, lib. XII, c. VII.

Nous n'insistons pas, la cause étant gagnée d'avance. Mais il est bon de remarquer que les moines mêmes du xie siècle ne s'interdisaient pas tous l'usage de ce droit. On raconte de Lanfranc qu'il ouvrit une école au Bec pour soulager la pauvreté du monastère par la libéralité des écoliers riches [1]. Nous trouverons dans le cours de cet ouvrage d'autres actes de ce genre non moins significatifs et appuyés d'assez bonnes raisons. Assurément on admirera davantage la conduite de ces maîtres qui, à l'exemple de Vason, évêque de Liége, refusaient tout présent de leurs élèves, s'estimant plus heureux de donner que de recevoir, et aidaient plutôt de leur bourse les écoliers indigents [2]. Mais pour agir avec ce désintéressement et cette grandeur d'âme, il faut d'abord, selon une expression familière de Bossuet, « n'être pas gêné dans son domestique. »

[1] Du Boulay, *Hist. de l'Université de Paris*, t. I, p. 616.
[2] *Patrol.*, Migne, t. CXLII, col. 727.

Nous voudrions, avant de terminer ce chapitre, indiquer brièvement les qualités qu'on exigeait alors des maîtres de l'enfance. Grâce à Dieu, on a toujours compris l'importance qui s'attache au choix d'un maître chargé de former l'âme tendre et neuve des enfants, et il y a longtemps que la sagesse des peuples a formulé cet adage : « Tales, ut plurimum, evadere solent discipuli, quales fuerint ipsorum magistri; » tels maîtres, tels élèves, pour l'ordinaire. C'est le maître qui, de concert avec les parents et souvent à leur défaut, prépare le terrain et y dépose les premières semences; et le champ donne ce qu'on y a semé. C'est le maître qui dirige les premières tendances, et l'âme garde une trace ineffaçable des impressions reçues dans l'enfance, des actes accomplis dans l'énergie de l'adolescence, suivant cette parole de l'Écriture que l'expérience a justifiée mille fois : « Adolescens juxta viam suam, et cum senuerit, non recedet ab ea. » A aucune époque on n'a été plus persuadé de ces vérités qu'au moyen âge. La grande, l'unique préoccupation alors était de former des hommes et des chrétiens. Aussi demandait-on, du maître chargé d'une mission aussi grave et aussi haute, un ensemble de qualités non moins rare peut-être qu'indispensable.

Les auteurs qui ont traité ce sujet ex-professo n'omettent point de dire un mot des qualités physiques. « Je voudrais, dit Fleury, que le maître, s'il était possible, fût bien fait de sa personne, propre, parlant bien, d'un beau son de voix, d'un visage ouvert, agréable en ses manières; et comme il est difficile de rencontrer toutes ces qualités jointes aux autres plus essentielles, je voudrais du moins qu'il n'eût rien de choquant ni de dégoûtant. Le peu de soin qu'on a de s'accommoder en tout ceci à la faiblesse des enfants fait qu'il reste à la plupart de l'aversion et du mépris pour toute leur vie de tout ce qu'ils ont appris de gens trop vieux, chagrins ou maussades[1]. » Nous

---

[1] FLEURY, *Traité des Études*, chap. XVII.

ne savons si on était aussi exigeant au moyen âge ; certains exemples qui se présentent à notre souvenir nous feraient croire qu'on apportait en ces matières moins de délicatesse et de susceptibilité. Nos lectures ne nous ont fourni aucune plainte contre l'extérieur trop négligé des maîtres ; au contraire, elles nous ont mis sous les yeux une satire assez vive de l'élégance affectée de tout jeunes professeurs, « comatuli adolescentes. » Il est donc vrai que, dès le xiie siècle, on voyait paraître dans les chaires d'enseignement des têtes poudrées et frisées avec art! C'est Étienne, évêque de Tournai, qui nous l'assure [1]. Et l'on nous parle encore de la barbarie de cette époque !

L'évêque de Tournai ne nous semble pas avoir été lui-même exempt de tout préjugé : ainsi il s'élève avec véhémence contre la coutume qui commençait à s'introduire, de confier

---

[1] Stephani Tornac. Epist. 251 (*Patrol.*, t. CCXI, col. 517).

l'enseignement à des maîtres très jeunes[1]. Nous avons peine à partager l'indignation du prélat. Pour être bon professeur, est-il nécessaire d'avoir une science blanchie par le temps? La pratique journalière démontre que la jeunesse convient mieux à une fonction qui demande de la vie, des forces, une certaine chaleur communicative. Il faut distinguer l'instruction et l'éducation : la première peut être donnée même par un adolescent, surtout dans les classes d'enfants; l'âge mûr a plus d'autorité pour présider à la seconde. On n'oubliait pas de faire cette distinction au XI° siècle. Dans l'école de Saint-Gildas de Ruys nous voyons un tout jeune homme, Rannulfe, chargé du soin d'instruire les enfants; mais le vieillard

---

[1] « Facultates quas liberales appellant, amissa libertate pristina, in tantam servitutem devocantur, ut comatuli adolescentes eorum magisteria impudenter usurpant, et in cathedra seniorum sedeant imberbes, et qui nondum norunt esse discipuli, laborant ut nominentur magistri. » (*Ibid.*).

Jovethan veillait sur leurs mœurs : « Senex igitur qui eos servabat nomine Jovethen[1]. »

Du reste, le choix des maîtres ne se faisait point au hasard et sur un simple renom d'habileté et de savoir; on recherchait avec soin ceux qui à des connaissances solides joignaient une maturité précoce. Tel est le motif qui détermina Richard, abbé de Saint-Vanne, à confier au bienheureux Thierri, bien que jeune, la direction des petites écoles au monastère de Lobbes[2]. Et de fait, le jeune maître, tout en formant avec succès l'esprit de ses élèves, sut exciter chez eux une telle émulation de vertu qu'ils le suivaient de près dans le chemin de la sainteté. Thierri était un homme remarquablement doué pour l'éduca-

---

(1) Mab., *Act.*, t. I, p. 150, n. 42.
(2) « Et quia adolescentem acris ingenii consideravit, non solum ornatum maturitate morum, sed eruditione septem artium, præcepit eum esse custodem et præceptorem puerorum, et scholaris disciplinæ magistrum. » (Mab., *Act.*, t. IX, p. 564).

tion⁽¹⁾; mais tels étaient précisément ceux que l'on s'ingéniait à découvrir.

Unir dans un même degré la science et la vertu, en y joignant l'amour du métier, le talent inné et naturel de l'enseignement, une raison saine, un coup d'œil sûr, un tact délicat, en un mot, l'art d'élever les enfants, voilà bien ce qui constitue le vrai maître, et ce sont là des signes indéniables de vocation. Mais cet heureux ensemble de qualités ne se rencontre que rarement dans un même homme. L'une ou l'autre fera ordinairement défaut; si même on se borne aux plus essentielles, comme le savoir et la vertu, on ne les trouvera pas toujours en parfait équilibre, on devra alors se montrer moins difficile sur l'une d'elles. Dans ce cas, pour laquelle se prononcera le moyen âge, et quelle est bien sa pensée sur ce point? Eh bien! le xi⁰ et le xii⁰ siècle, qui furent des

(1) « Erat ad docendum idoneus et ad interrogata semper respondere paratus, atque ad differendum quæ videbat facundus. » (Mab., Act., t. IX, p. 566).

siècles, sinon très éclairés, du moins connaissant le prix de la science et désireux de s'instruire, épris même d'un amour enthousiaste pour toutes les choses de l'esprit, le xɪᵉ et le xɪɪᵉ siècle nous répondent par la bouche d'un grand éducateur [1], de Vason, évêque de Liège, qu'ils préfèrent l'honnête homme à l'homme savant [2], que c'est entre les mains du premier que les familles remettront leurs enfants, l'espoir de leur race. Cette réponse, on ne manquera pas de l'observer, cette réponse ne contient rien de bien nouveau. Nous l'avouons; mais elle dénote le caractère d'une époque, et elle peut être opposée à la fureur d'instruction qui s'est emparée de la génération contemporaine.

(1) On disait de Vason : Ante ruet mundus, quam surgat Vaso secundus.

(2) « In scholarum magisterio tam morum quam litterarum vigilantissime exercuit (Vaso) disciplinam, eos qui probis moribus essent, licet minus litteratos, longe his anteponens, quibus, ut plerisque solet, scientia litterarum vanæ gloriæ peperisset stultitiam. » (*Patrol.*, t. CXLII, col. 725).

La science n'est pas pour cela sacrifiée, si toutefois on peut parler de science à propos d'enseignement élémentaire, elle est mise au second rang; elle n'est pas un but, mais un moyen; la dernière fin de l'éducation est le salut de l'âme. Les règlements de l'époque ne laissent aucun doute à ce sujet : on ne veut point développer l'esprit aux dépens de la volonté et du cœur. Voici comment s'exprime le plus ancien statut des petites écoles de Paris : « Le devoir capital des maîtres, en instruisant les enfants aux lettres, est de les former aussi aux bonnes mœurs et de les y porter par l'exemple d'une conduite édifiante [1]. » Il est à peine besoin de faire remarquer qu'une pareille prescription suppose dans les maîtres de fortes convictions religieuses, une piété vraie, une vie imprégnée tout entière de l'esprit chrétien. Au moyen âge, on ne comprend point la moralité sans la religion; mais on croit

---

[1] Dom MICHEL FÉLIBIEN, loc. cit.

volontiers que la parole du maître sera toute-puissante, si elle devient l'écho de la parole divine, et si les enseignements qui tombent de ses lèvres ne sont point démentis par sa propre conduite. Le maître alors exercera une action douce et efficace sur les âmes, il y fera pénétrer peu à peu la vérité, il enracinera des croyances durables, dont l'énergie se révélera à l'occasion d'une manière bien consolante pour lui. « Un orphelin de noble race était élevé chez les Cisterciens dans le diocèse d'Agen. Des hérétiques se glissèrent dans le couvent pour le séduire. Mais toutes leurs tentatives échouèrent devant une intelligence précoce et une obstination raisonnée. Ils n'obtinrent que cette réponse : « J'adore la croix pour deux motifs : parce que je vois les prélats, les moines, les savants en faire autant, et parce que rien ne m'a jamais causé autant de bien [1]. » Ce

---

[1] Manuscrit fonds latin de la Biblioth. nat., 15970, f° 394. Cité par M. Lecoy de la Marche, *La Chaire française au moyen âge*, p. 431.

sont là les fruits du bon exemple que la prudente mère de Guibert de Nogent avait en vue, lorsqu'elle choisit pour précepteur de son fils un homme peu instruit, mais pieux, modeste, dévoué et d'une grande pureté de mœurs. Le précepteur ayant étudié la grammaire dans un âge trop avancé, ne sut point apprendre à son élève ce qu'il ne comprenait pas lui-même, mais il lui fit aimer la vertu ; et l'élève reconnaissant lui a rendu un touchant hommage [1].

En 1785, un frère des Écoles chrétiennes fort expérimenté dans les choses de l'enseignement, le frère Agathon, publiait un ouvrage remarquable composé « d'après les principes et les maximes du vénérable La Salle. » Il l'avait intitulé : Les douze vertus d'un bon maître, à savoir : la gravité, le silence, l'humilité, la prudence, la sagesse, la patience, la retenue, la douceur, le zèle, la vigilance, la

---

[1] GUIB. NAVIG., *De vita sua*, lib. IV-VI.

piété et la générosité. L'explication qu'il donne de ces vertus est, dit-il dans la conclusion, conforme à l'esprit du fondateur de la Société, elle est le « développement du plan général que le vénérable La Salle a suivi pour bien élever les enfants. » Et avec quel étonnant succès ne l'a-t-il pas suivi? Ce plan, en effet, renferme « les quatre principaux moyens dont les plus habiles maîtres se servent pour réussir dans l'éducation des enfants, qui sont : de s'en faire aimer, estimer, respecter et craindre. »

La Salle et l'Institut formé par lui étaient les héritiers des saines traditions du moyen âge. Ils avaient appris de ces vieux maîtres que l'éducation est une œuvre de dévouement et d'autorité : de dévouement, puisé dans une inclination naturelle pour l'enfance et surtout dans l'amour surnaturel des âmes; d'autorité, acquise par l'élévation des sentiments et accrue encore par le caractère religieux de l'instituteur. L'amour appelle l'amour; et le spectacle d'une vie consacrée tout entière à un ministère pénible, alors que le travail solitaire offrirait souvent plus de charmes et promettrait plus de satisfactions personnelles, ce spectacle, dis-je, finit par toucher les cœurs les plus rebelles et par gagner la sympathie. D'autre part, l'ascendant d'une volonté maîtresse d'elle-même, qui ne commande aucun devoir qu'elle n'accomplisse la première avec plus de générosité, devient peu à peu irrésistible : à la sympathie s'unissent l'estime et le respect. Le maître n'a pas besoin, pour l'ordinaire, de se faire craindre; toutefois, à l'occasion, il laisse voir qu'il participe dans la plus grande mesure à la puissance paternelle, mieux encore, qu'il est le représentant de la plus haute autorité, de l'autorité de Dieu. Ce sentiment de crainte filiale, en entrant dans les âmes, y met la dernière disposition requise pour que l'enseignement soit recueilli avec fruit.

Il n'est pas de véritable maître de l'enfance qui n'ait employé et n'emploie les moyens si bien indiqués par le bienheureux Jean-Baptiste de la Salle. Mais il nous a semblé, et nous le montrerons plus loin, qu'au moyen âge on s'est plus généralement appliqué à se faire craindre qu'à se faire aimer : on pensait que, si l'éducation doit être tendre, elle doit être aussi sévère. Le progrès de la civilisation a singulièrement adouci les mœurs, et peut-être pécherions-nous aujourd'hui par l'excès contraire.

CHAPITRE V

Des diverses Catégories d'élèves.

L'instruction, qui est nécessaire aux uns, utile à tous, est aussi offerte à tous. — Diverses catégories d'élèves : fils des rois ; fils des seigneurs, instruction de la noblesse ; enfants du peuple, depuis les fils des bourgeois jusqu'aux fils des paysans, des colons et des serfs. — Moyens qu'a pris l'Église pour hâter le progrès intellectuel et moral : 1° elle a fait un devoir de l'instruction ; 2° elle l'a rendue accessible à tous ; 3° elle a ouvert des carrières aux sujets les plus méritants. — A quel âge on commence à étudier.

L'INSTRUCTION ordinaire n'est un luxe pour personne. Il est des conditions où elle devient un objet de première nécessité ; il en est d'autres qui peuvent se soutenir péniblement sans cet appui, mais ceux qui ont porté un regard observateur dans certaines classes de la société savent quelle est la détresse morale, et assez souvent physique, de pareilles existences. Chez les Romains, un intendant des pâtres devait avoir une teinture des lettres, sinon il était réputé impropre à l'emploi [1]. Arnoul, évêque d'Orléans, aimait à répéter à ses clercs que, sans les lettres, on n'est pas digne d'être appelé dans l'Église à la modeste fonction de portier, « sine quibus, ut scriptum est, vix ostiarius efficitur [2]. » On connaît le trait suivant de la vie de Charlemagne. Ce prince avait réuni, à l'école du palais, un grand nombre de jeunes gens, dont les uns étaient de la plus haute noblesse, les autres d'une condition médiocre, et il surveillait avec soin le progrès des étudiants. Au retour d'une de ses expéditions militaires, il se fit présenter le résultat des travaux exécutés en son absence. Ils étaient tous à l'avantage des enfants pauvres. « Continuez, leur dit Charlemagne, les études que vous avez si bien commencées. Efforcez-

---

[1] VARRO, *Rerum rusticarum de Agricultura*, II, x.
[2] Concile de Saint-Basle, Olléris, *Œuvres de Gerbert*, p. 207.

vous d'y faire de nouveaux progrès. Plus tard je vous donnerai des emplois et des charges. » Puis s'adressant aux autres d'une voix tonnante : « Pour vous, les nobles, les efféminés, que le travail effraie et qui languissez dans la paresse et l'ignorance, par le Roi des cieux, je fais très peu de cas de votre noblesse : si vous ne réparez au plus tôt votre négligence, ne comptez jamais sur les faveurs du roi Charles. » Et, sur-le-champ, il choisit le plus distingué de ces jeunes gens pauvres, et le fit clerc de sa chapelle impériale. Ce trait, qu'il soit authentique ou arrangé à dessein par les chroniqueurs, exprime bien la pensée du grand empereur : ne pouvant mettre l'instruction à la portée de tous ses sujets, il voulait au moins que tous ceux qui participeraient, à un titre quelconque, à la puissance ecclésiastique ou civile, eussent quelque culture littéraire ; le reste de la nation, forcément négligé dans le présent, verrait se lever des jours meilleurs où, dans une société pacifiée, plus complètement organisée, chacun pourrait prendre sa part de l'instruction offerte à tous.

Les siècles suivants firent ce que souhaitait Charlemagne sans pouvoir le réaliser. Nous avons trouvé les écoles établies partout, dans les villes et les villages, dans les châteaux et les monastères. L'empressement de la jeunesse à les fréquenter correspond-il au zèle qui les a fondées? La coutume de s'instruire est-elle devenue générale? Y a-t-il encore quelque catégorie d'enfants auxquels l'école n'est pas accessible? Voilà ce que nous avons à étudier maintenant. Nous espérons montrer que, depuis les enfants des rois jusqu'aux enfants des serfs, tous ont part ou peuvent avoir part à l'instruction; que toutes les mesures ont été prises pour procurer, même aux indigents, la nourriture de l'esprit, non moins nécessaire que celle du corps pour vivre d'une vie d'homme.

Pour suivre ce qu'on appelle en littérature une gradation descendante, commençons par la royauté. Que les enfants des rois, que l'héritier de la couronne reçoivent une éducation en rapport avec leur haute position, lorsque l'instruction se répand autour d'eux, et que tant de motifs les pressent de s'instruire eux-mêmes, rien de plus naturel, et l'on nous saurait mauvais gré de nous arrêter à prouver que nos rois de la troisième race n'ont pas failli à ce devoir. Du reste, l'occasion s'est déjà présentée de parler des études faites par Robert le Pieux, Louis VI et Louis VII, élevés tous les trois dans les meilleures écoles du royaume. Mais il peut être intéressant de connaître l'opinion des contemporains à ce sujet. Rotrou, archevêque de Rouen, écrivant à Henri II, roi d'Angleterre, pour l'exhorter à veiller avec soin sur l'éducation de son fils aîné, Henri, qui devait être son héritier, disait : « Un roi sans lettres, c'est un vaisseau sans rames, un oiseau sans ailes[1]. » Jean de

---

(1) Document publié avec les œuvres de Pierre de Blois (*Petri Blesensis opera*, p. 83).

Salisbury[1] et Pierre de Blois[2] conseillaient aux princes de faire étudier leurs fils, afin qu'ils trouvassent dans les auteurs anciens de bons exemples à suivre. Étienne, évêque de Tournai, avertissait le fils de Philippe-Auguste, Louis VIII, et le suppliait avec instances de se donner tout entier à sa formation intellectuelle, dans son intérêt propre comme dans celui du royaume, les connaissances acquises devant lui servir dans le conseil du palais et dans la pratique des affaires, pendant la paix et pendant la guerre[3]. Quelquefois la leçon venait plus vive et avec moins de convenance. Le roi Lothaire s'était moqué de Foulque le Bon, qui chantait au lutrin à Saint-Martin de Tours, celui-ci lui envoya ce billet : « Au roi des Francs, le comte des Angevins. Sachez, seigneur, qu'un roi illettré n'est qu'un âne

---

(1) POLICRAT., lib. IV, c. 6.
(2) *Petri Blesensis opera,* ep. XLVIII.
(3) Stephan Tornac. Epist. 227 (*Patrol.,* t. CCXI, col. 499).

couronné[1]. » Ces avis, ces exhortations, ces réparties mordantes mêmes n'étaient pas inutiles : on est moins tenté de se négliger, quand des voix autorisées rappellent les obligations d'état.

Un point plus important et plus controversé jusqu'ici se présente à notre étude, c'est l'instruction littéraire de la noblesse française au moyen âge. « Que de gens, dit M. Léopold Delisle, s'imaginent qu'autrefois les nobles restaient complètement dépourvus d'instruction et regardaient l'ignorance comme l'une des prérogatives les plus essentielles à leur condition et à leur dignité ? Combien n'a-t-on pas dit qu'au bas des anciens actes les notaires affirment que les chevaliers ou gentilshommes ont déclaré, en cette qualité, ne savoir signer ? Eh bien, comme l'a judicieusement observé M. Arthur de la Borderie, si répandue que soit cette

---

[1] *Chronica de gestis consulum Andegavorum*, MARCHEGAY et SALMON, p. 71.

opinion, elle n'est cependant que l'une de ces mille erreurs, volontaires ou non, avec quoi on a réussi à fausser l'histoire de notre nation aux yeux de ceux qui n'ont point le temps ou le courage de rechercher le vrai par eux-mêmes, sous l'amas des préjugés entassés par la légèreté et la passion. Le temps m'a semblé venu d'en faire justice. Les auteurs qui croient avoir jugé une époque et une classe de la société, quand ils ont répété que les nobles se glorifiaient de ne point savoir tracer les lettres de leur nom, auraient dû commencer par recueillir des exemples de la formule qu'ils trouvent, et avec raison, si piquante et si caractéristique. C'était la voie indiquée par le bon sens. Ils n'en ont cependant rien fait. J'avoue que la recherche n'était pas sans présenter quelque difficulté. Pour ma part, je n'ai jamais rencontré, dans les titres qui me sont passés par les mains, la moindre trace de la fameuse formule, et j'ai le regret d'avoir à dire qu'aucun de mes amis n'a été plus heureux que moi⁽¹⁾. » M. de la Borderie, un des amis dont parle ici M. Léopold Delisle, écrit, lui aussi, à propos de la fameuse formule : « Il m'est passé par les mains des milliers de titres bretons de toutes époques, je ne l'y ai vue nulle part... La vérité est, qu'en Bretagne, depuis le XIIIe siècle, et d'après les actes qui nous restent, ce ne sont presque que des nobles qui remplissent les charges de judicature (sénéchaux, alloués, etc.), au moins dans les cours ducales, et aussi les fonctions de passes ou notaires publics, pour lesquelles il fallait non seulement savoir écrire, mais aussi connaître très bien la jurisprudence. La vérité est encore que les nobles mêmes qui n'exerçaient point ces charges n'en savaient pas moins écrire, qu'il existe des signatures de Bertrand du Guesclin et de son frère Olivier; et que, dans le seul Trésor des Chartes des ducs de Bretagne, c'est par centaines que l'on compte les signa-

(1) *Journal de l'Instruction publique*, 9 juin 1855.

tures manuelles des gentilshommes du xiv⁰ et du commencement du xv⁰ siècle, presque toutes très bien formées[1]. »

« On objectera sans doute, ajoute M. Léopold Delisle, on objectera ces croix grossièrement tracées au bas des actes du xi⁰ et du xii⁰ siècle; on voudra se prévaloir de l'absence de signatures dans les titres du xiii⁰. Mais a-t-on réfléchi qu'à ces époques les nobles n'étaient pas seuls à suivre de tels usages?... Que les plus illustres et savants prélats faisaient ainsi, saint Louis également ?... Ainsi pas de preuve à tirer de là... On n'attachait alors aucune importance aux signatures, mais aux sceaux... Suivant Philippe de Mézières, le roi ne devrait adresser de lettres autographes qu'à ses parents, au pape et aux potentats étrangers. Il perdrait un temps considérable à donner des signatures, et cette peine est

---

[1] *Mélanges d'histoire et d'archéologie bretonnes*, t. I, p. 58 et suiv.

d'autant plus regrettable qu'une lettre signée par le roi n'a aucune valeur en comparaison des lettres scellées[1]... »

Après les deux savants dont nous venons de donner l'opinion, si considérable en pareille matière et appuyée par de si fortes raisons, on entendra encore, avec quelque plaisir, un autre auteur non moins versé dans la connaissance du moyen âge. « Sur cette question de l'ignorance de nos barons, dit M. Léon Gautier, il convient d'être prudent et de ne tomber dans aucun excès. On ne nous fera jamais croire qu'à une époque où il y avait des écoles jusque dans les plus petits villages, les jeunes féodaux aient été, de parti pris, condamnés à être moins instruits que les derniers de leurs censiers. Il est certain, tout au contraire, que l'enfant noble avait souvent un précepteur qui, dans le château paternel, était attaché à sa personne : tel est le maître de Doolin de Mayence, tel

---

[1] *Journal de l'Instruction publique*, loc. cit.

est aussi le pédagogue dont parle l'auteur du *Roman des sept Sages*, « lequel doit suivre son élève partout; qui le conduit à l'école; qui (détail piquant) l'empêche de trop manger; qui lui apprend le beau langage, lui inculque les belles manières et ne le quitte pas même quand il s'habille et qu'il se couche. » Il arrivait que, dans les bonnes familles et dans les maisons bien organisées, la noble tâche de l'éducation était ingénieusement partagée entre le père, la mère et le précepteur. C'est ainsi qu'Aiol apprend, de son père, le métier militaire, et surtout l'éducation... Sa mère lui enseigne le cours des astres « avec la cause du croissant et du décroissant de la lune ». C'est, je l'avoue, un singulier enseignement sur les lèvres d'une mère; mais une telle science était nécessaire à des hommes qui devaient plus tard passer tant de jours et tant de nuits en plein air, comme les bergers qui, eux aussi, sont quelque peu astronomes. Enfin, un ermite enseigne, à l'enfant, le latin et le roman. Voilà une éducation qui, malgré tout, pourra sembler assez complète. Quelques barons du XIXᵉ siècle sont peut-être moins instruits que le fils d'Élie de Saint-Gilles.

« Ces chevaliers qu'on se plaît à considérer comme des parangons d'ignorance, on les voit sous la tente, entre deux batailles, se faire la lecture les uns aux autres et parler entre eux fort sérieusement d'art militaire et de droit. Philippe de Navarre nous a laissé à cet égard un petit tableau de genre qui vaut la peine d'être considéré de près et inspirerait Meissonnier. Ce ne sont pas là des soudards ne sachant ni A ni B, mais des hommes d'esprit qui ont reçu quelque éducation première et sont heureux de s'instruire davantage. Il est vrai qu'ils ne sont ni gourmés ni pédants ; il est également hors de doute qu'ils sont moins savants que nos officiers d'aujourd'hui. Mais, somme toute, ils sont de la même race..... Concluons que, si un certain nombre de jeunes nobles demeuraient alors dans leur ignorance native, la plupart, en nos meilleures provinces, étaient assez instruits pour lire un roman, pour écrire une lettre, et même (mais bien plus rarement) pour comprendre plus d'une langue.

« Ces derniers mots sont de nature à étonner ; mais nos vieux poèmes légitiment peut-être une telle hypothèse, qu'il ne faudrait pas pousser trop avant. Le duc de Nevers, dans *Gaufrey*, se vante de savoir parler le « français, l'allemand, le lombard, l'espagnol, le poitevin et le normand. » Baudouin, dans les *Saisnes*, se fait passer pour persan, parce qu'il sait un peu de *tiois* (?). Mirabel, dans *Aiol*, est plus savante encore, et cette femme étonnante ne parle pas moins de quatorze « latins », parmi lesquels figurent le grec, l'arménien, le sarrasinois et le bourguignon [1]... »

M. Léon Gautier a le droit d'emprunter ses exemples, en partie, aux romans de l'époque.

---

(1) M. Léon Gautier, *La Chevalerie*, chap. v.

Dans les sociétés simples et primitives, la poésie s'éloigne moins de la réalité, ou plutôt elle n'en est que la peinture idéalisée. Les gentilshommes du xiie et du xiiie siècles accueillaient avec transport ces héroïques récits, où ils retrouvaient leurs croyances, leurs sentiments, leurs habitudes de vie, et les combats gigantesques qu'ils aimaient par-dessus tout. Généralement ils les composaient eux-mêmes, et c'est pour l'amusement des hommes de leur classe qu'ils travaillaient[1], fait remarquable assurément et qui témoigne en faveur de l'instruction de la noblesse.

Mais nous avons des preuves plus décisives encore, s'il est possible, preuves tirées de documents authentiques et incontestables du moyen âge. En lisant les vies des saints ou autres grands personnages de l'époque, nous avons fréquemment rencontré ces expressions : « il fut mis aux études selon l'usage des enfants

---

[1] Cf. LITTRÉ, *Histoire de la Langue française.*

nobles », ou « avec d'autres enfants nobles [1]. » Remarquons ... n, pour saisir toute la signification de cette formule, que la coutume, établie depuis plusieurs siècles, de faire instruire les enfants nobles, est présentée comme un fait notoire et qui ne souffre pas contradiction. Évidemment on ne parlerait pas ainsi à des contemporains, si un démenti était possible.

[1] « Quem (Stephanum) progenitores sui *more nobilium* diligenti studio educatum... ad addiscendas litteras tradiderunt. » (BOLL., *Act. S. S.*, Februar., t. II, p. 205.) — « Puer Agilus committitur Eustasio... sacris litteris erudiendus cum *aliis nobilium virorum filiis*. » (*In vitam B. Lanfranci Dom. Lucæ Dacherii notæ et observationes.*) — « Cum ergo prima elementa, *sicut liberi nobilium solent*, in disciplinam litterariam datus esset... » (BOLL., *Act. S. S.*, 13 Febr., Vita S. Licinii, auctore Marbodo.) — « Audivit *qualiter nobilium parvulorum mos est* Doctoribus scholas instruere. » (BOLL., *Act. S.S.*, 1 April., Vita S. Walarici a Ragimberto abbate scripta.) — « Adhærebant *nobilia examina puerorum*, » (WIBERT, *Vita S. Leonis.* MAB., *Act. S. S. sæculi sexti*, pars II, p. 55.) — « Quum ad pueritiam pervenisset, qua primum ætate *mos est nobilium liberos* in disciplinam dari, traditus est litterarum magistro. » (Vita S. Magnobodi, auctore Marbodo. *Patrol.*, t. CLXXI, col. 1549.)

Que nous importe après cela qu'on nous apprenne que dans telle abbaye se trouvaient des fils de princes, de ducs, de comtes; qu'à Fleury, à Reichenau il y avait des collèges spéciaux pour les jeunes nobles [1]; qu'à l'école épiscopale de Paris, au xiiᵉ siècle, on avait été obligé, à cause du trop grand nombre des élèves, de ne conserver que les clercs et les nobles [2]? Ces renseignements ont leur valeur; mais l'expression « more nobilium », ou « sicut liberi nobilium solent », en dit mille fois plus.

Nous avons eu la curiosité, en feuilletant le grand ouvrage des Bénédictins de la Congrégation de Saint-Maur sur la littérature francaise, de noter l'origine des principaux personnages du xiᵉ et du xiiᵉ siècle, c'est-à-dire de ceux qui méritent le plus d'être mentionnés dans une histoire littéraire; nous nous sommes

---

(1) Bruschius, *Monast. Germ. chronic.*, p. 8.
(2) Cf. *Hist. littér.*, t. IX, p. 62.

arrêtés après avoir recueilli une soixantaine de noms. Eh bien! faut-il le dire? ce sont les roturiers qui sont en infime minorité : quand on a cité Fulbert et Yves de Chartres, Durand de Clermont, Galon de Paris, Anselme de Laon, Robert d'Arbrisselles, saint Géraud, abbé de la Grande-Sauve, la liste est déjà close. Par ailleurs, ce ne sont que princes, grands seigneurs et patriciens : Guillaume le Grand, duc d'Aquitaine; Godefroy de Bouillon, Baudouin, son frère, destiné d'abord au clergé, puis appelé au trône de Jérusalem; Guillaume de Dijon, Richard de Saint-Vanne, les papes saint Léon IX, Étienne IX et Urbain II, Lanfranc, saint Anselme, saint Odilon et saint Hugues de Cluny, saint Bruno, saint Norbert, Adhémar, évêque du Puy et le chef spirituel de la première croisade; saint Robert de Molesmes, Hugues de Flavigny, saint Bernard, etc[1].

---

(1) Cf. *Hist. littér.*, t. VII-XIV, *passim*.

Philippe de Harvinge, surnommé de Bonne-Espérance, écrivait à Henri le Libéral, comte de Champagne, que sans la connaissance du *latin* on ne laisse pas d'être un hébété et un âne : « ita ut si cuilibet vulgares linguæ presto sint ceteræ, non latina, ipsius pace dixerim, hebetudo eum teneat asinina[1]. » Il y eut cependant, dit Lebeuf, des seigneurs qui, sans avoir étudié le latin, ne laissèrent pas de devenir savants, grâce aux livres qu'ils se procuraient de toute part et dont ils se faisaient donner l'explication[2]. Tel est ce Baudouin, comte de Guisnes et d'Ardre, « qui apprit l'histoire profane par le moyen des jongleurs et fabliaux : il en apprenait les singularités aux ecclésiastiques de son château, et ceux-ci lui communiquaient en échange la science des Livres saints. » Nous ne résistons pas au

---

[1] *Hist. littér.*, t. XI, p. 281.
[2] LEBEUF, *Dissertation sur l'état des sciences en France, depuis la mort du roi Robert jusqu'à celle de Philippe le Bel*, XIIe siècle.

plaisir de transcrire le passage de la Chronique de Lambert qui le concerne; il est traduit en ce vieux langage, que Fénelon regrettait, et qui avait, selon lui, je ne sais quoi de court, de naïf, de hardi, de vif et de passionné. « Le dict conte Bauduin très curieulx d'apprendre et sçavoir touttes choses voulut goûter de touttes sciences; et posé qu'il ne fust homme de lettre, mais pour luy toutesfois luy qui estoit d'une merveilleuse et indicible capacité d'engin, instruit et nourry de toutte science et philosophie naturelle, ignorant néanmoins les arts libéraulx, aulcunes fois et très souvent sans pouvoir retenir ni refrener sa langue, disputoit contre les docteurs et maistres en ars, en usant de propos et termes de artiste. Et pour ce qu'il escoutoit voluntiers la saincte Escripture, il prenoit plaisir à entendre les prophéties, histoires divines et doctrines évangéliques, non pas seullement au sens littéral, mais les entendoit clerement selon le sens misticq; au moien de quoy il avoit en grande

révérence et affection gens clercqs, desquels
il appréhendoit la parole divine; et quant à
luy, leur communiquoit et déclaroit en ce lieu
les joieusetez qu'il avoit ouy en *fables et histoires de pouelles*. Et advenoit souvent que ce
conte et seigneur, qui curieusement tenoit en
sa mémoire ce qu'il avoit ouy, estoit tellement
enseingné et instruict que ès argumens que
fais luy estoient, il respondoit promptement
comme clercq et homme de lettre, et sy provocquoit les aultres à lui replicquer et respondre. Et parce qu'il estoit endoctriné des
clercqs plus avant qu'il n'appartenoit en beaucoup d'endrois, non sans cause les contrarioit
et arguoit en biaucoup de passaiges; et en
cest estat souvent les angarioit. Au moien de
quoi et de la faconde qui estoit en lui moult
apparente, les avoit en derrision; à cette fin
toutesfois que la disputation finie il les eut en
plus grand honneur et munificence. Dont plusieurs qui le oyoient en ses argumens et responses, par grande admiration disoient de lui

tels motz : « Quel homme est-ce icy? Il est digne de louenge, car il dict choses merveilleuses. Comment peult-il avoir congnoissance de la lettre, laquelle il n'a jamais apprins? » Et au moien de ce avoit tousjours aveucques luy clercqs et gens savans, lesquels il interrogeoit souvent, et sy les escoutoit dilligemment[1]. »

On le voit maintenant, la classe noble, qui avait tant de moyens de s'instruire, les mettait à profit. Elle gardait toujours un goût très vif pour la guerre et la chasse, la passion des Gaulois et des anciens Francs, mais elle n'avait de dédain ni pour les livres ni pour les connaissances utiles. Ceux qui lui ont prêté gratuitement cette étrange disposition n'avaient point pris la peine de recourir aux sources; ils ne réfléchissaient point sur la nature humaine, qui est chez tous et partout la

---

[1] *Chronique de Guisnes et d'Ardres,* par LAMBERT, curé d'Ardre. Édition de M. le marquis Godefroy Menilglaise, Paris, Jules Renouard et Cie, 1855.

même, avide sans doute de mouvement et de plaisir, mais douée aussi de curiosité; enfin ils ne remarquaient pas que la supériorité intellectuelle est une puissance, et que des hommes, appelés par leur condition à diriger la société, ne devaient pas négliger ce moyen de domination.

Les actes du moyen âge distinguent, au-dessous de la noblesse, bien des catégories de personnes : les bourgeois dans les villes, gens de commerce et d'industrie; dans les campagnes, les *vavasseurs* et les francs tenanciers, véritable classe intermédiaire entre les nobles et les paysans; puis les hôtes, les paysans proprement dits, et enfin les bordiers ou domestiques. Dans quelle mesure toutes ces classes participaient-elles à l'instruction, il serait difficile de le déterminer d'une manière précise. Nous avons vu les bourgeois luttant, aussitôt après l'émancipation des communes, pour avoir leurs écoles indépendantes du pouvoir ecclésiastique. Voilà deux traits qui caractériseront désormais la bourgeoisie, et surtout les légistes sortis de son sein : besoin d'instruction vivement senti, attitude indépendante, parfois défiante et hostile en face de l'Église. Quant aux hommes libres de la campagne, on ne peut douter qu'ils aient tenu à s'instruire. « Ce serait déjà un fait considérable, dit M. Baudrillart, que les vavasseurs, ayant certains avantages de plus que les autres, eussent su en général lire et écrire. La nécessité leur en était enseignée par leur intérêt même. Les rapports compliqués des tenanciers avec leurs seigneurs, les transactions déjà si nombreuses dont les campagnes étaient le théâtre, faisaient de l'instruction une arme véritable. On voit les vavasseurs de Troarn, en 1234, attester par leurs signatures autographes l'exactitude d'un censier de la baronnie de Troarn, dressé par les soins de l'abbé Saffred. Une classe où était recrutée une bonne partie du clergé aurait-elle pu demeurer sans aucune espèce d'instruction primaire ? Ne fallait-il pas éprouver les vocations, choisir les sujets pour ainsi dire aptes à sortir de la classe agricole [1] ? »

Les autres paysans, colons et serfs, étaient admis à jouir du même bienfait. N'était-ce pas pour eux, ainsi que pour les paysans plus aisés, que les écoles presbytérales et celles des petits monastères avaient été établies? Au IXe siècle, sous Charlemagne, dit M. Guérard, « on enseignait assez souvent aux serfs les belles-lettres et les sciences, comme on le voit par l'exemple d'Andarchius (GREG. TUR., IV, 47), et de beaucoup d'autres serfs. On les envoyait aussi en apprentissage chez des ouvriers habiles [2]. » Les moines particulièrement se livraient à l'éducation des enfants des serfs avec une prédilection telle que les lois [3] leur reprochaient de refuser d'instruire les enfants libres et de se donner tout entiers aux autres :

(1) M. H. BAUDRILLART, *Les populations agricoles de la France au moyen âge. Normandie et Bretagne*, p. 19-20.

(2) M. GUÉRARD, *Polyptique d'Irminon*, t. I, p. 298.

(3) *Capitulaire de 789.*

accusation tout au moins exagérée, mais qui montre d'une façon touchante la bonté de l'Église à l'égard des enfants les plus déshérités de la classe agricole. Il faut le dire aussi, l'Église était parfois magnifiquement récompensée de son dévouement aux petites gens. Du milieu de ces enfants pauvres, auxquels elle servait de nourrice et de mère, s'élevaient de temps en temps des hommes éminents qui, parvenus aux premiers honneurs de l'enseignement, dispensaient à des milliers d'autres les bienfaits reçus[1].

En résumé, quand on jette un regard attentif sur le XIIe siècle, on ne voit aucune classe

---

(1) Citons, entre autres, Fulbert de Chartres et Anselme de Laon. Fulbert dit de lui-même :

Sed recolens quod non opibus, nec sanguine fretus,
Conscendi cathedram, pauper de sorde levatus.

(*S. Fulberti Carmina*, t. XVIII, *Biblioth. Vet. Patrum*, p. 51). — Anselme de Laon était né également de parents pauvres : de pauperibus et rusticanis. » (PETR. CANTOR., *Verbum abbrev.*, cap. XLVII.

de la société systématiquement négligée, comme chez les nations païennes. Les maîtres sont partout, répétant la gracieuse parole de l'Évangile : Laissez venir à moi les petits enfants. Et les enfants se rendent à l'invitation. S'ils ne peuvent venir, on va les chercher, et l'enfant, à l'hospice, n'est pas plus délaissé que le fils du baron dans son château. Ne faut-il pas que tous ouvrent les yeux à la lumière « qui éclaire tout homme venant en ce monde »; les uns, les farouches seigneurs, pour apprendre à se montrer plus humains, plus justes, plus traitables ; les autres, les paysans, si maltraités, si rançonnés depuis plus d'un siècle [1], pour trouver, dans des doctrines consolantes, un adoucissement à leurs maux, et dans les mille ressources de

---

[1] D'après les statistiques de M. Guérard (*Polyptique d'Irminon*), les paysans de Palaiseau au temps de Charlemagne étaient à peu près aussi aisés qu'aujourd'hui. Les malheurs de l'époque suivante avaient détruit cette aisance.

l'instruction, l'espoir d'une condition meilleure ?

Telle est la pensée qui a guidé l'Église dans son œuvre de reconstitution sociale, et qui amène les gouvernements à la seconder. Pour atteindre plus sûrement son but, elle emploie trois moyens : 1° elle fait un devoir de l'instruction ; 2° elle la rend accessible à tous ; 3° elle ouvre des carrières aux sujets les plus méritants.

En premier lieu, elle fait un devoir de l'instruction. L'Église a-t-elle donc été partisan de l'instruction obligatoire ? Distinguons l'obligation légale et l'obligation morale. L'obligation légale ne date, en Europe, que du XVIe siècle, et c'est le moine de Wittemberg qui, le premier, en formula le principe : « J'affirme, s'écriait-il, que l'autorité a le droit de forcer ceux qui lui sont soumis à envoyer les enfants à l'école. Eh quoi ! si l'on peut, en temps de guerre, obliger les citoyens à porter l'épieu et l'arquebuse, combien plus peut-on et doit-on les contraindre à instruire leurs enfants, la guerre avec le mauvais esprit, qui rôde autour de nous, cherchant à dépeupler l'État d'âmes vertueuses[1] ! » Il est assez intéressant de voir Martin Luther préoccupé de vertu à ce point. Son principe s'introduisit en France avec la Réforme. En 1560, la noblesse s'exprimait en ces termes, aux États-Généraux d'Orléans : « Levée d'une contribution sur les bénéfices ecclésiastiques, pour raisonnablement stipendier des pédagogues et gens lettrés, en toutes villes et villages pour l'instruction de la pauvre jeunesse du plat pays, et soient tenus les pères et mères, à peine d'amende, à envoyer les dits enfants à l'école, et à ce faire soient contraints par les seigneurs ou juges ordinaires[2]. » Le roi ne se rendit point complètement au désir de la Noblesse, et rien n'indique, pour la France, ainsi que le disait, en 1872, M. Gui-

---

[1] Cité par M. de Fontaine de Resbecq, *loc cit.*, p. 64.
[2] *Ibid.*, p. 64-65.

zot, « que ce vœu ait eu un résultat pratique, mais il prouve que l'idée était déjà entrée dans les esprits[1]. » Depuis le jour où M. Guizot prononçait ces paroles, l'idée a fait son chemin.

Quant à l'Église, recpectueuse de la liberté, et ne pensant pas qu'aucun pouvoir public puisse se substituer à la volonté des parents, elle se garda d'imposer ou de faire imposer l'obligation légale. Mais, comme il y a dans la religion des vérités et des prières dont la connaissance est nécessaire au salut, le concile de Mayence, tenu en 813, fit un devoir à tous les fidèles, même sous des peines sévères, de les apprendre. Les prêtres étaient chargés de communiquer à leurs paroissiens les décisions de l'Église et de les engager à envoyer leurs enfants aux écoles, soit des monastères, soit des presbytères[2]. Il n'y avait pas, en effet, d'autre moyen pratique de remplir l'obligation,

(1) *Discours à la Société d'instruction primaire pour les protestants de France.*
(2) LABBE, *Concil.*, t. VII, col. 1251.

non pas créée, mais rappelée par le concile. C'est dans ce sens seulement que l'Église rendit l'enseignement obligatoire : « proptèrea dignum est, ut filios suos donent ad scholam, sive ad monasteria, sive foras presbyteris, ut fidem catholicam recte discant, et orationem dominicam, ut domi alios edocere valeant. » Et encore, comme on peut en juger par ces derniers mots, il suffisait, à la rigueur, qu'un seul membre de la famille fût instruit aux écoles; revenu à la maison, il pouvait exercer auprès des siens un ministère d'enseignement.

L'Église ne pouvait être plus modérée dans ses exigences : elle ne demandait que les notions essentielles, sans lesquelles on n'est pas en état d'adorer Dieu « en esprit et en vérité, » et on n'est plus chrétien que de nom. Mais pour obtenir ce *minimum* d'instruction, elle ne cessa de recommander la fréquentation de l'école [1].

---

[1] « Sacerdotes frequenter moneant parochianos suos ut filios suos instrui faciant diligenter, et scholas attentius frequentare. » (D. BESSIN, *Concilia,* t. II, p. 59.)

C'est toujours le même esprit qui la dirige. Tous les ans, à l'époque de la rentrée des classes, les curés rappellent aux fidèles qu'ils ont des devoirs envers l'intelligence de leurs enfants; et il n'est pas excessif de dire que, sans ces avertissements perpétuels, beaucoup de personnes resteraient dans l'ignorance la plus honteuse. Les partisans de l'instruction universelle devraient se réjouir de trouver des auxiliaires si persévérants et si écoutés.

L'Église, faisant de l'enseignement une obligation de conscience, devait en faciliter l'accès à tous. De fait, elle n'a pas seulement multiplié les écoles sur tous les points du territoire, elle a établi la gratuité de l'instruction, gratuité vraie et non pas fictive, qui n'est pas un impôt prélevé surtout sur le pauvre, mais une aumône, fruit des libéralités du riche ou des sacrifices et des privations que s'imposent les communautés religieuses. On ne se contente pas de n'exiger aucune rétribution scolaire, on va jusqu'à pourvoir à l'entretien des écoliers indigents. Qui a mis l'Église en état de suffire à tant de besoins, et d'où lui viennent les ressources? Elle s'est préparée de longue main, par une sage économie et un travail opiniâtre, à ce ministère de charité; et la Providence, qui veut faire le bien par elle, lui a amené de généreux donateurs. Ces derniers, pour la plupart, n'ont pas une conscience nette de la mission qu'ils remplissent; ils ne songent qu'à racheter leurs péchés et à s'assurer des prières après leur mort. Quelques-uns toutefois ont spécialement en vue l'instruction, et nous trouvons dans les chartes de l'époque des donations faites à des monastères avec cette mention expresse qui en fixe la destination : *ad docendum puerum*[1]. Nous trouvons encore des bourses fondées dans les écoles épiscopales et presbytérales. Pour en donner une idée, citons quelques exemples. « Si l'on ajoute foi, dit

---

[1] Cf. *Voyage littéraire de deux Religieux Bénédictins de la Congrégation de Saint-Maur*, part. II, p. 10.

dom Piolin, à un document qui paraît suspect au moins dans la forme sous laquelle il est rapporté par Hiret dans ses *Antiquités d'Anjou*, Foulques Nerra fonda, de concert avec Hildeburge, son épouse, vers l'an 1030, treize bourses en faveur des écoliers pauvres de l'Anjou et du Maine. Chaque boursier recevait annuellement 40 boisseaux de blé, 1 boisseau de fèves, mesure de Paris, et 19 sous 6 deniers (près de 600 francs de notre monnaie). On ne dit pas dans quelle école était faite cette fondation ; il est probable que c'était dans les écoles d'Angers [1]. » Voici une autre fondation en faveur des écoles épiscopales du Mans et d'Angers. « En 1126, Foulques le Jeune fit une fondation pour treize écoliers des diocèses du Mans et d'Angers. Il chargea les religieuses du Ronceray de prendre soin de leur nourriture et de leur entretien, et il imposa au prieuré de la Haye une redevance de 12 setiers

---

[1] Dom Piolin, *Hist. de l'Église du Mans*, t. III, p. 136.

de fleur de farine, mesure d'Anjou, et de 11 livres 7 sous tournois (aujourd'hui près de 7000 fr.), payables à la nativité de Notre-Dame, c'est-à-dire que chaque clerc recevait 5 setiers de farine de froment, 20 sous tournois moins 3 oboles, et 1 boisseau de légumes. Le treizième de ces boursiers, qui ne devait point avoir part au don précédent, était appelé le pauvre de la comtesse Ermentrade (ou Hildegarde), et recevait chaque dimanche de l'abbaye du Ronceray 7 pains blancs, semblables à ceux des religieuses, et quelques autres mets spécifiés dans la charte du comte. De plus, on lui donnait 30 sous tournois au jour de la nativité de la Sainte Vierge et une portion de la pitance que l'on distribuait ce jour-là dans le monastère. L'abbesse du Ronceray conférait elle-même ces bourses à qui il lui semblait bon; mais elle ne pouvait les retirer à ceux qu'elle en avait une fois gratifiés, jusqu'à ce qu'ils fussent pourvus d'un bénéfice capable de fournir à tous leurs besoins [1]. »

Nous sommes persuadés que l'étude attentive des Cartulaires, soit des abbayes, soit des églises cathédrales, ferait découvrir bien des donations de ce genre [2]. Du reste, nous avons

---

(1) *Cartularium beatæ Mariæ Caritatis Andegav.*, n° 445. Cité par Dom PIOLIN, *Hist. de l'Église du Mans*, t. IV, p. 11-12.

(2) Voici une charte d'une date postérieure à l'époque que nous étudions (7 janvier 1336), mais qui rappelle une fondation ancienne en faveur des écoliers pauvres. « Venerabilis et discretus vir dominus Stephanus de Lugduno, canonicus remensis... volens antequam debitum humane conditionis persolvat, pro anime sue salute, et postquam diem clauserit extremum in terris, dimittere perpetuos oratores, ut ante judicium justiciam sibi paret, pietatis et misericordie operibus preveniendo salubriter horam mortis, habens sancte et juste considerationem et devotionem suas ad hospitale Albrici quondam Crepati, fundatum et constructum ut in eo pauperes scolares maneant, et insistant gramaticalibus disciplinis, habens quasi nichil in bonis, nisi quod ei fidelium pietas elargitur, dedit, cessit et contulit in perpetuum eidem hospitali, et scolaribus in eo degentibus, et qui futuris temporibus ibi degent, totum hereditagium... (*Documents iné-*

déjà parlé des prébendes fondées en faveur des écolâtres et des maîtres qui leur étaient adjoints. Les professeurs étant mis à l'abri du besoin, l'entretien du mobilier et des bâtiments scolaires étant assuré par des revenus

dits sur l'histoire de France, archives administratives de la ville de Reims, t. II, seconde partie, p. 732-33.) — L'historien de la ville de Paris, dom Félibien, rappelle la libéralité d'Étienne Belot et de Ada, sa femme, bourgeois de Paris, qui firent bâtir une maison en faveur de treize écoliers (1208). « Telle fut, ajoute-t-il, l'origine du collège nommé des Bons-enfants, qu'on appeloit, pour lors, l'hospital des pauvres écoliers. Étienne et sa femme, après avoir bâti la maison, la garnirent de lits, et destinèrent une partie de leurs biens pour la fondation d'une prébende dans Saint-Honoré, à la collation du chapitre et du doyen de Saint-Germain-l'Auxerrois, dans le dessein que celui qui en serait pourvu prît soin du collège, en qualité de proviseur ». *Hist. de la ville de Paris*, par dom FÉLIBIEN, t. I, p. 246.) — On lit, dans la vie de saint Louis, écrite par Geoffroy de Beaulieu, son confesseur, que ce saint roi avait coutume d'appeler, aux grandes fêtes, plusieurs écoliers de la communauté des Bons-enfants de Paris pour chanter dans sa chapelle, et qu'il les aidait par ses aumônes à subsister pendant leurs études. » (*Ibid.*, p. 247.)

fixes, ceux du diocèse même, rien ne s'opposait plus à la gratuité. N'oublions pas encore que, si les élèves riches n'étaient pas obligés à payer leurs maîtres pour l'enseignement reçu, il leur était permis de le faire, et tout les invitait à le faire. Cette contribution volontaire retournait à leurs camarades pauvres qu'on nourrissait et qu'on habillait. Leurs familles ne l'ignoraient point, et se portaient d'elles-mêmes à ces actes de charité. Bien des fois on vit de riches seigneurs se charger avec joie de l'éducation d'enfants dont l'intelligence les avait frappés. C'est que, pas plus alors qu'aujourd'hui, on n'était inaccessible aux généreux sentiments. Si le bras était prompt à s'armer pour repousser la violence et venger l'injure, le cœur, attendri par la religion, s'ouvrait non moins volontiers à l'infortune. On a remarqué que ces hommes de fer pleuraient avec une extrême facilité ; aux récits touchants, « l'eau du cœur » leur montait aux yeux, et ils ne s'étudiaient point à cacher leurs larmes.

Les maisons religieuses avaient, dans les biens que les jeunes postulants ou novices pouvaient apporter avec eux, une source particulière, mais aléatoire, de revenus; une source aléatoire, disons-nous, car s'il y avait une règle universellement suivie, c'était de ne rien exiger pour l'admission des enfants dans les monastères, et de n'accepter que des dons purement volontaires. Or, certains parents, spéculant sur une hospitalité si généreuse, allaient jusqu'à retenir la part d'héritage qui revenait à ces enfants. Rodulfe, abbé de Saint-Tron, taxait justement une telle conduite d'avarice et de sacrilège, les monastères n'ayant pas été institués, disait-il, et dotés pour la décharge des familles opulentes, mais pour l'entretien des pauvres qui voudraient y servir Dieu. Néanmoins, il avertissait le prieur, qui l'avait consulté sur la question, de ne rien changer aux coutumes reçues, de tenir toujours aussi largement ouverte la porte de son couvent. Il permettait seulement de faire entendre aux parents que, sur la part qui reviendrait à leurs fils, il serait convenable de prélever quelque donation en faveur de l'Église; mais, en aucun cas, on ne devrait les y contraindre[1]. Ce plan de conduite était sage. Les moines attendaient de Dieu les moyens de faire face à tant d'œuvres diverses que la charité leur inspirait d'entreprendre, et leur attente d'ordinaire n'était point trompée. Plus ils dépensaient sans compter, et plus les dons affluaient; de sorte qu'en définitive les ressources étaient presque toujours en proportion avec les besoins croissants de la maison.

Enfin l'Église, en invitant toute la jeunesse chrétienne à fréquenter les écoles, disposait de puissants moyens de persuasion et d'encouragement. Auprès de tous elle faisait valoir des motifs d'ordre surnaturel, principalement la nécessité de connaître la doctrine chrétienne pour être sauvé, et l'on sait combien la reli-

---

[1] Mab., *An.*, t. II, p. 499.

gion avait alors d'empire sur les âmes. A un grand nombre elle promettait, comme récompense du travail et de l'effort, des positions douces, honorées, avantageuses, disons plus, ses dignités les plus hautes et les plus enviées; car depuis l'humble emploi de maître d'école dans un village jusqu'au souverain pontificat, il n'y avait pas de charge ecclésiastique où ne pût aspirer un homme de grand savoir et de grande vertu, quelle que fût aux yeux du monde la bassesse de son extraction. M. Guizot, dans sa notice sur Suger, a parfaitement saisi ce caractère de l'action de l'Église et l'influence qu'elle devait exercer sur toutes les classes de la société. « L'Église, dit-il, s'empressait alors d'accueillir et de rechercher, jusque dans les rangs les plus obscurs, tous les hommes capables de la servir et de l'honorer : partout présente et active, en rapport avec toutes les conditions sociales, fréquentant les pauvres comme les riches, vivant avec les petits comme avec les grands, elle allait au-devant de l'enfance même, étudiait ses dispositions, s'en emparait de bonne heure, et lui ouvrait une brillante carrière, la seule où les facultés intellectuelles fussent invitées à se développer, où tout fût accessible au mérite, où régnât enfin le principe de l'égalité et du concours[1]. »

Quelques auteurs de l'époque signalent avec regret l'empressement excessif qui se manifestait alors du côté des dignités ecclésiastiques. Étienne, évêque de Tournai, écrivait au pape vers 1192 : « En France, le plus grand nombre, enfants ou adultes, ne se proposent pas d'autre fin à leurs études que d'avoir entrée dans l'Église et d'y être promus successivement aux postes les plus élevés[2]. » Rathier, évêque de Vérone, le prenait, selon sa coutume, sur un ton plus âpre et plus mordant : « Prenez qui vous voudrez parmi les nobles

---

[1] *Collection des Mémoires relatifs à l'histoire de France*, t. VIII, p. 10-11.

[2] Stephani Tornac. Epist. 194. (*Patrol.*, MIGNE, t. CCXI, col. 477).

qui fréquentent les écoles : aujourd'hui il est poussé bien plus par le désir de l'épiscopat que par le dessein de servir Dieu; voilà bien l'effet de l'ambition effrénée des parents [1]. » On est toujours porté à exagérer les misères de son temps, et les abus frappent plus que l'observation habituelle de l'ordre. Qu'il y ait eu de gros bénéfices accordés à la faveur, on ne le contestera pas. Mais un siècle qui a vu élever à l'épiscopat Baudri de Bourgueil, Guillaume de Champeaux, Ulger, Albéric de Reims, Geofroy le Loroux, Gilbert de la Porrée, Gauthier de Mortagne, Pierre Lombard, Jean de Salisbury, Pierre de Celle et Maurice de Sully, un pareil siècle honorait le savoir et savait récompenser le vrai mérite. D'ailleurs, on a dû le remarquer, si les évêques de Tournai et de Vérone s'élevaient contre les vues trop profanes de certains clercs de leur

[1] *Recueil des historiens des Gaules et de la France*, t. X, p. 532.

temps, contre les motifs intéressés qui les portaient aux études, ils ne censuraient en aucune façon la pratique de l'Église qui provoquait une émulation universelle pour se préparer des sujets d'élite. Une société ne peut se maintenir et prospérer sans un enseignement, sans une formation scientifique et morale qui corresponde à ses besoins. Or les fonctions ecclésiastiques, surtout celles qui entraînent charge d'âmes, ont toujours exigé, pour être bien remplies, des aptitudes spéciales, des connaissances sûres, une haute culture intellectuelle. Quoi d'étonnant que l'Église, qui avait le sentiment profond de ses besoins, établît comme un concours et proposât ses bénéfices et ses honneurs aux plus instruits, aux plus capables, au risque même de favoriser l'ambition? L'ambition, on le sait, peut dégénérer et dégénère souvent en passion; mais, quand elle se renferme dans des bornes raisonnables et qu'elle se subordonne à des motifs d'un ordre plus élevé, elle est un heureux stimulant pour l'activité humaine.

Voilà les moyens que l'Église employait pour répandre le goût des études. Nous pouvons par la pensée nous représenter ces différentes écoles avec les diverses catégories d'élèves qui les composaient. Ici c'est le château féodal, qui de son donjon élevé, où la sentinelle fait le guet, et de ses fortes tours crénelées domine tout l'horizon. Le jeune baron vient d'assister à la messe dite par le chapelain; il prépare la leçon qui lui est donnée dans la grande salle de réception, sous le regard de sa mère, ou dans le cabinet du précepteur. Lorsque son père est un puissant seigneur, il n'est pas seul, il a pour compagnons d'étude les fils des vassaux. On donne du temps aux études, mais plus encore aux exercices du corps et aux expéditions aventureuses. Parfois, le soir, on voit arriver un jongleur, sa vielle à l'épaule. Alors c'est fête au château jusque bien avant dans la nuit, et le lendemain probablement vacances. — Plus loin, sur une colline ou au fond d'une vallée fertilisée par le travail des moines, apparaît la masse imposante des bâtiments de l'abbaye, demeure immense et silencieuse, mais pleine d'activité, car chacun y a sa tâche et l'accomplit avec une ponctualité rigide. Là, les élèves sont réunis en grand nombre, comme dans nos collèges modernes; on les a mis dans un quartier séparé pour que les cris de l'école et les jeux bruyants de cette vive jeunesse ne puissent importuner les religieux. Ils ne sont en rapports qu'avec leurs maîtres particuliers; ils n'aperçoivent les autres moines que dans la vaste chapelle du couvent, où eux-mêmes vont louer Dieu et prendre part aux cérémonies grandioses du culte. — Si vous portiez vos pas dans la campagne, vous découvririez, non sur les routes, car elles sont rares à cette époque, mais dans les sentiers battus, de petits paysans chaussés de sabots et vêtus de peaux ou de laine grossière. Comme tous les êtres humains habitués à vivre dans l'isolement, ils cheminent sérieux et pensifs, levant de temps en temps les yeux vers l'église du village et sa flèche pointue. C'est auprès de l'église, en effet, que se trouve la modeste école presbytérale, où le pasteur, quelquefois suppléé par un clerc, enseigne les premiers éléments des connaissances. Les petits paysans, venus de loin, s'y rencontrent avec des enfants plus expansifs et plus espiègles, qui habitent la bourgade même. — Arrivons à la ville. Là, tout est mouvement, tout est bruit. A l'abri d'un coup de main derrière les hautes murailles, rassuré contre les ennemis et les bandes routières, on travaille et on chante. Les enfants mêmes ne restent pas inactifs : à certaines heures de la journée, vous les verrez s'avancer par bandes, à travers les rues étroites et tortueuses de la cité, vers la demeure du maître d'école, « avec leur alphabet pendu à la ceinture [1] » : troupe joyeuse

---

[1] « Alphabetum pueri qui vadit ad scholas, quod super asserem ponitur ut sit opertum, et ligatur ad corrigiam ejus ne ille amittat. » (Ms. lat. 15955. Cité par M. Lecoy de la Marche).

et turbulente, mais pas trop méchante, parce qu'elle a la crainte de Dieu et... de la férule.

Il nous reste une question à examiner : à quel âge doivent commencer les études, et quelle était à cet égard la pratique des temps reculés que nous étudions ? « Quelques-uns, dit Quintilien, ont pensé que les études de l'enfant ne devaient commencer qu'à sept ans, parce que ce n'est guère qu'à cet âge qu'on a le degré d'intelligence et la force d'application convenables pour apprendre. » Pour lui, il croit que l'éducation peut et doit être commencée plus tôt, dès le moment où l'enfant parle et où son esprit s'éveille. En effet, « si peu que rapporte le premier âge, l'enfant ne laissera pas d'être à sept ans capable d'études plus fortes, que si l'on eût attendu jusque-là pour commencer. Ce bénéfice, accumulé chaque année, formera avec le temps un capital qui, prélevé sur l'enfance, sera autant de gagné pour l'adolescence [1]. » Rollin adopte l'opinion

---

[1] QUINTIL., *Oratoriæ Institut.*, lib. I, cap. I, IV.

de Quintilien. « Il faut tâcher, dit-il, de ne pas perdre ces premières années, d'autant plus que les commencements de l'étude ne demandent presque que de la mémoire, et l'on sait que les enfants n'en manquent pas. » Il trouve un autre avantage dans cette pratique, « c'est de plier de bonne heure l'esprit des enfants, de les accoutumer à une sorte de règle, de les rendre plus dociles et plus soumis, et d'empêcher une dissipation aussi contraire souvent à la santé du corps qu'à l'avancement de l'esprit. » Il en ajoute un troisième, qui ne lui semble pas moins considérable. « La Providence a mis dans les enfants une grande curiosité pour tout ce qui est nouveau, une facilité merveilleuse à apprendre une infinité de choses dont ils entendent parler, un penchant naturel à imiter les grandes personnes, et à se mouler sur leurs exemples et sur leurs discours. En différant la culture de ces jeunes esprits, on renonce à toutes ces heureuses préparations que la nature leur a données en naissant. Et, comme la nature ne peut être oisive, on les oblige à tourner vers le mal ces premières dispositions destinées à faciliter le bien [1]. »

Le moyen âge nous semble s'être conformé à l'avis de ces deux grands maîtres en pédagogie. Si quelques hommes célèbres, tels que Guillaume, abbé de Saint-Bénigne de Dijon, Hermann Contract, Étienne, fondateur de l'Ordre de Grandmont, n'ont commencé à étudier que vers l'âge de sept ans, beaucoup d'autres l'ont fait plus tôt. Guibert de Nogent [2] et le bienheureux Richard, abbé de Saint-Vanne [3], furent appliqués aux études dès leur plus bas âge ; Notker le Bègue, *ab ipso matris utero* [4] ; saint Bernard, aussitôt qu'il le put, *quam citius potuit* [5] ; Orderic Vital dit de lui-même, en s'adressant à Dieu : « Lorsque je

---

[1] Rollin, *Traité des Études*, liv. I, ch. 1.
[2] Guib. Novig., *De vita sua*, lib. I.
[3] *Hugonis abbatis Flaviniac. Chronic.*, lib. II, n. 1.
[4] *Vita*, auctore Ekkehard., cap. 1.
[5] *S. Bernardi Vita*, auctore Guillelmo, cap. I, 5.

fus âgé de cinq ans, vous m'envoyâtes à l'école dans la ville de Shrewbury[1]. » Le pape saint Léon IX n'avait que cinq ans lorsque sa mère le remit entre les mains de Berthold, évêque de Toul[2]. Saint Brunon, archevêque de Cologne, était plus jeune encore, il n'avait que quatre ans[3]. Les biographes n'indiquent pas toujours l'âge avec cette précision; ils se servent assez souvent d'expressions générales qui laissent au lecteur le soin de fixer approximativement l'époque, ou plutôt le moment[4].

[1] *Hist. des Normands*, t. IV, p. 535. T. XXVIII de la Collection Guizot.

[2] *Vita S. Leonis papæ*, auctore WIBERTO æquali, lib. I, cap. II.

[3] *S. Brunonis Vita* a ROTGERO monacho, n. 4.

[4] Il est dit du bienheureux Robert d'Arbrisselles : « quoniam ab annis infantilibus litterarum studiis... fuerat deputatus. » (B. Roberti de Arbriss. Vita, auctore Baldrico, Dolens. episcop. *Patrol.*, MIGNE, t. CLXII, col. 1047); de saint Gaucher, prieur des Chanoines réguliers de Limoges : « adveniente itaque tempore subintrantis infantiæ, a parentibus liberalibus studiis dili-

En somme, on faisait au moyen âge comme aujourd'hui, comme dans tous les temps ; le monde ne change guère. Alors aussi la coutume très généralement suivie souffrait des exceptions. Saint Romuald, de l'illustre famille des ducs de Ravenne, savait à peine lire à un âge où il serait aujourd'hui bachelier ès lettres et

genter traditur. » (Bol.., *Act. S. S.*, Aprilis, t. II, p. 842) ; de Guillaume V le Grand, duc d'Aquitaine : « Fuit dux iste a puericia doctus litteris… » (*Ademari S. Cibardi monachi Historiarum*, lib. III, 54. L'auteur ajoute : ainsi avaient fait Louis le Pieux, Charlemagne, son père, et Théodose I) ; du bienheureux Hildebert, archevêque de Tours : « a puero disciplinis bonisque artibus institutum tradunt. » (B. Hildeb. Vita. *Patrol.*, t. CLXXI, col. 63). Nous craindrions d'engendrer l'ennui en multipliant ces citations ; aussi bien la question n'est pas de grande importance. Un dernier exemple toutefois. Il s'agit du bienheureux Théoderic, abbé de Saint-Hubert, dans les Ardennes. Étant tout enfant, il fréquente quelque temps les écoles ; il continue son éducation sous la direction de sa sœur Ansoalde, religieuse au monastère de Maubeuge ; puis, à l'âge de dix ans, il est conduit au monastère de Lobbes (Mab., *Act. sæcul. VI*, 2ᵃ pars, p. 561-563). Voilà un enfant qui vraisemblablement avait commencé de très bonne heure.

étudiant en droit, à vingt ans[1]. Saint Gérard de Brogne, bien que de noble race, ne reçut aucune instruction littéraire dans son enfance, il était arrivé à l'âge d'homme lorsqu'il sentit le besoin d'apprendre à lire[2]. Le bienheureux Helluin, mort premier abbé du Bec, n'apprit également à lire qu'à l'âge de quarante ans[3]. Ce qui n'avait pas empêché le docte Lanfranc de se mettre sous sa direction; si le bon moine Helluin n'avait point étudié les lettres, il n'en avait pas moins développé son intelligence et il était instruit dans les voies de Dieu. Il ne faudrait pas, en effet, tirer de ces faits une conclusion trop rigoureuse : l'ignorance de la lecture chez les trois serviteurs de Dieu que nous venons de nommer prouvait une éducation négligée, mais non pas nulle. Quand ils quittèrent le monde,

---

(1) Cf. FLEURY, *Hist. ecclés.*, t. VIII, p. 321.
(2) MAB., *Act. sæcul. V*, p. 248.
(3) Cf. LEBEUF, *Dissertation sur l'état des sciences en France*.

ils comprirent mieux ce qui leur avait manqué jusque-là, et ce qui était indispensable dans la vie monastique qu'ils embrassaient. Belle simplicité qui se mettait à l'étude à l'âge où l'on enseigne !

CHAPITRE VI

Objet et Méthode de l'Enseignement.

Objet de l'enseignement élémentaire déterminé de bonne heure. Matières qu'il comprend : lecture, écriture, grammaire, chant, arithmétique, instruction religieuse. — Méthode : méthodes particulières, méthode générale; Rodulfe, Bernard de Chartres. — Langue dont on faisait usage dans l'enseignement. Traductions en langue romane.

L'ÉLÈVE des écoles élémentaires, qui occupe depuis longtemps déjà notre attention, est comme le jeune baron dont M. Léon Gautier nous raconte l'enfance studieuse, « il ne connaît guère que par ouï-dire cette admirable classification des sciences que le xiie siècle a formulée avec tant de lucidité et où le génie encyclopédique du moyen âge a ajouté plus d'un élément nouveau aux données de l'antiquité. Il a vaguement entendu parler, par le chapelain paternel (ou le maître d'école), des Sept Arts qu'il ne souhaite pas de connaître plus à fond ; du *Quadrivium* qui embrasse l'Arithmétique, la Musique, la Géométrie et l'Astronomie ; du *Trivium* qui contient la Grammaire, la Dialectique et la Rhétorique. Mais il ne sait point (et combien parmi nous sont dans le même cas !) que ce *Quadrivium* et ce *Trivium*, si vantés, sont loin de représenter toute la science de son temps et font partie d'un ensemble beaucoup plus considérable, beaucoup plus imposant. Il ignore que le mot « Philosophie » désigne alors la totalité des connaissances humaines ; que la Philosophie se divise en Théorique, Pratique, Logique et Mécanique [1]... »

Puisque notre élève ignore, ou à peu près, les sept arts libéraux, « les sept colonnes sur lesquelles repose le temple de la sagesse, »

---

[1] M. Léon Gautier, *La Chevalerie*, chap. v. — Le même auteur met en note : « Cette classification est celle qui prévaut au XIIe siècle et forme alors la base de

comme dit Alcuin dans son langage imagé, puisque son éducation comporte à peine quelques notions de grammaire, de musique et d'arithmétique, il est peut-être superflu d'avertir qu'on ne trouvera dans ce chapitre aucun aperçu sur les doctes philosophes et grammairiens étudiés et commentés au moyen âge, Boëce, Cassiodore, Priscien, Donat, Martianus Capella, l'auteur du *Mariage de Philologie et de Mercure;* Porphyre, dont la fameuse *Intro-*

---

l'enseignement... On peut la réduire au tableau suivant où sont imprimées en italiques les sept divisions du *Quadrivium* et du *Trivium.*

Philosophie.
- I Théorique.
  - 1 Théologie.
  - 2 Physique.
  - 3 Mathématiques.
    - Arithmétique.
    - Musique.
    - Géométrie.
    - Astronomie.
- II Pratique. — 1 Morale, 2 Économie, 3 Politique.
- III Logique. — 1 Grammaire, 2 Dialectique, 3 Rhétorique.
- IV Mécanique. — 1 Industrie de la laine, 2 Fabrication des armes, 3 Navigation, 4 Agriculture, 5 Chasse, 6 Médecine, 7 Théâtre.

duction ou *Isagoge* souleva de si retentissantes disputes, dans les écoles, dès le xiie siècle. Nous n'oublions pas un instant le cadre modeste dans lequel nous nous sommes renfermé.

Nous ne serons pas embarrassé pour indiquer l'objet de l'enseignement élémentaire au moyen âge; il a été déterminé de bonne heure, et il n'a pas sensiblement varié. Le capitulaire de 789 prescrivait d'établir, dans les évêchés et les monastères, des écoles de lecteurs, d'y faire apprendre le psautier, la note, le chant, le comput, et la grammaire[1]. Cette ordonnance visait les moines et les jeunes gens que l'on préparait au service des autels; on voulait les mettre en état de s'acquitter à l'église de certaines fonctions ecclésiastiques d'un ordre inférieur, et, au besoin, de suppléer le prêtre absent dans la récitation publique de

---

[1] « Et ut scholæ legentium puerorum fiant, psalmos, notas, cantus, computum, grammaticam, per singula monasteria vel episcopia discant. » (LABBE, *Concil.*, t. VII, col. 985.)

l'office divin⁽¹⁾. Lorsque l'instruction se fut répandue, que les écoles épiscopales et monastiques se furent élargies pour recevoir la jeunesse laïque, on ne vit aucune modification à faire subir au plan des études, tracé par le capitulaire de 789. Ce plan, si on en retranche l'étude des saintes Écritures, but de l'éducation des clercs, ne dépassait point la portée moyenne des enfants; rien ne s'opposait à ce qu'il devînt comme le programme public, sinon officiel, des écoles primaires; chacun prendrait, des connaissances proposées, ce qu'il voudrait ou ce qu'il pourrait. Voici donc quel fut l'objet de l'enseignement élémentaire : la lecture, l'écriture, quelques notions de grammaire et de chant, quelques opérations de calcul et une certaine instruction religieuse. C'est ce qu'Abbon enseignait d'abord à Fleury-sur-Loire, si l'on excepte la grammaire, dont il réservait l'étude aux élèves déjà un peu plus avancés⁽²⁾.

---

(1) BALUZE, *Capitul. reg. Franc.*, t. I, col. 531.
(2) AIMOIN, *Vita Abbonis*, cap. III.

LECTURE. — Rollin estime que le premier soin d'un maître auprès des enfants est de leur apprendre à lire. « On leur procure par là, dit-il, une grande avance, la lecture étant un moyen de les occuper, de les rendre curieux, et de jeter agréablement dans leur esprit une multitude d'idées plus justes, plus utiles, plus capables de les former, que toutes celles qui leur viendraient en abandonnant leur enfance au hasard, ou à la petitesse de vue de ceux qui les environnent[1]. » Ces idées sont fort justes assurément; la difficulté était de les faire passer dans la pratique au moyen âge. L'imprimerie n'étant pas inventée, les livres restant rares et chers, devait-on tenir autant que de nos jours à la lecture ? Pouvait-on espérer d'en rendre la connaissance universelle ? Dès les premiers temps, l'enseignement oral avait pris une extrême importance : pour en assurer le succès, on exerçait avec

---

[1] *Traité des Études*, liv. I, chap. 1, § 2.

persévérance la mémoire des enfants, on s'efforçait de frapper leur attention par des récits vivants et pittoresques, des démonstrations simples et saisissantes; et, comme la formation chrétienne était le résultat particulièrement désiré, on recourait encore à l'imagerie religieuse pour graver dans les esprits les histoires de la Bible, les scènes édifiantes de la vie des saints, les principaux traits de la vie et de la Passion de l'Homme-Dieu.

Tous ces moyens pouvaient, jusqu'à un certain point, suppléer la lecture dans l'œuvre de l'éducation, mais non pas la remplacer. Aussi hâtons-nous d'ajouter que, du moment où les manuscrits commencèrent à se multiplier, bon nombre d'enfants apprirent à lire. De quelle méthode se servait-on pour enseigner la lecture? De la méthode usitée dans tous les temps, c'est-à-dire de celle qui consiste à tracer sur une tablette toutes les lettres de l'alphabet et à en donner successivement la connaissance⁽¹⁾. Lorsque l'enfant était parvenu à connaître toutes les lettres et à les joindre pour en former des syllabes, des mots, puis des phrases, on lui mettait un livre à la main. Quel livre pour l'ordinaire? Non pas, hélas! un livre attrayant et proportionné à son intelligence, comme les *Contes de ma mère l'Oye*, mais des ouvrages bien sérieux, le psautier⁽²⁾, par exemple, ou même les *formules* de Marculfe⁽³⁾. La lecture de pareils livres pouvait

(1) On peut en juger par un passage de la vie de saint Walaric ou Valéry. Ce saint, originaire d'Auvergne, avait d'abord mené la vie pastorale. En conduisant çà et là les brebis de son père, il apprit un beau jour comment c'était la coutume de donner l'instruction aux enfants nobles. « Exin tali desiderio provocatus, tabellam sibi faciens, cum summa veneratione humili prece a praeceptore infantium depoposcit, ut sibi alphabetum scriberet, et notitiam litterarum insinuaret. » (S. Walarici abbatis Leuconaenci primo, in pago Picardiae Wimacensi, Vita a Ragimberto abbate scripta, cap. I, BOLL. *Act. S. S.*, 1 aprilis).

(2) MART., *Thesaurus Anecd.*, t. III, col. 1078.

(3) Le moine Marculfe, écrivant ses formules, dit : « J'ai voulu exercer les enfants qui commencent; je l'ai

amener le dégoût, et y résister était la marque indéniable d'un tempérament ou mieux d'une volonté robuste, mais elle offrait des avantages : le chrétien y trouvait les psaumes qu'il entendait chanter et qu'il devait chanter lui-même; le citoyen, la formule des actes particuliers les plus ordinaires. La lecture, dans les classes, se faisait naturellement à haute voix, afin que le maître pût corriger, réformer, instruire tout à son aise [1].

Les documents du temps nous laissent entendre qu'en dépit de toutes les exhortations l'opinion n'était pas à la lecture : beaucoup la traitaient de désœuvrement et paresse chez tout autre qu'un moine ou un clerc. Toutefois, quand paraissait une de ces épopées

fait, comme j'ai pu, avec simplicité et clarté, afin que le bon vouloir en tirât quelque parti. » Il est bon de remarquer que ce livre contient les chartes royales et les formules des actes particuliers les plus ordinaires.

[1] « Pueri vero primitus alte legant. » — «... Ut pueri... in claustro valeant legere. Qui cum legere inchoant alte... » (*Statuta Lanfranci,* cap. I, XXI).

mâles et sublimes où éclataient les noms d'Aliscamps et de Roncevaux, de Roland, de Vivien et de Guillaume au Court-Nez, il n'était personne qui ne s'estimât heureux d'avoir appris à déchiffrer les lettres.

Écriture. — L'art d'écrire avait été vivement recommandé par les capitulaires des empereurs. On sait à quel point de perfection il fut porté par les moines et les copistes aux gages des souverains et des grands seigneurs ; toutes les bibliothèques importantes de l'Europe contiennent de précieux monuments de leur habileté. Mais la difficulté d'exécuter les lettres *rondes* ou *gothiques, cursives* ou *de forme* n'est bien comprise que de ceux qui prennent pour la première fois en main un stylet ou une plume. Entrons dans une classe du moyen âge, et voyons l'enfant à l'œuvre. Il apprend d'abord à écrire avec des tablettes de cire et des « styles », et l'on se garde bien de lui faire barbouiller le beau parchemin qui coûte trop cher. Quand il a fait longtemps des bâtons et des ronds sur la cire souvent effacée, quand on lui reconnaît l'aptitude suffisante pour arriver un jour à une bonne écriture de scribe, alors, mais alors seulement, on daigne lui confier quelque feuille de parchemin[1]. Notre apprenti est devenu un « écrivain ». Comment va-t-il s'y prendre avec le parchemin qu'on lui confie? Hildebert nous l'apprend dans un endroit où l'on ne s'aviserait pas d'aller le chercher, dans un sermon *ad pastores* : « Vous savez, dit-il à ses prêtres, ce qu'a coutume de faire celui qui veut écrire. D'abord il gratte son parchemin avec un canif pour enlever la graisse et les taches les plus épaisses; il le passe ensuite à la pierre ponce pour achever de faire disparaître les poils et les nervures; sans cela, les lettres écrites manqueraient de relief ou finiraient par disparaître. Après cette préparation, il se sert d'une règle pour maintenir les distances entre les

---

[1] Cf. M. Léon Gautier, *La Chevalerie*, chap. v.

lignes⁽¹⁾. » Ces détails nous ont paru offrir de l'intérêt en ce qu'ils nous montrent, d'une manière précise, les soins, les précautions que l'on prenait alors pour écrire avec les instruments dont on disposait ; à ce titre, ils méritaient d'être reproduits.

Les maîtres en calligraphie, quand ils sont vraiment des éducateurs, font attention même aux modèles d'écriture qu'ils donnent aux enfants. Quintilien voulait que ces modèles « continssent, non des maximes insignifiantes et oiseuses, mais des sentences morales. Le souvenir en reste jusque dans la vieillesse, et, empreint dans une âme encore neuve, il influe utilement sur les mœurs. On peut encore faire apprendre de cette façon les paroles des hommes

---

(1) « Scitis quid scriptor solet facere. Primo cum rasorio (incipit) pergamenum purgare de pinguedine, et sordes magnas auferre ; deinde cum pumice pilos et nervos omnino abstergere ; quod si non faceret, littera imposita nec valeret, nec diu durare posset. Postea regulam apponit, ut ordinem in scribendo servare possit. » (*Patrol.*, t. CLXXI, col. 815.)

illustres...⁽¹⁾ » Il faudrait connaître bien peu le moyen âge pour douter que ce moyen ait été négligé. Mais au lieu d'extraire des poètes profanes les passages mêmes les plus recommandables, on mettait à contribution les Livres saints ; ce qui pouvait se faire sans arrêter l'essor de l'imagination chez les enfants, car les Livres saints, qui sont sans rivaux pour la profondeur de la doctrine, soutiennent la comparaison avec tout autre livre pour la grâce de la forme et la richesse des images.

Dès cette époque aussi, on se préoccupait de l'orthographe, non pas seulement de la partie de la grammaire qui donne des règles pour écrire correctement les mots d'une langue, mais de la ponctuation elle-même, c'est-à-dire

---

(1) ... « Ii quoque versus, qui ad imitationem scribendi proponentur, non otiosas velim sententias habeant, sed honestum aliquid monentes. Prosequitur hæc memoria in senectutem, et impressa animo rudi, usque ad mores proficiet. Etiam dicta clarorum vivorum ediscere inter lusum licet. » (QUINTIL., *Orat. Institut.*, lib. I, cap. I.)

des signes accessoires destinés à marquer les divisions essentielles d'une phrase et les repos de la voix dans la prononciation. Alcuin, à qui sa qualité de précepteur d'un grand pays donnait mission de veiller sur les moindres choses, exhortait Charlemagne à rétablir l'usage des points et des virgules, usage qui avait été omis par l'ignorance des copistes; il le priait d'obliger les élèves de l'école du Palais à s'y attacher soigneusement, comme à un ornement et un secours nécessaire pour la netteté du discours [1]. Charlemagne faisait bon accueil à de semblables communications, dans la pensée que l'école du Palais, qui était l'école modèle de l'empire, exercerait sur les autres une heureuse influence. Les efforts d'Alcuin, toujours secondés par le génie clairvoyant de son maître, eurent quelque succès; et les érudits reconnaissent que, depuis le IXe siècle,

---

(1) Cf. THOMASSIN, *Ancienne et Nouvelle Discipline ecclésiastique*. Partie II, liv. I, chap. XCVI.

on ne trouve plus guère de manuscrits qui ne soient ponctués.

GRAMMAIRE. — Les leçons de lecture et d'écriture devaient inévitablement comprendre des notions de grammaire. Mais nous n'en sommes pas réduits à un raisonnement à priori pour appuyer et légitimer notre affirmation; nous avons un texte très explicite de Guibert de Nogent, qui parle de « la fureur avec laquelle on se livrait à l'étude de la grammaire jusque dans les écoles de hameau [1]. » Claude Jolly nous apprend aussi que les petites écoles ont porté longtemps le nom d'écoles de grammaire. Pendant tout le XIe siècle et la première moitié du XIIe, la grammaire eut, dans l'estime commune, la prééminence parmi les arts libéraux, et peut-être à aucune époque du moyen âge n'a-t-on écrit le latin avec autant de correction, de pureté et même d'élégance. Mais vers la fin du XIIe siècle, il se rencontra des

---

[1] Préface de son *Histoire des Croisades*.

maîtres épris du désir d'innover qui tentèrent, avec la complicité, hélas! des parents et des élèves, de bouleverser l'ordre des études. Au lieu de commencer par les notions les plus accessibles à l'intelligence, au lieu de chercher dans la grammaire « des finesses propres à aiguiser l'esprit des enfants [1], » ils abordaient d'emblée, devant leur jeune auditoire ahuri et ravi, les questions les plus difficiles, souvent même les plus étranges, de logique, de morale, de géométrie, de physique et de métaphysique. Ils invitaient ces tendres cervelles « à s'enquérir du point, de la ligne, de la superficie, de la quantité de l'âme, du destin, des inclinations de la nature, du hasard, du libre arbitre, de la matière, du mouvement, des principes des corps, des combinaisons des nombres, des diverses sections de l'étendue; ils les priaient de rechercher ce que c'est que le temps, le lieu, l'identité et la diversité, le

---

[1] QUINTIL., *Orat. Institut.*, lib. I, cap. IV.

divisible et l'indivisible, la substance et la forme de la voix, l'essence des universaux, l'origine, l'usage et la fin des vertus; quelles sont les causes de tout ce qui existe, les principes du flux et du reflux de l'océan, les sources du Nil, les secrets les plus cachés de la nature, les diverses manières d'envisager les questions de droit d'où naissent les contrats et l'équivalent des contrats, les dommages ou ce qui peut passer pour tel; et une multitude d'autres questions qui demandent un grand fonds de connaissances et un esprit très développé. » Pierre de Blois, qui nous rapporte ces doctes insanités, ajoute avec infiniment de bon sens : « Avant d'aborder ces questions épineuses, ne fallait-il pas initier le premier âge aux règles de la grammaire, pour connaître l'analogie des mots, les barbarismes, les solécismes, les tropes et les figures, tous objets sur lesquels les meilleurs maîtres ont donné des règles? ce qu'assurément ils n'auraient pas fait, si l'on pouvait élever l'édifice du vrai savoir sans avoir posé ce fondement[1]. »

L'élève des petites écoles était moins exposé que d'autres à ces expériences *in anima vili*; il était instruit d'après la vieille méthode. Il apprenait d'abord à connaître, dans le Donat, les différentes parties du discours; s'il ne s'arrêtait pas là, ce qui arrivait assez rarement, il abordait Martianus Capella ou Priscien avec les Commentaires de Rémi d'Auxerre.

Si le sujet que nous traitons le comportait, ce serait le lieu de parler des auteurs classiques lus et expliqués dans les écoles. Nous verrions que les rudes chrétiens de cette époque n'avaient pas horreur d'entretenir commerce avec les païens de l'ancienne Rome, qu'il se trouvait même parmi eux des Virgiliens et des Cicéroniens presque aussi enthousiastes que les beaux esprits de la Renaissance.

---

(1) *Petri Blesensis opera omnia.* Epist. CI ad R. archidiac. Nannet.

Nous ne devons pas en être surpris. Deux qualités recommandaient les auteurs latins à leur étude : un caractère d'impersonnalité et d'universalité qui fait qu'on trouve chez eux l'homme de tous les temps et de tous les lieux, le fond éternel de notre nature ; une noble simplicité dans les pensées et les raisonnements qui les met immédiatement à la portée des enfants et des esprits encore peu exercés. Ajoutons que leur langue, d'une gravité et d'une concision souveraine, est devenue la langue de l'Église et qu'elle partage désormais ses destinées. Cette langue, ils la parlaient avec une perfection qui n'avait pas été égalée depuis ; il convenait donc d'aller chercher dans leurs ouvrages la beauté de la forme et des secours pour l'intelligence même des Écritures[1]. Il est vrai, les erreurs y fourmillent, les peintures licencieuses n'y sont pas rares. Qu'en conclure ? Qu'on devait les lire avec précaution et non les proscrire.

---

(1) Cf. Joan. Saresb., Præfat. ad lib. V. *Policrat.*

Voilà, croyons-nous, la pensée du moyen âge sur les auteurs païens et la pratique suivie. Ils étaient admis partout, dans les écoles monastiques comme dans les écoles épiscopales, à Fleury et à Saint-Géraud d'Aurillac comme à Paris, à Cluny comme à Reims. L'histoire ne constate pas, à cet égard, ainsi qu'on l'a prétendu, deux systèmes opposés d'enseignement, « l'un pratiqué par les évêques et un petit nombre de moines, demeurés fidèles au clergé séculier; l'autre pratiqué par la grande majorité du clergé régulier[1]. » Ce qu'elle nous autorise seulement à dire, c'est que dans certains monastères on montrait plus de sévérité. Mabillon nous a conservé le prologue d'un commentaire sur Donat, composé par Smaragde, abbé de Saint-Mihiel, sur les instances de ses frères à qui il enseignait la grammaire. On y voit que le vénérable abbé,

---

[1] M. Ch. Pfister, *Études sur le règne de Robert le Pieux*.

pour ne pas froisser l'excessive délicatesse ou plutôt la simplicité de quelques-uns de ses moines, s'était abstenu de prendre ses exemples dans les auteurs païens; il les avait tirés des divines Écritures, se proposant de donner à ses élèves quelque connaissance des Livres sacrés en même temps qu'il les initiait aux lettres profanes[1]. Une pareille susceptibilité fera sourire bien des modernes, dont l'âme est cuirassée contre le scandale, et dont la vertu ne s'effarouche de rien. Quant à nous, nous n'osons blâmer ce respect des maîtres pour la faiblesse d'esprit de leurs disciples.

Du reste, nous le répétons, il ne faut voir là que des exceptions. La règle était d'aborder franchement des auteurs dont la lecture a toujours été regardée comme éminemment propre à favoriser l'éveil et le développement des facultés, mais en se souvenant qu'ils n'avaient

---

[1] Dom CEILLIER, *Hist. générale des auteurs ecclés.*, nouv. édit., t. XII, p. 256.

point connu la vraie religion et en gardant son cœur de toute impression mauvaise. Quelques-uns apportaient à cette étude une telle pureté d'intention, une telle retenue, qu'ils semblaient ne pas voir ce qui pouvait blesser la piété et la décence. On raconte de l'illustre archevêque de Cologne, saint Brunon, qu'étant encore enfant, il lisait, sans démordre un instant de sa gravité précoce, les scènes plaisantes et bouffonnes des poètes comiques, uniquement attentif au choix des mots et à leur arrangement dans la phrase[1].

Mais si l'étude des classiques païens n'était point prohibée, on se gardait bien de mettre entre les mains des enfants ou de commenter en classe toutes leurs productions indifférem-

---

(1) « Scurrilia et mimica, quæ in comœdiis et tragœdiis a personis variis edita, quidam concrepantes, risu se infinito concutiunt, ipse semper serio lectitabat : materiam pro minimo, auctoritatem in verborum compositionibus pro maximo reputabat. » (MAB., *Act.*, t. VIII, p. 334.)

ment. On opérait un triage délicat entre les auteurs, et dans les auteurs adoptés on choisissait encore[1]. « Il y a des endroits d'Horace que je ne voudrais pas expliquer », disait Quintilien[2]. Ainsi pensaient nos ancêtres pour les mêmes raisons, et pour d'autres que Quintilien ne soupçonnait pas. Cet honnête païen voyait dans l'enfant un homme en germe dont il fallait respecter l'innocence et surveiller les premières impressions, toujours profondes dans un âge où l'on ignore tout; les chrétiens voyaient dans le même enfant, selon la gracieuse expression de saint Bernard, un « Dieu en fleur », dès lors que, transformé par le baptême, il était devenu participant de la vie divine, fils adoptif de Dieu et cohéritier de Jésus-Christ. De quels soins ne devait-on pas entourer un petit être si frêle par sa nature, si grand par sa destinée? On savait qu'inévi-

---

[1] Voir conseils de saint Anselme au moine Maurice (*S. Anselmi Epist.*, lib. I, epist. LV).

[2] QUINTIL., *Orator. Institut.*, lib. I, cap. VIII.

tablement il connaîtrait le mal un jour, mais on retardait le plus possible l'heure de la triste révélation; et, en attendant, on s'efforçait d'affermir son esprit et son cœur. D'ailleurs, il y a des crimes contre nature que bien des enfants, par un heureux privilège, ignoreront toujours; or beaucoup d'auteurs de l'antiquité, même de ceux qui sont réputés les plus chastes, ne se font pas faute d'en entretenir leurs lecteurs. Nous comprenons donc la vigilance exercée par les maîtres de l'enfance et l'usage des livres *expurgés;* nous approuvons même l'excès de précautions, s'il est vrai qu'on puisse excéder en ces matières.

CHANT. — Les capitulaires et les conciles n'omettent jamais de citer, parmi les objets d'étude, le chant ecclésiastique ou le plain-chant. Charlemagne avait été vivement frappé de la manière dont le chant était exécuté dans les églises romaines, où l'on suivait la réforme grégorienne; les chantres des Gaules ne lui paraissaient plus que des barbares auprès de ceux d'Italie. Il fit venir de Rome des maîtres de chant et de grammaire, et ordonna que le chant fût désormais enseigné selon la méthode romaine : « Ut cantus discatur, et secundum ordinem et morem Romanæ Ecclesiæ fiat[1]. » On n'avait point jusque-là négligé l'étude du chant, on s'y livra avec une nouvelle ardeur : des leçons en furent données dans toutes les écoles épiscopales, collégiales et monastiques, et spécialement dans les maîtrises. Pour ajouter à la pompe des fêtes païennes, on disposait des chœurs de jeunes garçons et de jeunes filles[2]. L'Église, en donnant une place et une fonction aux enfants dans les offices publics, ne s'est pas proposé seulement de soulager les chantres, et d'augmenter l'éclat des cérémonies, elle a voulu associer tous les âges dans l'accomplissement d'un de ses devoirs les plus essentiels, la prière et l'action de grâces.

[1] Capitulum Dominicum, anno 805, ad Theodonis villam (LABBE, *Concil.*, t. VII, col. 1183).

[2] Cf. HORAT., *Carmen sæculare*.

Elle pouvait aussi ne point négliger le côté esthétique et la force de l'impression à laisser dans les âmes; on sait quelle est la puissance d'une masse chorale, la plénitude de l'effet produit, lorsqu'aux voix mâles et graves des jeunes gens et des hommes s'unissent les voix élevées, légères et douces des enfants. L'abbaye de Saint-Riquier renfermait trois cents religieux et cent enfants revêtus de l'habit monastique. Toute cette nombreuse communauté se partageait en trois chœurs, composés, chacun, de cent moines et de trente-trois ou trente-quatre enfants, et se succédant sans cesse à l'église pour la *laus perennis* : la psalmodie ne se taisait ni jour ni nuit[1].

Cet emploi, pour être bien rempli, exigeait des enfants des connaissances particulières. Dans les cathédrales, des maîtres de psallette et de grammaire étaient chargés de leur ins-

---

(1) HÉLYOT, *Hist. des Ordres monastiques*, t. II, p. 81. Édition de 1714. Paris.

truction sous la haute direction du chantre[1]. Des évêques mêmes ne dédaignaient pas de s'occuper de la formation des enfants de chœur[2]; et je ne sais si la leçon ne profitait pas autant aux prêtres qu'aux enfants eux-mêmes. Quel curé de village pouvait regarder comme indigne de son ministère un soin auquel il voyait son évêque attacher tant d'importance?

Toutefois, il faut le dire, la science du chant fut longtemps fort compliquée et de transmission difficile, si bien que la formation d'un bon chantre demandait plusieurs années d'application. La difficulté venait de ce que le

---

[1] Cf. *Cartulaire de Notre-Dame de Chartres*, t. I, p. 127, n. 2.

[2] On le raconte de Guy, successeur d'Hildebert sur le siège du Mans : « ...Infantes quoque cum junioribus, qui in choro deserviunt, docuerat binos et binos singulis hebdomadibus tam ad nocturnos quam ad missam responsoria decantare, canonice sacerdotibus ministrare semper sub silentio, demisso vultu, ordinatis vestibus adstare canonicis » (*Patrol.*, MIGNE, t. CLXXI, col. 102-103).

chant grégorien avait été confié à la mémoire et à la tradition, et de ce que les signes, qui servaient à en fixer par écrit la formule traditionnelle, ne fournissaient à l'origine que des indications abrégées, suffisantes pour rappeler les mélodies à la mémoire, quand on les connaissait, mais ne pouvant suppléer par elles-mêmes à la tradition. « Du reste, comme le remarque dom Pothier[1], c'est là le caractère de ce que les anciens appelaient proprement *nota*, note. » La note en grammaire, la *nota* des *notarii*, est un signe d'écriture plus expéditif, exprimant par une lettre ou deux non seulement une syllabe, mais au besoin tout un mot, quelquefois toute une phrase ; la note en musique est un signe : lettre, point, accent ou marque quelconque, dont le but est d'exprimer soit un son, soit même toute une formule mélodique. Il y a eu de tout temps, et il existe encore aujourd'hui, de ces signes musi-

---

(1) Dom POTHIER, *Les Mélodies grégoriennes*, chap. III.

caux purement mnémotechniques qui, malgré leur forme essentiellement abrégée, suffisent aux chantres, parce qu'ils les connaissent d'avance.

On avait donc, dans l'antiquité, des moyens propres à représenter aux yeux les sons de la voix et à figurer une mélodie, mais des moyens insuffisants et ne dispensant point d'un long enseignement oral. Un moine de Pompose, au XIe siècle, Guy d'Arezzo, vint simplifier tout ce travail : par le don d'une intelligence supérieure, il pénétra toute la science musicale de son temps et surtout eut l'art de l'exposer clairement dans ses écrits; il n'inventa point la gamme, connue bien avant lui, mais il donna un nom court et aisé à chacune des notes qui la composent. Ces noms, formés d'une seule syllabe, furent, comme on le sait, tirés de la première strophe de l'hymne à saint Jean-Baptiste. Chacune de ces syllabes montant d'un ton ou d'un demi-ton, sept mots suffisaient pour fournir ainsi un moyen mnémonique qui permettait de retenir facilement le nom et la place des notes.

Les travaux de Guy d'Arezzo, bien vite répandus par la copie, rendirent célèbres dans toute l'Europe et son nom et ses découvertes. Sa méthode eut un succès prodigieux : en la suivant, jeunes gens, jeunes filles apprenaient par eux-mêmes des mélodies inconnues, et avec plus de facilité qu'on ne le faisait autrefois sous la direction d'un maître ou à l'aide d'instruments[1]; les enfants exécutaient à vue des morceaux qu'ils n'avaient jamais entendus; et en présence de toutes ces merveilles, les vieillards formés selon l'ancienne méthode, ne pouvaient revenir de leur étonnement et de leur admiration[2].

(1) « Claruit his etiam temporibus Guido Aretinus... et musicus omnium suo tempore celeberrimus; in hoc etiam præferendus cæteris, quod ignotos cantus pueri et puellæ per ejus regulam in manu facilius jam discant per se, quam antea per vocem magistri, vel cujuscumque usum instrumenti. » (*J. Trithemii Chronicon Hirsaugiense, ad annum 1020*).

(2) «... Instruxit (Rodulphus) etiam eos arte musica secundum Guidonem, et primus illam in claustrum nos-

Une nouvelle impulsion était donnée aux études musicales. Il n'est guère d'auteurs remarquables qui n'aient, à cette époque, écrit sur le chant. Leurs œuvres, longtemps oubliées ou méconnues, sont étudiées maintenant, et on y découvre des trésors. Nos pères, qui avaient l'âme poétique et religieuse, aimaient le chant, et par-dessus tout les chants de l'Église; ces chants sacrés, soutenus par le jeu de l'orgue et des instruments à cordes et à vent, devenaient un attrait puissant pour leur piété, attrait que nous ressentirons nous-mêmes, lorsque ces chants nous seront restitués intégralement, avec leur mode d'exécution. C'est surtout dans les versets alléluiatiques et les séquences ou proses qui suivaient le graduel, que l'enthousiasme religieux se donnait carrière : des modulations variées rendaient,

---

trum introduxit, stupentibusque senioribus faciebat illos visu et subito cantare tacita arte magistra, quod nunquam auditu didicerant. » (*Gesta abb. Trudon.*, lib. VIII, cap. IV. Continuatio. *Patrol.*, t. CLXXIII, col. 116).

dans une mesure toujours contenue, mais vive, forte, expressive, tous les sentiments que le cœur chrétien éprouve selon la fête qui est célébrée, la joie ou la douleur, l'abattement ou le triomphe. On y poussait, dit Châteaubriand, le son à toute l'étendue de la voix; elles produisaient des effets si extraordinaires qu'une femme en mourut de ravissement et de surprise [1].

C'est qu'en même temps qu'on approfondissait la science du chant, on apprenait à donner à la voix plus de douceur et de flexibilité. Certains auteurs du temps trouvaient même qu'on n'y réussissait que trop. « Écoutez ces voix, disait Jean de Salisbury : vous croiriez entendre des sirènes plutôt que des hommes; la merveilleuse souplesse de leur gosier défie les rossignols et les perroquets. Ces savantes modulations charment les audi-

---

(1) CHATEAUBRIAND, *Analyse raisonnée de l'hist. de France.*

teurs et les ravissent au point de leur enlever la liberté de leur jugement. Si cet art est poussé trop loin, il attise le feu des passions au lieu de nourrir la dévotion. Renfermez-le dans de justes limites, il affranchit l'âme de ses peines, met en fuite les soucis et les inquiétudes de la vie, et nous élevant doucement à la pensée de Dieu, nous donne part à la félicité et à la joie des anges [1]. » Jean de Salisbury ne pensait pas sur ce point autrement que les plus illustres docteurs du XIIe siècle. S. Bernard, consulté par un abbé sur la manière de solenniser dignement la fête d'un patron, répondait : « Que vos chants soient graves, ni trop raffinés, ni trop incultes; qu'ils aient de la suavité sans mollesse. Ce n'est pas assez qu'ils charment l'oreille s'ils ne touchent le cœur; qu'ils soient de nature à en dissiper la tristesse, à en adoucir l'amertume. Au lieu d'affaiblir le sens des paroles, qu'ils les

---

[1] SARESB., *Policrat.*, I, VI.

rendent plus fortes et plus frappantes. C'est un grand préjudice pour la piété, lorsque le charme de l'harmonie nous détourne des pensées utiles et nous rend plus attentifs aux inflexions de la voix qu'aux choses mêmes que celle-ci doit servir à insinuer dans les âmes [1]. »

Nous parlions tout à l'heure d'instruments de musique. Cultivait-on beaucoup dans les écoles l'art de jouer des instruments, nous ne saurions l'affirmer. La vie de Notker le Bègue, moine de Saint-Gall, nous présente les noms de trois artistes distingués : Notker lui-même, et ses deux confrères Ropert et Tutilon. Ce dernier joignait aux talents de l'orateur, du ciseleur, de l'orfèvre et du peintre, celui du musicien; il était habile entre tous à manier les instruments à corde et à vent, et il donnait des leçons de son art aux enfants de

---

[1] S. Bern. Epist. 398, ap. MIGNE, *Patrol.*, t. CLXXXII, col. 610-611. Traduit par M. l'abbé DEMIMUID, *Jean de Salisbury*, p. 88.

la noblesse[1]. Il est probable qu'en dehors de la classe noble, qui cherchait dans la musique un délassement, les moines seuls et les clercs devaient, pour d'autres motifs, apprendre à jouer des instruments.

Arithmétique. — L'arithmétique, « la première aile du mathématicien », comme on disait au moyen âge, d'après Platon, fut étudiée avec autant de bonne volonté que peu de succès. L'ignorance était si générale et si profonde, que Gerbert, qui fit quelque progrès dans cette science, passa, aux yeux de nombre de ses contemporains, pour un magicien et un sorcier. Que pouvait-on enseigner dans les écoles ? Quelques opérations très élémentaires, semblables à celles auxquelles les fils des cen-

---

[1] « Erat (Tutilo) valde eloquens, voce clara et dulci, celaturæ elegans, picturæ artifex, ac mirificus aurifex; musicus sicut et socii, sed in omnium genere fidium et instrumentorum et fistularum præ omnibus : nam et filios nobilium in loco ab Abbate destinato fidibus edocuit. » (B. *Notkeri Balbuli Vita*, auctore Ekkehardo, cap. IV.)

turions, à Rome, donnaient toute leur attention. « Dis-moi, fils d'Albinus, si de cinq onces on en retire une, combien reste-t-il ? — Un tiers d'as. — Très bien, tu pourras conserver ton bien [1]. » Il n'est pas exorbitant de croire que les petits villageois du temps s'élevaient jusque-là ; mais, peut-être aussi, ne dépassaient-ils guère ce niveau.

On se servait alors, pour le calcul, à l'imitation des Grecs et des Romains, d'une table ou d'une planche, appelée *abacus*, sur laquelle on traçait des colonnes dont le nombre était toujours proportionné à l'étendue des sommes qu'on voulait multiplier ou diviser. Chacune de ces colonnes était divisée en compartiments, sur lesquels on mettait les signes représentant tous les nombres, c'est-à-dire nos neuf chiffres improprement appelés arabes. Le zéro étant alors inconnu, on laissait en blanc la place qu'il aurait occupée. Une colonne était destinée aux

---

(1) HORAT., *Ad Pisones*, 327.

unités, une autre aux dizaines, une troisième aux centaines, et ainsi de suite. Malgré ces dispositions régulières, l'agencement des chiffres était, dit M. Léon Maître, tellement compliqué qu'on ne pouvait effectuer l'opération avec sécurité qu'après un long exercice, car chaque cas particulier se résolvait d'une manière différente.

Les difficultés qu'offrait l'arithmétique auraient pu éloigner de son étude. Mais elle avait une application qu'on ne devait à aucun prix négliger, à savoir, le comput ecclésiastique, cet ensemble de calculs chronologiques nécessaires pour construire le calendrier, tels que le Cycle Solaire, le Nombre d'Or, l'Épacte, l'Indiction, les Fêtes mobiles, et spécialement la fête de Pâques, de laquelle dépendent plusieurs autres. Aussi Charlemagne avait-il fait venir de Rome des maîtres habiles dans le comput[1] et ordonné que cette science fût enseignée dans les écoles

---

(1) BARON., *Annal.*, anno 789, n. 69.

ecclésiastiques. L'Église, particulièrement intéressée dans la question, s'unit à lui pour faire aux clercs, aux moines, voire même aux religieuses, une obligation stricte de l'étude du comput.

Dans cette revue des divers objets de l'enseignement, nous ne ferons point entrer la médecine. Et cependant il y a un capitulaire de l'an 805, intitulé : « De medicinali arte, ut infantes hanc discere mittantur. » Comme le remarque Thomassin [1], il ne pouvait être vraisemblablement question que de préceptes bien simples d'hygiène ou des remèdes les plus usuels. La médecine fut pendant longtemps très étudiée dans les monastères, mais par des jeunes gens et des hommes, non par des enfants.

RELIGION. — Si l'on prend l'homme tel qu'il est constitué et dans les conditions où il se trouve actuellement placé, quel est le point de départ de toutes ses connaissances ? Ce

---

(1) THOMASSIN, *Ancienne et Nouv. Discipline ecclés.* Partie II, liv. I, chap. XCVI.

sont, comme on le sait, les données des sens. Les sens nous présentent les objets dans leur état concret et individuel, ou plutôt nous manifestent leurs qualités sensibles, forme, mouvement, couleur, son, etc. L'esprit, en s'y appliquant, les analyse, les décompose, et, au moyen de certaines opérations de la faculté discursive, il en dégage des notions générales, c'est-à-dire ce qu'il y a d'un et d'identique, de constant et d'universel dans un objet. A ce moment, l'être humain s'est élevé infiniment au-dessus de l'animal, il a de véritables connaissances. Mais l'univers n'est pas un pur ensemble de phénomènes sans cause, sans loi et sans but. Étudier les phénomènes pour découvrir les lois qui les régissent, et de ces lois déduire de merveilleuses applications à la vie humaine; pénétrer, autant qu'il nous est donné de le faire, la nature intime des êtres, leurs propriétés, leurs divers modes d'action; diviser et classer tous ces êtres dans un système qui se rapproche le plus possible de l'ordre réel des choses; c'est déjà là un beau travail, ce travail se bornât-il au monde matériel. Mais un autre monde s'est révélé de bonne heure à notre conscience, monde plus mystérieux en apparence, et en réalité plus aisé à connaître, à coup sûr plus intéressant, puisque c'est notre âme avec ses pensées, ses sentiments et ses amours, ses déterminations et ses actes. Supposons que cette nouvelle étude soit poursuivie avec le même succès. L'esprit humain a parcouru tout l'univers visible, depuis les entrailles de la terre où son regard essaie de plonger, jusqu'à ces astres infiniment éloignés que rapprochent de nous des instruments d'une étonnante puissance; puis il s'est étudié lui-même. Est-il satisfait, et ne lui reste-t-il plus rien à connaître? S'il s'arrêtait là, le monde entier demeurerait pour lui une énigme, car il ne connaîtrait ni la cause première ni la fin dernière des êtres. Il doit donc aller plus loin, et de causes en causes remonter jusqu'à Dieu : la connaissance de Dieu est le couronnement de tout l'édifice de la science.

C'est ainsi que l'entendait le moyen âge. Toutes les branches d'études, dans l'esprit général du temps, étaient rapportées à un objet unique et à un même but, la connaissance de Dieu, non pas seulement du Dieu que la raison révèle, mais du Dieu en trois Personnes, du Dieu fait Homme que la théologie enseigne. « Omnis scientia debet referri ad cognitionem Christi, » disait un docteur du XIIIe siècle, Jacques de Vitry. La théologie, voilà la science suprême, dont les autres n'étaient que la préparation : « Debet scholaris ire per viam ad puteum (ut Isaac), id est per scientias adminiculantes ad theologiam [1]. »

Ce qu'était la théologie pour les savants, le catéchisme l'était pour les ignorants; le catéchisme, ce petit livre où l'on trouve, dit Jouffroy, une solution à toutes les questions

---

[1] Cf. M. Lecoy de la Marche, *La Chaire Française au Moyen Age*, p. 423.

qui intéressent l'humanité : « Origine du monde, origine de l'espèce, question de races, destinée de l'homme en cette vie et en l'autre, rapports de l'homme avec Dieu, devoirs de l'homme envers ses semblables, droits de l'homme sur la création, droit naturel, droit politique, droit des gens; car tout cela sort, tout cela découle avec clarté et comme de soi-même du christianisme. » Ce n'est pas que l'enfant fût alors plus qu'aujourd'hui en état de comprendre toutes ces questions, quelque soin qu'on mît à les éclaircir par des faits et des exemples, encore moins de saisir certaines vérités de la religion qui, pour tous, demeurent des mystères. Il acceptait cet enseignement qui surpassait sa raison sans la choquer, qui lui offrait une explication si plausible de la condition actuelle de l'homme; il l'acceptait, parce qu'il avait foi en ceux qui le lui donnaient; il se rendait, selon le mot de Bonald, à l'évidence de l'autorité. Heureuse disposition, sans laquelle aucune éducation ne serait possible, disposition accrue encore dans l'âme de l'enfant chrétien par les vertus infuses que le Saint-Esprit y dépose, au moment où il en prend possession par le baptême. Nous nous servons à dessein du langage de la religion, parce que la société que nous étudions était foncièrement chrétienne, et l'école par suite *confessionnelle*, c'est-à-dire catholique.

Cet esprit éminemment catholique, comment n'aurait-il pas comme enveloppé l'enfant dès son entrée en ce monde ? Il rayonnait dans les actes de la vie publique comme dans ceux de la vie privée. On lit au Prologue de la loi salique : « L'illustre nation des Francs a Dieu pour fondateur, elle est puissante dans la guerre, fidèle dans la paix, profonde dans le conseil. Elle est belle de corps et remarquable par sa blancheur, audacieuse, rapide, terrible, récemment convertie à la foi catholique et pure de toute hérésie... Vive le Christ qui aime les Francs ! » Depuis que ces nobles paroles avaient été écrites au frontispice de ses lois, la France avait mérité le glorieux surnom de *fille aînée* de l'Église. Les duchés ou petits royaumes qui l'environnaient et qui devaient, un jour, quelques-uns même bientôt[1], unir leurs destinées aux siennes, tels que la Lorraine, la Normandie et la Bretagne, rivalisaient avec elle d'ardeur religieuse. Comment tout ce peuple n'aurait-il pas fait la plus large part à la religion dans un système d'enseignement ?

Le catéchisme était donc le but de l'instruction primaire, comme le salut est le but de la vie. Ce n'est point là d'ailleurs une conception particulière au moyen âge. On ne citerait pas un législateur sérieux qui n'ait attaché la même importance à l'enseignement religieux. Frédéric II, ce prince d'une incrédulité notoire, pensait et agissait, à cet égard, comme nos rois très chrétiens. Dans le *Règlement général* des écoles, promulgué, par lui, le 12 août 1763, et qui a été jusqu'à ce jour la

---

[1] La Normandie, par exemple.

charte des droits et des devoirs du régime scolaire en Prusse, on lit ces mots : « Nous croyons nécessaire et utile de poser les fondements du véritable bien-être de nos peuples en constituant une instruction raisonnable, en même temps que chrétienne, pour donner à la jeunesse, avec la crainte de Dieu, les connaissances qui lui sont utiles... Les enfants ne pourront quitter l'école avant d'être instruits des principes du christianisme et de savoir bien lire et écrire... Les instituteurs, plus que les autres, doivent être animés d'une solide piété... Avant toutes choses, ils doivent posséder la vraie connaissance de Dieu et du Christ, en sorte que, fondant la rectitude de leur vie sur le christianisme, ils accomplissent leur mission devant Dieu, en vue du salut, et qu'ainsi, par le dévouement et le bon exemple, rendant heureux leurs élèves en cette vie, ils les préparent encore à la félicité éternelle[1].

---

(1) Cité par M. CHARLES DE RIBBE, *Les familles et la société en France avant la Révolution*, t. I, p. 332.

Ce langage qui sent terriblement le moyen âge, peut paraître étonnant, et, si les textes n'existaient, personne ne s'aviserait de le mettre dans la bouche de l'ami de Voltaire. On dira peut-être que c'est une concession à l'esprit du temps. Quand même il en eût été ainsi, nous ne voyons pas en quoi Frédéric II serait répréhensible aux yeux des incrédules. Un législateur doit respecter les croyances de son peuple, quand ces croyances sont saintes, qu'elles contiennent le code de morale le plus complet et le plus auguste, qu'elles offrent des consolations pour cette vie et les plus magnifiques espérances pour l'autre. Le respect, dans ce cas, est un acte de bonne politique, mieux encore, de stricte équité. Mais, pour conserver ces traditions séculaires, pour exiger, des instituteurs, des convictions religieuses et leur faire une obligation de prêcher par l'exemple en même temps que par la parole, le roi de Prusse devait avoir de meilleurs motifs : approuvant l'incrédulité chez un petit nombre de beaux esprits qui aiment à se jouer de tout, qui ne cherchent, dans les variations qu'ils exécutent sur le pour et le contre, qu'un plaisir de dilettante, il devait la redouter pour la masse de la nation; car le peuple, qui est logique à sa manière, va jusqu'aux dernières conséquences des principes posés.

Méthode. — Après avoir exposé l'objet de l'enseignement primaire, nous ne pouvons nous dispenser d'indiquer, au moins d'une manière générale, la méthode suivie alors pour débrouiller et développer l'intelligence des enfants. Il est vrai, ce travail est déjà fait en partie; nous n'avons point parlé d'écriture, de grammaire ou de chant, sans dire quelques mots des procédés employés pour former la main, la voix et l'esprit. Il nous reste seulement quelques considérations à présenter. Dans les exemples que nous apporterons, nous serons exposés à sortir des limites de l'enseignement primaire. Mais quand la ligne de démarcation, entre les divers degrés de l'enseignement, n'est pas rigoureusement marquée; que, d'autre part, les documents à citer n'abondent pas, il est difficile de se tenir dans des bornes bien déterminées. Du reste, s'il y a des méthodes particulières pour l'enseignement de chaque art et de chaque science, il y a aussi, pour la formation intellectuelle de l'homme, une méthode générale, destinée à assurer et à féconder son travail, à quelque occupation qu'il s'applique, et qui est tirée de la connaissance de l'esprit humain lui-même, de ses dispositions, de ses résistances, des moyens d'utiliser les unes et de triompher des autres. C'est uniquement cette méthode que nous avons en vue. Or, elle ne change pas, dans ses formes essentielles, selon les différents âges.

On a cherché dans tous les temps le moyen pratique de vaincre la paresse si ordinaire aux enfants, de les animer au travail, de leur en faire prendre l'habitude, puisque rien ne peut se faire en eux sans leur concours. Après avoir tout examiné, on est obligé de confesser que ce moyen aussi simple qu'efficace est encore de leur témoigner une affection vraie, de porter un intérêt réel à leurs études. L'enfant comme l'homme vit, j'allais dire comprend par le cœur autant et plus que par l'esprit; il sera touché tôt ou tard des soins désintéressés qu'on lui donne, sa valeur morale lui sera révélée par l'estime même qu'on en fait, et alors sa volonté conspirera avec celles qui s'efforcent de le rendre meilleur, de *l'élever*.

Les maîtres de l'enfance, au XIIe siècle, n'ignoraient pas plus que nous ces secrets du cœur humain. Dans le commerce que nous avons essayé d'entretenir avec eux, il ne nous a point paru qu'ils se recommandent auprès de la postérité par la précision et l'étendue des connaissances; mais nous avons été frappé, sans en être étonné d'ailleurs, de leur dévouement à l'égard de leurs élèves. Si le zèle, l'application au devoir est la qualité principale du professeur, ils ont mérité d'être offerts en exemple à tous les siècles. Enseigner les sciences ou la haute littérature à des esprits cultivés, désireux de marcher à la suite du maître, capables d'apprécier sa valeur, c'est un métier qui a ses charmes en même temps que ses labeurs. Mais vivre avec des enfants incultes et souvent grossiers, s'attacher avec persévérance à ouvrir ces faibles intelligences et polir ces rudes enveloppes, se complaire dans ces fonctions obscures par le pur amour des âmes, voilà ce qui doit paraître admirable. Un pareil dévouement peut encore emprunter je ne sais quoi de particulièrement touchant et respectable à la qualité de la personne qui l'exerce. Or, en ces siècles laborieux du moyen âge, si l'instruction des enfants était confiée à de simples moines ou clercs, les chefs des plus grands monastères, des évêques mêmes y prenaient aussi part, se montrant pères surtout par cette sollicitude envers les petits et les faibles de leur troupeau. Éracle, évêque de Liège, ne dédaignait pas, dit un chroniqueur, de visiter fréquemment les écoles de sa ville épiscopale, de faire lire les enfants devant lui, de leur expliquer les passages qu'ils ne comprenaient pas, s'engageant à répéter cent fois, s'il le fallait, l'explication donnée [1].

Ce trait, rapporté par une vieille chronique, ne montre pas seulement un évêque dévoué de cœur à l'éducation, mais un esprit intelligent des besoins de l'enfance. Ce qui est utile à cet âge, ce ne sont pas les exposés savants et les brillants discours, mais les mêmes bonnes et simples choses souvent redites. On l'entendait de même à Trèves, où il était expressément recommandé de tourner et de développer les choses en cent façons, jusqu'à

---

[1] « Quas scholas ipse vicissim non indignum duxit frequentare, majusculis lectiones tradere, si quid minus in lectione intelligerent, benignissime enodare, spondens quæ non facile paterent intellectui, se eis vel centies aperiendo iterare. » (ÆGIDIUS, *De Gestis Episcop. Leod.*, t. I, in additionibus ad cap. XLVII apud LAUNOI, p. 36).

ce que les écoliers eussent compris[1]. Procédé lent, dira-t-on ; soit, mais le succès de l'enseignement est à ce prix. S'il est des esprits vifs et impétueux, toujours pressés, après avoir exposé une question, de passer à une autre, ils ne sont point aptes à diriger les enfants. Avec les enfants plus fait patience et longueur de temps.

Le dévouement des maîtres, quand il est sincère et qu'il ne se dément pas, fait impression sur les élèves, il excite parmi eux une généreuse émulation. Guibert de Nogent, qui avait eu pour premier professeur le pédagogue ignorant que nous savons, n'avait pu voir, sans en être touché jusqu'au fond de l'âme, la sollicitude dont celui-ci l'entourait. Maladresse, sévérité extrême, dureté même, tout disparaissait à ses yeux devant cette vigilance, ces soins continuels, cette tendresse inquiète plutôt d'un père que d'un maître. « J'avais conçu pour lui,

---

[1] RIANCEY, *Hist. de l'Instruction publique*, t. I.

dit-il, un tel sentiment d'amitié, quoique je fusse pour mon âge un peu lourd et timide, et quoiqu'il eût plus d'une fois, sans motifs, marqué ma peau délicate de coups de fouet, que loin d'éprouver la crainte qu'on éprouve communément à cet âge, j'oubliais toute sa sévérité, et lui obéissais avec je ne sais quel naturel sentiment d'amour[1]. » Et en effet le pauvre enfant, mû par la reconnaissance autant que par le désir d'avancer, redoublait d'efforts et s'épuisait dans un travail ingrat. Quels progrès n'eût-il pas faits sous la direction d'un maître moins incapable?

Heureusement la bonne volonté des élèves était pour l'ordinaire soutenue par des maîtres plus habiles. On peut être, même aujourd'hui encore, justement étonné des succès obtenus par quelques-uns d'entre eux. Lorsque Rodulfe fut chargé de l'école de l'abbaye de Saint-Tron, il la trouva dans un état de négli-

---

[1] GUIB. NOVIG., *De vita sua*, lib. I, cap. VI.

gence déplorable. Il y eut bientôt remis l'ordre. Nous avons raconté ce qu'il fit pour l'enseignement du chant. Sa manière d'enseigner la langue latine ne parut pas moins remarquable. On lui livrait des enfants à peine instruits des premiers principes de la grammaire, et dans le cours d'une année il les rendit capables de composer en vers et en prose[1]. La chronique ajoute que les moines de Saint-Tron, attardés dans les vieilles méthodes, ne pouvaient s'expliquer des progrès d'une rapidité si surprenante. Nous l'en croyons sans peine; plus d'un professeur du XIXe siècle voudrait avoir le secret de Rodulfe, ou des élèves aussi dociles.

Bernard de Chartres acquit encore un plus grand renom, en suivant une méthode plus rigoureuse et plus savante. Ce célèbre professeur, un des plus accomplis du XIIe siècle, eut le bonheur de compter parmi ses auditeurs un

---

[1] *Spicil. Acher.*, t. VII, p. 440.

digne appréciateur de son mérite, Jean de Salisbury. Voici ce que ce dernier dit de son professeur de grammaire : « Bernard de Chartres, loin de se renfermer dans ce qui appartient à la grammaire, entrecoupait la lecture de mille observations, tantôt sur le choix des mots et des pensées, tantôt sur la variété et la convenance du style. S'il se présentait quelque trait relatif aux autres sciences, il avait soin de l'éclairer en mettant ses explications à la portée de ses auditeurs. Il cultivait soigneusement la mémoire de ses élèves en les obligeant à lui réciter les plus beaux morceaux des historiens ou des poètes commentés en classe, et les questionnait toujours sur ce qu'ils avaient entendu la veille. Il les exhortait à éviter dans leurs lectures particulières tout ce qui n'était bon qu'à repaître une vaine curiosité et leur donnait tous les jours en exercice des compositions en vers et en prose. En suivant cette méthode, quiconque avait passé une année à l'école de Bernard, se trouvait en état de raisonner et d'écrire, à moins qu'il n'eût l'esprit bouché ou qu'il refusât de s'appliquer[1]. » M. Léon Maître fait sur ces paroles une réflexion pleine de justesse : « Jean de Salisbury se félicite avec raison d'avoir suivi cette méthode, car c'est à elle qu'il est redevable, comme tous les écrivains du XIIe siècle, de la pureté et du bon goût de ses écrits. C'est pour l'avoir abandonnée que les écrivains du XIIIe siècle sont demeurés si au-dessous de leurs devanciers, et ont laissé si peu d'œuvres d'un véritable mérite littéraire[2]. »

Une question connexe à celle que nous traitons est relative à la langue dont on faisait usage dans l'enseignement primaire. On sait maintenant, après les nombreux travaux qui ont été faits depuis un demi-siècle, et qui ont éclairci le problème des origines de notre langue, on sait, dis-je, que le peuple dans les

---

[1] JOAN. SARESB., *Metal.*, I, 24.
[2] M. LÉON MAÎTRE, *loc. cit.*, p. 219.

Gaules ne parla jamais le latin classique ou littéraire, mais le latin vulgaire et plébéien, latin qui ressemblait aussi peu à la langue de Virgile, dit M. Brachet, que le français enseigné par nos soldats aux Arabes en Algérie ressemble à l'idiome de Bossuet ou à celui de Châteaubriand[1]. Ce latin, importé en Gaule par les soldats et les colons, s'y acclimata rapidement et devint la langue courante de toute la classe illettrée, excepté en certains points isolés, et notamment en Armorique, où le celtique trouva un refuge. Dès le ve siècle, saint Prosper recommandait aux prêtres de négliger le latin classique et de se servir du latin rustique[2]. « Le latin savant, disait Grégoire de Tours un siècle plus tard, dans la Préface de son Histoire, est compris de peu de personnes, le latin rustique est accessible à beaucoup. » Cette remarque l'amenait à penser

[1] M. A. BRACHET, *Grammaire historique*, Introduction.
[2] S. PROSP., *De vita contemplat.*, l. 1, cap. XXIII.

que le temps n'était plus d'imiter la correction savante des grands historiens de Rome, et le décidait à prendre sans scrupule mille libertés avec la grammaire. Son homonyme de Rome, saint Grégoire le Grand, éclairé par la même expérience, allait jusqu'à se glorifier de ses barbarismes et à s'indigner de soumettre la loi de Dieu aux lois du grammairien Donat[1].

Tous ces faits signalent assez nettement la décadence rapide du latin. Le latin classique ne tombera pas, il refleurira même aux XIe et XIIe siècles, il continuera d'être une langue parlée et écrite, mais uniquement dans les écoles et dans les correspondances entre savants. Le latin populaire, lui, se transforme, il devient peu à peu la langue romane, langue où des formes nouvelles révèlent le tour et l'originalité d'esprit d'un peuple nouveau. « Quelque chose de plus vif et de plus court, un désir plus marqué de précision et de netteté, ce que

---

[1] *Commentarium in libr. Job. Epist. ad Leandrum.*

les grammairiens appellent l'esprit analytique du français, opposé au caractère synthétique des langues anciennes, commencent à percer dans le parler populaire et hâtent tout ensemble la ruine de la syntaxe latine et la formation d'une autre syntaxe [1]. » Encore un peu de temps et la transformation sera complète. Dès le commencement du IX° siècle, la langue *romane* s'est si bien substituée au latin dans l'usage populaire, le latin est devenu si peu intelligible au peuple, que les Capitulaires de Charlemagne et les conciles, ceux de Tours et de Reims, en 813, celui d'Arles en 851, ordonnent aux évêques de prêcher en roman et de traduire en roman le latin des homélies des Pères [2]. Il y a plus : les clercs et les

---

(1) M. AUBERTIN, *Hist. de la Langue et de la Littérat. Française au Moyen Age,* t. I, p. 56.

(2) Voici le texte du concile de Tours, XVII° canon : « Easdem homilias quisque episcopus aperte transferre studeat in rusticam romanam linguam, aut theotiscam, quo facilius cuncti possint intelligere quæ dicuntur. » (LABBE, *Concil.*, t. IX, col. 351.) Autre témoignage

laïques de la classe lettrée finissent par ne plus entendre le latin. Au concile de Mousson, en 995, l'évêque de Verdun, Haimon, harangua en français. Le concile d'Arras, en 1025, ayant rédigé une profession de foi pour les hérétiques, la fit *enromancer* ou traduire en français. Au concile de Reims, tenu en 1119 sous la présidence de Callixte II, l'évêque d'Ostie avait exposé en latin la suite des questions à étudier; l'évêque de Châlons dut, sur l'ordre du pape, traduire le discours dans la langue maternelle des laïques et des clercs [1].

Ainsi donc, au moment où la dynastie capétienne s'établissait sur le trône, la langue

significatif : « Un des moyens qu'il (l'évêque Alduin) employa pour l'instruction du peuple fut de lui donner en langue vulgaire la vie de J.-C. de sa façon. » (*Hist. littér.*, t. VII, p. 47.)

[1] « Tunc Dominus papa Ostiensi episcopo injunxit, ut universo concilio latine ordinem causæ exponeret. Quod cum prudenter episcopus Ostiensis perorasset, iterum Catalaunensis episcopus, ex præcepto Domini papæ, hoc idem clericis et laicis materna lingua exposuit. ». (LABBE, t. X, col. 874.)

romane devenait la langue commune des peuples de la Gaule ; le tudesque était refoulé en Allemagne, et les débris du celtique au fond de la Bretagne. Quant au latin, il passait à l'état de langue savante, bien qu'il fût encore parlé couramment par les gens instruits. Avant la fin du XIe siècle, le français, ou plutôt le dialecte normand, devenait également la langue de la cour et de la noblesse d'Angleterre[(1)]. Guillaume le Conquérant, dit Ingulfe dans son *Histoire de l'Abbaye de Croyland*, détestait la langue anglaise ; il ordonna que les lois et les actes judiciaires fussent écrits en français, et que l'on enseignât aux enfants dans les écoles les premiers rudiments des lettres en français.

La question que nous nous sommes posée est maintenant facile à résoudre : on ne pouvait instruire les enfants que dans la langue qu'ils avaient apprise et qu'ils comprenaient,

---

(1) Cf. M. Augustin Thierry, *Conquête de l'Angleterre*, t. IV.

c'est-à-dire, dans la langue romane. Cette langue avait déjà produit des œuvres, comme la *Cantilène de sainte Eulalie*, la *Passion du Christ*, la *Vie de saint Léger*; elle allait en produire de plus remarquables et offrir à tous des sujets variés de lecture et de chant, sujets où l'on serait sûr de retrouver les deux grandes choses qui doivent tout d'abord remplir le cœur et l'esprit des enfants, à savoir la religion et la patrie.

Nous ne voulons pas dire que le latin fut écarté complètement de l'enseignement primaire : on apprenait aux enfants, comme on le fait encore dans les petites écoles, à le prononcer et à le lire, pour les mettre à même de suivre les offices de l'Église et de chanter au lutrin. Probablement même, les livres latins étant beaucoup plus communs que les autres, se servait-on de ces livres pour initier les élèves à la lecture; cette conjecture semblerait confirmée par le fait suivant. Einolde, archidiacre de Tours et destiné à être le premier abbé de Gorze, s'était retiré dans une cellule. De là un jour il entend une voix d'en haut qui paraît s'adresser à lui et lui dit ces paroles : « Sustollam te super altitudines terræ, et cibabo te hereditate Jacob patris tui : je t'élèverai sur les hauteurs de la terre, et je te donnerai pour ta subsistance l'héritage de Jacob ton père. » Einolde, étonné, se demande d'où peut venir cette voix; puis, se ravisant, il envoie son serviteur faire enquête auprès des écoles du voisinage : et, en effet, c'était un enfant qui venait de réciter un passage du prophète Isaïe[1]. Ainsi on aurait appris aux enfants à lire dans des livres latins. Mais là devait se borner cet enseignement très élémentaire, et, du reste, très suffisant. Beaucoup de maîtres n'en savaient pas davantage.

Il n'en était pas ainsi dans les écoles où se donnaient l'enseignement secondaire et l'enseignement supérieur : là il y avait ordre de

---

(1) Mab., *Act.*, t. VII, p. 375.

ne parler que latin, et ce fut la coutume constante du moyen âge. Gerson, dans un règlement fait pour l'école de la cathédrale, mettait parmi les causes de punition : parler français. Les statuts du collège de Saint-Ruf, établi à Montpellier en 1368, prescrivaient aux élèves de ne jamais parler que latin dans leurs conversations, « quia ferrum ferro acuitur, et plus valet collatio quam lectio [1]. » Les Jésuites, plus tard, furent un peu moins exigeants, ils permirent l'usage du français en récréation et les jours de fête. On pourra trouver excessif cet engouement de nos pères pour les langues anciennes. Il faut avouer cependant que les écrivains du XVIIe siècle n'avaient pas trop mal appris le français dans les auteurs grecs et latins.

Les idées ont depuis singulièrement changé, et les études de langues anciennes tombent de

---

[1] Cf. A. GERMAIN, *La Faculté des Arts de Montpellier*, p. 67.

jour en jour dans le discrédit public. Ce n'est pas qu'on renonce au profit qu'il est toujours possible de retirer, pour le goût, l'extension des connaissances et la formation morale, de la lecture des bons auteurs de l'antiquité; mais on ne tient plus au plaisir délicat de les goûter dans toute la majesté de leur idiome, comme disait Mme de Sévigné; on accepterait volontiers de se mettre en rapport avec eux par l'intermédiaire obligeant d'une traduction bien transparente. Le temps que l'on perdait autrefois à les déchiffrer serait consacré aux langues modernes, au dessin, à l'histoire et à la géographie, surtout aux sciences physiques et mathématiques, reines du monde, et voilà autant de gagné pour la jeunesse affairée de notre époque. On ne craint point d'ailleurs de manquer de traducteurs de bonne volonté, professeurs, membres de l'Institut ou fonctionnaires en retraite. Bien des gens ignorent que c'est là un moyen renouvelé, non pas des Grecs, mais des barbares du XIe et du XIIe siècle.

Seulement les seigneurs de ce temps prenaient le susdit moyen comme pis-aller, comme remède à des études insuffisantes, et nullement par système.

Il y a dans la chronique de Lambert, curé d'Ardres, un curieux chapitre intitulé : « Comment le conte Bauduin fist translater plusieurs livres. » Nous allons le citer, car il témoigne de quel désir de s'instruire étaient animés certains hommes de ce temps qui n'avaient fréquenté que les petites écoles. « Et pour ce que le dict conte Bauduin, par un vouloir de concupissence, entreprenoit la congnoissance de toutte science, et que de tout ne pouvoit avoir mémoire, il fist translater de latin en langaige maternel, luy estant seigneur d'Ardre, par un tres saige homme maistre Landericq de Waben, le livre des Canticques, affin d'en avoir l'intelligence et interprétation, non pas seullement au sens litteral, mais au sens misticque; et tres souvent les faisoit lire devant luy aveucques Évangilles, mêmes celles des dimanches, et les sermons à ce convenables. Sy leut aussy dilligemment la vie de Monseigneur sainct Anthoine, relligieux, que avoit curieusement redigié et translaté ung nommé Anfroy. Fist pareillement translater de latin en langue à luy cogneue par un homme tres entendu nommé maistre Godefroy, tres grande partie de la physicque. Luy fist aussy, luy present, et leut le livre de Solin foisant mention de la nature et propriété des choses en termes de physicque et philosophie; lequel livre on ne peult ignorer avoir esté laborieusement et par grand soing translaté de latin en langaige maternel et à la vérité par un vénérable père natif du pays de Guisnes, nommé maistre Simon de Boulongne, affin de captiver et gaingnier, mesmes d'estre entretenu en la grace du dict conte Bauduin qu'il avoit de long temps acquise. Semblablement fist le dict sieur escrire et accoustrer plusieurs livres d'église nécessaires pour le service et louenge de Dieu; lesquels il fist mettre et poser en divers lieulx en ses chapelles et oratoires. Acheta aussi et donna unes orgues au monastère de Guisnes, affin de les exciter et émouvoir au service divin.

« Que peult-on plus dire ? Il estoit si bien guerny de livres, que en théologie on l'eust équiparé à sainct Augustin, en philosophie à sainct Denis d'Athenes, ès choses poeticques à Thales Milesius ; en faceties et choses plaisantes, comme jeux et farces qui se font ès lieux publicqs et sur eschaffaulx portatifs de lieu à l'aultre, c'estoit le paragon [1]. »

L'abbé Lebeuf cite d'autres traductions qui remontent, selon lui, à la fin du XIe ou au commencement du XIIe siècle, les traductions des livres des Rois, du livre de Job et des Dialogues de saint Grégoire le Grand. « On les montre, dit ce savant chercheur, dans

---

[1] Traduction du temps de Charles VII et de Louis XI, auteur anonyme. — Édition de M. le marquis GODEFROY MENILGLAISE. Paris, Jules Renouard et Cie, 1855.

quelques bibliothèques de Paris⁽¹⁾. » Ne les ayant pas entre les mains, nous ne pouvons juger de la valeur de ces premiers essais. Mais on doit applaudir à la pensée qui inspira de semblables travaux. Ces témoignages irrécusables nous montrent que l'on se préoccupait alors, comme aujourd'hui, de l'instruction du peuple en mettant à sa portée les ouvrages réputés les plus utiles; ils montrent avec la même évidence que le grand nombre, qui n'avait pas le loisir ou les moyens de faire un long séjour dans les écoles, ne se désintéressait pas pour cela de toute culture intellectuelle.

(1) LEBEUF, *Dissertation sur l'état des sciences en France...*

CHAPITRE VII

Éducation. Discipline.

Éducation à la fois science et art. D'après quels principes et quelles vues cette œuvre doit être entreprise : insuffisance de la philosophie païenne; conception chrétienne de l'éducation. — But nettement déterminé, moyens employés pour l'atteindre; morale indissolublement liée à la religion dans le christianisme; formation de la conscience morale, actes de religion, esprit de foi. — Discipline des écoles. Double méthode; elle est surtout autoritaire au moyen âge. Surveillance exacte et persévérante; sévérité tempérée par une bonté virile. Mélange des sexes interdit. — Des châtiments; pratique suivie. — Douceurs accordées aux enfants. — Récréations, cantilènes, comédies.

L'ÉDUCATION, comme on le sait, est à la fois une science et un art. Envisagée comme science, elle est l'étude méthodique, la recherche rationnelle des fins qu'on se propose en élevant les enfants et des moyens les plus appropriés à ces fins; considérée comme art, elle n'est autre chose que l'ensemble des procédés qu'elle met en œuvre pour atteindre son but, et, à ce titre, elle prend plus spécialement le nom de pédagogie ou art d'élever les enfants.

Cette simple définition laisse assez voir que le rôle d'éducateur suppose chez celui qui le choisit ou l'accepte, sinon un grand fonds de savoir, du moins des doctrines bien exactes, une certaine expérience, surtout un sens naturel très droit. Tout le monde n'est donc pas apte à y réussir. Les sages de l'antiquité pensaient que l'éducation ne pouvait donner tous ses résultats qu'entre les mains et sous la direction d'un philosophe, c'est-à-dire d'un homme qui a médité longuement sur la nature humaine, ses facultés natives, ses tendances, ses motifs d'action; qui a scruté le mystère de notre origine et de notre destinée, et est parvenu à connaître, autant que possible, les conditions de notre existence au milieu des autres êtres de l'univers; d'un homme enfin qui à ses réflexions solitaires a joint l'observation sociale, l'étude des caractères, et qui de son commerce avec le monde a retiré des trésors de préceptes pratiques. S'ils désiraient la science et une expérience consommée, ils n'étaient pas moins exigeants pour la pureté des mœurs; car, dit Plutarque traduit par Amyot, « la source et la racine de toute bonté et toute preudhommie est d'avoir esté de jeunesse bien instruict [1] ». Quintilien, toujours consciencieux, insistait sur ce dernier point ; il recommandait de faire choix d'un précepteur vertueux : « præceptorem eligere sanctissimum quemque, cujus rei præcipua prudentibus cura est [2]. »

Principes excellents, conseils fort sages, mais peu suivis alors, pour diverses raisons que les anciens indiquent eux-mêmes, par suite surtout des difficultés qu'une si belle théorie présentait dans son application. Les anciens, en tra-

---

[1] PLUT., *De educatione puerorum,* cap. VII.
[2] QUINTIL., *Orator. Institut.*, lib. I, cap. III.

çant le modèle d'une parfaite éducation, n'avaient pas tort d'exiger toutes ces notions qui, pour être nommées par nous psychologiques et métaphysiques, n'en sont pas moins simples et accessibles à toute saine intelligence. Comment gouverner une âme, si on ne connaît pas les ressorts qui la font agir, les lois qu'elle suit, les motifs auxquels elle obéit? Quelle direction lui donner, si on ne sait ni d'où elle vient ni où elle va? Mais, et c'était là que gisait la difficulté, où trouver l'école, le philosophe, le penseur quelconque qui eût résolu ces questions d'une façon satisfaisante? On était arrivé à connaître tout de l'âme, excepté son origine, sa nature, ses vrais rapports avec Dieu. Qu'on ne dise pas que ce sont là des vérités d'ordre purement scientifique. La morale, dont elles sont la base et le couronnement, la direction de toute la vie en dépendent. Le commun des hommes ne s'intéresse guère aux discussions savantes qui le dépassent et qu'il prend volontiers pour des arguties, de vaines subtilités, amusement des esprits curieux et oisifs; mais il a besoin de notions claires, de principes fermes et bien arrêtés, qui s'imposent à lui sans conteste, qu'on ne puisse remettre en question. Une vérité contestée perd de son prestige à ses yeux, le doute le scandalise, la contradiction le déconcerte. Capable de se dévouer, de mourir pour une cause certaine, il se reprend, hésite, recule, si le but de ses efforts reste problématique. Pour toutes ces raisons, la formation morale, qui est l'objet principal de l'éducation, devait présenter des lacunes chez les païens, fût-elle entreprise par un disciple de Platon ou d'Aristote.

Lorsqu'on passe de l'antiquité au moyen âge, on voit les erreurs, les incertitudes disparaître; on sent qu'un immense progrès s'est accompli. Non pas que, jusqu'à saint Thomas d'Aquin, cette époque produise des œuvres comparables aux merveilleux dialogues de Platon ou aux savants traités d'Aristote. Mais la lumière venue du Christ s'est répandue partout : le prêtre et le moine qui ont médité l'Évangile, qui ont étudié les ouvrages des Pères, qui ont pratiqué avec soin l'examen de conscience, en savent plus, sur l'âme humaine, que tous les philosophes de l'antiquité réunis. Tels sont aussi les hommes à qui les populations chrétiennes confient, en toute sécurité, l'âme de leurs enfants.

Voulons-nous savoir d'après quelles vues élevées ils s'acquittent de cette noble fonction de leur ministère ? Il nous suffira de relire la magnifique réponse que Rollin, héritier de leurs idées, fait à cette question : Qu'est-ce qu'un maître chrétien chargé de l'éducation des jeunes gens ? « C'est, dit-il, un homme entre les mains de qui Jésus-Christ a remis un certain nombre d'enfants qu'il a rachetés de son sang, et pour lesquels il a donné sa vie; en qui il habite comme dans sa maison et dans son temple; qu'il regarde comme ses membres, comme ses frères, comme ses cohéritiers; dont il veut faire autant de rois et de prêtres qui règneront et serviront Dieu avec lui et par lui pendant toute l'éternité. Et pour quelle fin les leur a-t-il confiés ? Est-ce précisément pour en faire des poètes, des orateurs, des philosophes, des savants ? Qui oserait le dire, et même le penser ? Il les leur a confiés pour conserver en eux le précieux et l'inestimable dépôt de l'innocence qu'il a imprimée dans leur âme par le baptême, pour en faire de véritables chrétiens. Voilà donc ce qui est la fin et le but de l'éducation des enfants, et tout le reste ne tient lieu que de moyens[1]. »

Faire de véritables chrétiens, les éducateurs du moyen âge ne se proposent pas d'autre but. Nous avons donné leur pensée sur l'instruction comparée à l'éducation. L'instruction, qui est une grande puissance pour le bien, peut être aussi, si elle n'est pas associée à la

---

[1] ROLLIN, *Traité des Études*, liv. VIII, 1re partie, art. XIII.

vertu, une puissance pour le mal, et devenir un danger pour la société. Elle n'a pas non plus la même importance à toutes les époques, et chaque génération, pour ainsi dire, est admise à reviser ses programmes pour les mettre en rapport avec les progrès de la civilisation, à la seule condition de ne pas surcharger l'esprit et la mémoire des enfants. Mais il y a une chose qui ne cesse jamais d'être indispensable, et qui devrait être soustraite à cette loi de changement; c'est la formation morale. La formation morale étant la grande préoccupation de l'époque que nous étudions, on y apportait un soin extrême. On s'y appliquait dans les hautes écoles, persuadé qu'on était qu'après tout, la bonne vie importe plus que l'étendue des connaissances; que d'ailleurs, la pureté des mœurs est une excellente préparation intellectuelle, selon le mot de saint Augustin qu'on aimait à rappeler : « Mores perducunt ad intelligentiam. » On s'y appliquait avec plus d'empressement encore et de sollicitude dans les petites écoles; car les enfants qu'on y instruisait devaient échapper plus tôt à la direction de leurs maîtres.

De quels moyens se servait-on pour faire pénétrer dans ces jeunes intelligences tout cet ensemble assez considérable d'idées que comprend une morale même élémentaire? Si la loi morale pouvait être aperçue dans les faits, si l'on pouvait donner à une exposition dogmatique l'intérêt d'un récit, rien sans doute ne serait mieux approprié à la faiblesse d'esprit de l'enfant et à sa curiosité naturelle. Or il se trouve, par un singulier bonheur, que la morale chrétienne est essentiellement liée à la religion; et cette religion a une histoire. « Le Dieu des chrétiens n'est pas un Dieu relégué dans les profondeurs de son éternité, se contentant de gouverner le monde par des lois générales [1]. » Il est fréquemment intervenu dans l'histoire

---

[1] Cf. M. l'abbé SICARD, *Les Deux Maîtres de l'Enfance*, liv. I.

de l'humanité; il s'est entretenu avec nos premiers parents dans le paradis terrestre; il a parlé sur les hauteurs du Sinaï et fait graver ses lois sur des tables de pierre; il s'est fait chair et il a habité parmi nous; il a commencé par pratiquer les devoirs qu'il devait enseigner, offrant dans sa personne un modèle accompli, surhumain, et pourtant imitable de toutes les vertus; en remontant au ciel, il n'a point abandonné l'homme, et sa providence spéciale se manifeste avec éclat dans l'histoire de l'Église et dans les faits merveilleux de la vie des saints, poursuivant le vice et honorant la vertu. Un pareil enseignement, même présenté sans art, laisse toujours une profonde impression; en éclairant l'esprit, il touche le cœur et enflamme la volonté.

Telle fut la méthode, très sûre, très pratique, que suivirent nos pères. Ce ne sont pas eux qui auraient eu l'idée malencontreuse de séparer la morale de la religion dans l'éducation. Ils étaient trop convaincus que « une éducation bien faite, comme on l'a judicieusement dit, est un chef-d'œuvre dans lequel Dieu doit intervenir[1] ».

Nous avons déjà dit quelle place était donnée au catéchisme et à l'histoire sainte dans le plan général de l'éducation tel que l'avait conçu le moyen âge. Il y a d'autres moyens de développer, dans les enfants, le sentiment du devoir et de former leur conscience. Et d'abord la confession. On sait que la confession est nécessairement précédée d'un retour sur soi-même, d'un examen de conscience où l'on confronte sa vie avec la loi. Les enfants n'en sont point incapables : quelques-uns le font avec une remarquable habileté, pénétrant, par l'analyse, jusqu'au fond de leur cœur pour en découvrir les secrets les plus cachés. Amener l'enfant à rentrer ainsi en lui-même, à sonder sa conscience,

---

[1] M. CHARLES DE RIBBE, *La Famille et la Société en France avant la Révolution*.

exercice pour lequel on n'éprouve jamais de goût, n'est-ce pas déjà un triomphe remporté sur la légèreté de son âge, et un progrès réel accompli dans la connaissance des tendances mauvaises ? L'aveu qui suit l'examen de conscience, aveu volontaire et fait au représentant de Dieu même, le repentir et le bon propos que cet aveu entraîne, les conseils autorisés du confesseur, tout cela est de nature à remuer l'âme, à lui donner une direction salutaire vers le bien. Ce n'est pas sans doute qu'il faille compter sur un changement complet de la volonté à chaque confession, et sur un amendement bien sensible. Un prédicateur du xiiie siècle « reprochait aux enfants de faire trop souvent ce qu'on appelle, en style vulgaire, la *confession du renard*, par exemple, de retourner, au moment où ils viennent de s'accuser d'avoir volé du raisin, achever la dévastation de la vigne voisine[1] ».

---

(1) M. Lecoy de la Marche, *La Chaire française au moyen âge.*

Mais si le remède n'extirpe pas toujours le mal, il l'attaque, il l'affaiblit; dans tous les cas, on n'en saurait trouver de plus efficace.

La pénitence prépare à la réception d'un sacrement plus auguste, l'Eucharistie. On a toujours constaté, chez les enfants, une véritable transformation morale à l'approche de la communion, et des efforts aussi généreux que persévérants pour purifier des cœurs qui doivent devenir la demeure de Dieu. Le jour de la première communion n'était pas alors entouré de la solennité qui, à notre époque, contribue, pour une assez grande part, à en faire une fête pleine de si douces émotions et de si chers souvenirs. Les enfants accomplissaient isolément ce grand acte, au moment où leurs confesseurs les en jugeaient dignes. Mais, si tout appareil inusité était banni de la fête, Dieu n'en faisait pas moins sentir sa présence au cœur qu'il visitait. Désormais, l'enfant était averti d'aller chercher là courage et force pour les luttes de la vie. La religion, qui par la grandeur de ses mystères s'était fortement emparée de son âme, prenait ses précautions pour que, devenu homme, il restât fidèle aux engagements de sa jeunesse. Elle ne lui imposait pas de nombreuses pratiques, elle se contentait des devoirs essentiels, mais elle s'attachait à entretenir en lui l'esprit de foi; elle ne lui demandait pas de réciter de longues prières, mais elle lui apprenait des formules courtes, précises, qui étaient un résumé de ses croyances et comme un mémorial de ses principales obligations. Telle est cette prière extra-liturgique qu'on trouve dans un grand nombre de livres d'heures, depuis le XIIIe jusqu'au XVIe siècle : « Obtenez-moi le don de cette grâce divine qui sera la protectrice et la maîtresse de mes cinq sens, qui me fera travailler aux sept œuvres de miséricorde, croire aux douze articles de la foi et pratiquer les dix commandements de la loi, et qui enfin me délivrera des sept péchés capitaux jusqu'au dernier jour de ma vie. »

Par ce travail persévérant, par ces saintes industries aussi bien que par la sublimité de ses enseignements, la religion était parvenue à s'attacher les fortes natures qu'elle dirigeait et à leur communiquer son zèle pour « l'élargissement des frontières du royaume de Dieu. » « Lorsque nos chevaliers, dit M. Léon Gautier, assistaient à la messe, on les voyait, avant la lecture de l'Évangile, tirer en silence leurs épées du fourreau et les tenir nues entre leurs mains jusqu'à la fin de la lecture sacrée. Cette fière attitude voulait dire : s'il faut défendre l'Évangile, nous sommes là [1]. » Ce n'était pas là une vaine démonstration, les Croisades l'ont assez prouvé. Les barons du XIᵉ et du XIIᵉ siècle furent des hommes de foi. Ils ne mettaient pas toujours leur vie en rapport avec leurs croyances, et c'est un trait qui ne leur est pas particulier; mais ils conservaient ces croyances au milieu même des plus

(1) *La Chevalerie*, p. 30.

furieuses passions, et ils avaient l'habitude de mourir le repentir au cœur, la prière aux lèvres, à l'exemple du grand Roland.

*Roland sent bien que son heure est finie.
Il est là, au sommet d'une colline qui regarde l'Espagne;
D'une main il frappe sa poitrine :
« Mea culpa, mon Dieu, et pardon au nom de la puissance,
Pour mes péchés, pour les petits et pour les grands,
Pour tous ceux que j'ai faits depuis l'heure de ma naissance
Jusqu'à ce jour où je suis parvenu. »
Il tend à Dieu son destre gant,
Et voici que les anges du ciel s'abattent près de lui* (1).

Nous ne semblons jusqu'ici considérer que le chrétien. Mais en s'appliquant à la formation du chrétien, les éducateurs du moyen âge ne travaillaient pas sur un être idéal ou fictif, vivant en dehors des conditions communes; ils prétendaient bien n'avoir pas achevé son éducation, s'ils ne lui avaient enseigné ses devoirs sociaux tout ainsi que ses devoirs personnels et ses devoirs religieux. Jusqu'où por-

(1) *Chanson de Roland.*

taient-ils leurs efforts dans ce sens, on pourra en juger si on passe en revue les divers serments exigés des chevaliers à partir du XIe siècle. Les récipiendaires juraient de pratiquer les plus hautes vertus : la soumission à Dieu et à l'Église, le respect des choses saintes, le dévouement au roi et à la patrie porté jusqu'à l'héroïsme, l'observation exacte de tous les devoirs féodaux, la protection accordée à toutes les faiblesses, une générosité qui irait jusqu'à l'abnégation, la haine de l'injustice et du mensonge, la fidélité à la parole donnée, le souci unique de la gloire et de la vertu, un désintéressement absolu, un honneur sans tache, etc. Voilà ce qu'on a appelé les *Commandements de la Chevalerie*. Sur quoi M. Guizot fait la remarque suivante : « Certes il y a dans cette série de serments, dans les obligations imposées aux chevaliers, un développement moral bien étranger à la société laïque de cette époque. Des notions morales si élevées, souvent si délicates, si scrupuleuses, surtout si humaines, et toujours empreintes du caractère religieux, émanent évidemment du clergé. Le clergé seul alors pensait ainsi des devoirs et des relations des hommes. Son influence fut constamment employée à diriger vers l'accomplissement de ces devoirs, vers l'amélioration de ces relations, les idées et les coutumes qui avaient enfanté la chevalerie [1]. »

Il nous plaît de souscrire à ces paroles. Mais n'oublions pas que les hommes sur lesquels l'Église exerçait une pareille action, elle les avait pris tout enfants, les avait façonnés, rendus capables de comprendre un idéal si pur et si élevé et d'y aspirer; elle s'était penchée sur eux pour les soulever et les faire monter peu à peu à un degré supérieur de moralité. Elle usait semblablement de son influence auprès des classes inférieures de la société. Comme elle conseillait aux uns l'usage

---

[1] M. GUIZOT, *Hist. de la civilisation en France*, t. III, p. 372.

modéré du pouvoir, la bonté envers les petits et les faibles, la justice à l'égard de tous, de même elle parlait aux autres de respect de l'ordre établi, de patience, de résignation. Tel était l'enseignement du maître dans son école, comme du prédicateur dans la chaire chrétienne.

Quels fruits le peuple, lui aussi, retirait-il de leurs instructions? Car il convient, dès lors qu'il s'agit d'éducation première, de prendre ses exemples surtout en dehors de la haute société. La sagesse du peuple se révèle par des maximes courtes, qui expriment clairement l'idée qu'il se forme d'une vie bien ordonnée, et deviennent la règle de sa conduite et de ses jugements. M. Léon Gautier a eu la pensée de grouper un certain nombre de ces « dictons familiers qui étaient alors à l'usage des petites gens. » Il met en scène une châtelaine donnant une leçon à son fils. La baronne rappelle à l'enfant, sous forme d'instruction morale, les proverbes empruntés aux vilains et cités par les poètes. « Il y a là, dit-elle, un cours de sagesse populaire dont les vieillards eux-mêmes peuvent faire leur profit. Vous êtes bien jeune encore, mon fils, mais déjà fort désireux de courir à vos aventures et de quitter le nid maternel : Eh bien ! rappelez-vous ce proverbe : « L'oiseau qui veut partir avant de savoir voler tombe à terre. » Les jeunes gens parlent trop : dites-vous que « sage silence vaut mieux que folle parole »; les jeunes gens aiment le danger : répétez-vous que quelque prudence est ici de rigueur et que « tel se brûle qui pensait se chauffer. » Gardez-vous des traîtres et de ces périlleuses compagnies que votre père signalait tout à l'heure à votre attention et à votre mépris : n'allez pas étourdiment vous jeter dans la gueule du lion ou, pour parler comme nos vilains, « ne ressemblez pas à l'agneau qui joue avec le loup. » Méfiez-vous de vos voisins eux-mêmes : « qui a félon voisin a souvent mauvais matin », et persuadez-vous qu'il y a des traîtres un peu partout : *De traïson ne se puet-on garder*. Ne vous laissez pas prendre, d'ailleurs, aux belles promesses du premier venu : *assez vaut mieux un tiex que quatre tu l'auras*, et n'attachez pas trop de prix à la reconnaissance de ceux qui se disent vos meilleurs amis : car « une fois l'homme mort et enfoui, c'est oubli. » Si vous tombez jamais dans la pauvreté, croyez bien que tous ces beaux complimenteurs vous tourneraient rapidement le dos; il est bien connu que *li homs povres si est in grant vilté*, et la pauvreté est d'autant plus haïssable qu'elle change le cœur de l'homme et « lui fait faire maint méchef. » Ne comptez, après Dieu, que sur vous-même, et agissez : « qui cerf chasse cerf prend. » Mais, au demeurant, vous êtes de bonne race, et, comme les vilains le disent en un de leurs plus pittoresques proverbes : *Li fiz au chat doit bien prendre souris*. Ressemblez à votre père, et tout ira bien[1]. »

(1) M. Léon Gautier, *La Chevalerie*, chap. v.

Assurément ces maximes n'appartiennent pas à une philosophie bien avancée, mais elles dénotent une observation sérieuse et un sens juste des situations, les seules choses qu'on puisse attendre de gens avisés qui n'ont point fait d'études. Nous imaginons même que les moralistes du xiie siècle, ceux qui s'exprimaient sans appareil scientifique, ne traduisaient pas autrement, pour l'ordinaire, leurs pensées. Ainsi devaient parler plus d'un maître devant ses élèves, et peut être plus d'un curé devant son rustique auditoire.

Nous verrons plus loin quels furent les résultats obtenus par les éducateurs du xiie siècle. Mais dès maintenant nous tenons à dire que le secret de leur succès, quel qu'il ait été, doit être cherché avant tout dans le caractère sacré dont la plupart étaient revêtus. Le droit, ou mieux le devoir de parler au nom de Dieu commande le respect; il donne de l'assurance, autorise les saintes importunités, les objurgations pressantes, les reproches même et les menaces. Mais ce prestige extérieur qui environne le représentant de Dieu, qui le protège même en face de dispositions indifférentes ou hostiles, le soutiendrait mal contre ses propres dégoûts et les défaillances de son courage, s'il ne s'y joignait un grand désir de faire du bien aux hommes et la volonté arrêtée de s'employer à leur service. Le prêtre et le moine sont apôtres par vocation, et tout les avertit de l'être réellement jusque dans les plus petits devoirs de leur sacré ministère. Ils s'appliqueront à l'étude pour se tenir toujours à la hauteur de leur tâche, ils aimeront la science et s'efforceront d'en inspirer l'amour. Mais ils se rappelleront qu'ils sont avant tout les *ministres du salut* : ils se le rappelleront dans l'enseignement des sciences profanes, dans les règlements qu'ils établiront, dans leur manière de traiter les enfants; cette pensée, devenue l'âme de leurs écoles, présidera aux jeux comme au travail, sans rien ôter aux uns de leur entrain et de leur gaieté, à l'autre de sa vigueur. Voilà ce qui assurera aux prêtres et aux moines le renom mérité de grands éducateurs.

Après ces considérations un peu générales sur l'éducation, il nous faut pénétrer plus avant dans le régime intérieur des écoles. On a distingué, à propos de la discipline comme de toute l'éducation, deux méthodes, la méthode autoritaire et la méthode libérale : « il y a, dit-on, une discipline qui agit surtout du dehors, et une autre surtout du dedans; l'une prescrit et défend au nom du droit qu'a le maître, elle ne souffre ni résistance, ni exceptions, elle s'impose comme une règle indiscutable ; l'autre tient plus encore à se faire comprendre qu'à se faire obéir, à être approuvée qu'à être suivie : c'est l'élève plutôt que le maître qui l'établit, et son empire dépend plus de la persuasion que de l'autorité...[1] » Cette distinction, si ingénieusement qu'on la présente, nous semble procéder de l'esprit de

---

[1] *Diction. de Pédagogie,* art. Discipline.

système plutôt que des vrais principes. Les règlements d'une école ne se discutent pas plus que les lois d'un pays, et sont moins exposés à blesser l'équité, n'étant jamais édictés par l'esprit de parti ou le besoin d'exercer des représailles. Ils seront compris des enfants à mesure que se déroulera la série des exercices scolaires et que se révèleront les exigences d'un ordre social nouveau pour eux et nécessairement différent de la vie de famille. Si les motifs de quelques-uns leur échappent, et il y a des explications qu'il n'est pas prudent de donner, il suffira qu'ils ne paraissent pas arbitraires, mais fondés en raison, encore que cette raison ne soit pas présentement évidente. Quant aux maîtres, comme ils ne peuvent agir sur la volonté qu'au moyen des idées, comme, du reste, ils ne prétendent la diriger qu'en l'éclairant, ils s'efforceront inévitablement de persuader. On ne saurait approuver qu'ils prissent l'habitude d'emporter de haute lutte l'assentiment de l'esprit, car il est des yeux qu'une lumière froide irrite, des volontés que froisse un ordre intimé avec sécheresse ; on demandera que par de douces paroles, d'aimables procédés, une bienveillance manifeste, ils se frayent une voie au cœur, siège de presque toutes les résistances chez les enfants et chez beaucoup de grandes personnes. Mais ils ne pourraient sans inconvénient permettre que l'obéissance qui leur est due dépende des dispositions changeantes de leurs élèves. La méthode libérale qu'on préconise convenait à l'âge d'or, qui n'est qu'un souvenir altéré du paradis terrestre, ou, si l'on veut, une création charmante de la poésie ; appliquée dans des siècles de fer, elle préparerait bien des déceptions et des mécomptes.

Au fond, il n'y a qu'une méthode, à la fois autoritaire et libérale. Seulement l'un de ces caractères semble dominer à certaines époques. Notre siècle, délicat et sensible à l'excès, craint de blesser, il exprime des désirs plutôt que des ordres ; s'il ne doute pas de son droit de commander, il semble redouter toujours d'en user. Le moyen âge, autrement trempé, faisait davantage sentir l'autorité. Peut-être trouvera-t-on qu'il avait la voix rude et la main pesante. Nous ne cacherons rien de sa sévérité; mais nous aurons occasion de montrer aussi ses tendresses.

Nous avons pu, à l'aide de plusieurs statuts ou règlements qui nous ont été conservés, étudier le régime intérieur des écoles monastiques. Ce qui nous a le plus frappé, c'est la surveillance étroite, rigoureuse, incessante, dont les enfants étaient l'objet : on ne les quittait pas un instant du jour et de la nuit, et leurs gardiens étaient responsables de leur conduite. Ils étaient confiés, soit pour l'instruction, soit pour l'éducation, à des maîtres choisis et spécialement désignés par le chef du monastère; ces maîtres eux-mêmes étaient placés sous la haute direction d'un moine plus âgé, d'une vertu éprouvée. Défense à toute autre personne de se mettre en rapport avec les enfants, de venir au milieu d'eux, de leur sourire de loin, de leur faire un signe quelconque. Si un moine avait besoin de leur parler, il ne le pouvait qu'avec la permission expresse de l'abbé ou du prieur, et en présence d'un de leurs maîtres. Un moine étranger qui se présentait au monastère donnait le baiser de paix aux membres de la communauté, mais pas aux enfants. Ces derniers devaient entre eux éviter toute familiarité, tout contact, ils n'avaient même pas le droit de s'entretenir seul à seul pendant les récréations ; le surveillant venait se mettre en tiers, ou du moins se tenait à portée de tout voir et de tout entendre. S'il leur arrivait de causer dans les moments de silence, de se taquiner ou de lire mal, ou de commettre par étourderie quelque faute dans le chant, le magister principal avait seul le droit de leur infliger des corrections corporelles. Et encore, comme le remarque l'abbé Cucherat, le législateur prend-il garde de s'expliquer si bien sur la nature et le mode de ces punitions, qu'elles ne puissent être jamais préjudiciables à la santé des enfants ou à leur moralité. Les enfants prenaient leur repas dans le réfectoire commun, au milieu des frères, mais ils s'y tenaient debout et dans un endroit séparé. Ajoutons qu'ils recevaient une nourriture plus délicate et n'étaient pas soumis au jeûne. On leur permettait, comme aux moines, de faire la sieste au milieu du jour; ils devaient alors s'étendre sur leur lit et interrompre toute espèce de travail, même celui de la lecture. Il est sans doute superflu de dire qu'à ce moment, de même que le soir, lorsqu'ils se rendaient au dortoir, un de leurs maîtres surveillait leur coucher et leur sommeil. Le règlement va jusqu'à prévoir le cas où un enfant éprouverait le besoin de se lever pendant la nuit, et il veut que cet enfant soit accompagné de son maître et d'un autre enfant ou moine.

Ce genre de vie se poursuivait pour les enfants élevés dans les monastères jusque vers l'âge de quinze ou seize ans. Leurs études élémentaires étant alors terminées, leur formation morale suffisamment avancée, on les admettait à prendre rang parmi les frères[1].

Le régime, que nous venons de décrire brièvement, a dû paraître austère, et toute cette réglementation inspirée par une certaine défiance de la nature humaine. Nous n'y contredisons pas. On prenait, cela est très vrai, les plus grandes précautions pour éloigner des enfants la vue et jusqu'à la connaissance du mal. « Que les enfants, disait la règle de saint Chrodegang, que les enfants, élevés ou instruits dans les Congrégations, soient si bien gardés par la discipline ecclésiastique que leur

---

[1] Cf. *Udalrici Consuetudines Cluniacenses*, lib. III, cap. VIII; — *B. Lanfranci decreta pro Ordine S. Benedicti*, cap. XXI; — *S. Wilhelmi Consuetudines Hirsaugienses*, lib. II, cap. XXII; — *Petri de Honestis Regula clericorum*, cap. XXVI; — ZIEGELBAUER, *Historia rei litterariæ*, t. I, p. 31 (Consuetudines scholasticæ apud Balmenses sub Euticio servatæ).

âge fragile et enclin à pécher ne puisse trouver une issue pour se précipiter dans une faute[1]. » Mais n'oublions pas qu'il s'agit ici d'enfants destinés à la vie religieuse : il était bon pour ces enfants d'en faire l'apprentissage sous une forme adoucie; ils savaient mieux dans la suite à quoi ils s'engageaient. Si l'on considère à ce point de vue l'éducation des oblats dans les monastères, on la trouvera paternelle, et telle était bien l'impression produite sur tous aux XIe et XIIe siècles. Il se peut que quelques-unes de ces règles paraissent aux yeux des modernes revêtir un caractère de minutie excessive, par exemple celle qui interdisait tout rapport entre les enfants et les moines autres que ceux qui étaient chargés de leur formation, ou encore celle qui interdisait toute intimité entre les enfants eux-mêmes et tout contact. Les hommes expérimentés dans la vie religieuse n'en jugeront point de la

---

[1] *Spicileg.*, dom Luc. Acher., t. I, p. 574.

sorte : il faut éloigner de l'adolescence tout ce qui pourrait nuire à la fraîcheur de ses sentiments ou à la pureté de ses pensées.

Le régime des écoles extérieures dans les monastères ne différait pas sensiblement de celui des écoles intérieures, comme nous l'a appris Hildebert dans un passage analysé plus haut. Une multitude d'enfants sortant de tous les rangs de la société, et spécialement de la fière noblesse de l'époque, ne pouvait être contenue que par une discipline ferme, au besoin inflexible[1]. Il fallait faire plier le jeune baron, apprivoiser le fils à l'humeur sauvage du colon, les rapprocher l'un et l'autre de l'enfant de la classe moyenne, tenter, tout en évitant les conflits, d'opérer une certaine

---

(1) On lit dans la vie de saint Anschaire qu'à l'école de l'abbaye de Corbie un élève, du nom de Fulbert, fut tué par un de ses condisciples d'un coup de tablette (LAUNOI, *De scholis celebrioribus*, p. 21). Quelles précautions ne devait-on pas prendre pour éviter des accidents aussi regrettables!

fusion entre tous ces membres d'une même société chrétienne, les habituer à se voir, à se supporter, à se respecter, à faire enfin entre eux l'essai des vertus qu'ils devraient pratiquer dans le monde. Une pareille entreprise était possible dans les cloîtres plus que partout ailleurs. On voyait là toutes les classes sociales largement représentées, et parmi ces nombreux moines d'origines si différentes nulle distinction, si ce n'est celle qui venait du mérite et de la vertu. De même qu'au temps des apôtres un esclave converti par saint Paul avait pu être élevé à l'épiscopat, de même, dans les monastères du moyen âge, le fils d'un serf pouvait devenir le chef hiérarchique d'hommes qui avaient été dans le monde de hauts et puissants seigneurs. De tels exemples étaient une leçon pour la jeunesse des écoles.

On a parlé quelquefois de la sévérité des moines, ou du moins de certains moines, à l'égard des enfants qu'ils instruisaient. Un auteur, dans un ouvrage récent[1], nous les dépeint donnant le fouet aux enfants pour les fautes les plus légères, chargeant de liens ceux que le fouet ne corrigeait pas, les condamnant aux jeûnes, les jetant dans des cachots jusqu'à ce qu'ils eussent imploré grâce. Et le moine cité en exemple comme coupable de pareils méfaits[2] est un homme que l'Église a mis au nombre des saints, Bernon, abbé de la Baume en Bourgogne et fondateur de Cluny. Ce n'est pas tout encore, et le portrait n'est pas achevé : cet abbé, ajoute-t-on, n'était pas un moine ni un père, mais un homme barbare et inhumain, un tyran, un bourreau[3]. Avant de porter de si graves accusations, il conviendrait de lire avec quelque attention les textes sur lesquels

(1) M. Ch. Pfister, *Études sur le règne de Robert le Pieux*.

(2) Vita S. Odonis, scripta a Joanne monacho. (Mab., *Acta Sæculi V*, p. 161.)

(3) S. Odonis vita altera, auctore Nalgodo cluniacensi monacho. (Mab., *ibid.*, p. 191.)

on les appuie. Nous avons lu ces textes à notre tour; qu'y avons-nous vu? Dans l'exemple allégué, il n'est nullement question de mauvais traitements à l'égard des enfants, élèves de l'abbaye, mais bien à l'égard de moines négligents et récalcitrants. Il y a plus : ces imputations, extraites de deux Vies de saint Odon, sont *présentées* par les deux auteurs comme de notoires exagérations ou mieux comme des *calomnies*, œuvre de faux frères, véritables suppôts du démon, qui s'efforcent de détourner Odon et son compagnon de leur dessein d'embrasser l'état monastique. La perfidie est établie sur-le-champ même, et les lâches accusateurs s'éloignent couverts de confusion. Voilà le récit vrai. Comment un écrivain consciencieux, ancien élève de l'école des Hautes Études, a-t-il pu lire avec une pareille précipitation et commettre une si lourde méprise?

Certes, nous sommes loin de le méconnaître, on punissait, on frappait dans les monastères comme dans toutes les écoles, et nous aborderons bientôt ce sujet des corrections. Mais si quelques éducateurs usaient avec peu de retenue des moyens violents, combien d'autres comprenaient que pour maîtriser les âmes il faut par des procédés bons et délicats s'en faire aimer? On a rapporté bien des fois ce trait de la vie de saint Anselme, le célèbre abbé du Bec. « Un jour, un abbé, renommé pour sa piété, s'entretenait avec lui de leur état et de la difficulté de discipliner les enfants élevés au couvent. « Ils sont pervers et incorrigibles, disait-il ; cependant nous ne cessons de les battre jour et nuit, et ils deviennent toujours pires. — Vous ne cessez de les battre! dit Anselme. Et quand ils sont adultes, que deviennent-ils ? — Hébétés et brutes, répondit l'abbé. — Que diriez-vous, reprit Anselme, si, ayant planté dans votre jardin un arbre, vous le comprimiez ensuite de manière à l'empêcher de déployer ses rameaux? Des enfants vous ont été donnés pour qu'ils croissent et fructifient ; et vous les tenez dans une si rude contrainte, que leurs pensées s'accumulent dans leur sein, et n'y prennent que des formes vicieuses et tourmentées. Nulle part, autour d'eux, la charité, la piété, ni l'amour; dans leur âme irritée croissent la haine, la révolte et l'envie. Ne sont-ce pas des hommes pourtant? Leur nature n'est-elle pas la vôtre? Et voudriez-vous qu'on vous fît ce que vous leur faites? Vous les battez! Mais est-ce seulement en battant l'or et l'argent que l'artisan en forme une belle statue?... » Puis il développa avec chaleur, avec onction, la puissance des bons exemples, des leçons pieuses, et cet art de mêler la science et l'amour qui pénètre l'âme et l'améliore en l'élevant. Enfin il émut à ce point son interlocuteur, que celui-ci se jeta à ses pieds en s'écriant qu'il avait péché, qu'il demandait son pardon, et promettait de se corriger désormais[1]. »

(1) *S. Anselmi vita*, auctore EADMERO. (Traduction de M. de Rémusat, p. 63-64.)

Le trait qu'on vient de lire est instructif par les hautes vues philosophiques qu'il contient. Nous y aimons surtout cet appel aux sentiments d'humanité qu'un maître doit conserver même dans les moments de plus vive indignation. Voici un autre fait qui jette un certain jour sur les mœurs scolaires du moyen âge. Plus d'un professeur de notre époque trouvera sans doute dans ses souvenirs quelque anecdote de ce genre. Un moine, préfet des études à Saint-Emmeran de Ratisbonne, s'était vu dans l'obligation de réprimer l'insubordination et l'insolence d'un élève de la division des plus âgés, et il lui avait adressé publiquement les reproches les plus sanglants. Encore peu expérimenté, raconte-t-il, il pensait avoir le droit de tout dire à un jeune homme sur qui il avait pleine autorité, et il croyait que ses réprimandes ne tireraient pas à conséquence. L'élève subit la mercuriale avec un ennui et un chagrin visibles. Voilà que peu d'heures après le maître lui-même tombe dans je ne sais quelle tristesse noire, je ne sais quel abattement dont il ne se rend pas compte. Le soir, il réfléchit aux incidents de la journée : il a été, il doit se l'avouer, d'une dureté excessive; cette tristesse ne serait-elle pas un châtiment du ciel? Il se couche, mais ne parvient pas à dormir. Le lendemain enfin, il recouvre la liberté de prier, et il demande à Dieu de l'éclairer. Comment faire pour apaiser les anciens de la classe? Se jeter aux genoux de l'élève si vertement tancé? Mais quelle humiliation! Et puis l'amour-propre du jeune fat s'en accroîtrait démesurément. Lui adresser seulement quelques paroles d'excuse? Mais son autorité n'en souffrirait-elle point? Nouvelles prières, même perplexité. Tout à coup, le jeune homme paraît, se jette à ses pieds, le prie de lui pardonner la faute commise, et demande que, si jamais pareil cas se représente, on ne le reprenne pas avec tant de véhémence et devant tous ses camarades, mais avec douceur et en secret. On devine l'accueil et la réponse du maître. L'affaire se terminait le mieux du monde [1].

L'auteur de la Chronique des évêques de Liège, dissertant sur l'instruction des enfants et le zèle extraordinaire qu'y déployait l'évêque Notger à la fin du xe siècle, exprime un souhait qui ne devait pas de si tôt se réaliser et une pensée qui demeure toujours juste : « Si l'on pouvait, dit-il, faire revivre les beaux siècles, on ne devrait rien désirer de mieux que d'unir à l'étude des lettres une excellente éducation [2]. » Une excellente éducation, tel était le but que tous se proposaient, et dans la poursuite duquel le clergé séculier rivalisait de dévouement avec les moines. Notger s'y appliquait avec un soin si attentif que, continuant ses leçons même en voyage, il ne relâchait en rien la discipline à laquelle ses

---

[1] Liber Visionum, visione tertia, apud Pezium, *Thesaurus Anecd.*, t. III, part. II, col. 562.

[2] Anselmi Gesta episcop. Leodiens. (*Patrol.*, Migne, t. CXXXIX, col. 1092).

écoliers étaient astreints dans le palais épiscopal; discipline sévère, dit le chroniqueur, mais que les élèves subissaient volontiers, car tel était l'esprit de l'époque. Nulle part, en effet, pas plus au sein des familles que dans les écoles, on ne donnait cette éducation efféminée, que l'on déguisait à Rome, au temps de Quintilien, sous le nom d'indulgence, éducation qui brise tous les ressorts de l'âme et du corps [1]. « Les enfants doivent être élevés durement pour ce qui regarde le corps, disait au XIIIe siècle encore le général des Dominicains, rappelant les préceptes de saint Bernard et ceux de Lycurgue. Les parents ont pour guide à cet égard la conduite du Père de miséricorde envers son Fils bien-aimé, à qui sa tendresse n'a pas ménagé les souffrances. Ce n'est pas pour le présent, c'est en vue de l'avenir qu'ils doivent former leur progéniture :

[1] « Mollis educatio, quam indulgentiam vocamus, nervos omnes et mentis et corporis frangit. » (QUINTIL., Orat. Institut., lib. I, cap. II).

la traiter avec condescendance, c'est montrer de la cruauté, c'est lui préparer une série de malheurs [1]. »

Quand de semblables principes étaient admis par tous, il s'établissait bien vite une certaine uniformité dans la manière de traiter les enfants. Aussi, quel que soit l'éducateur de l'époque dont vous cherchiez à connaître les procédés, vous retrouverez toujours les mêmes caractères : un mélange de bonté et de sévérité [2]; de bonté, car ces vaillants cœurs n'étaient point inaccessibles à la tendresse; de sévérité, car ils se proposaient par la crainte de remédier à la légèreté du jeune âge, et par les châtiments de corriger ses défauts. Ils auraient pu, eux aussi, par des manières engageantes qui se concilient avec la gravité, atti-

---

(1) Cité par M. Lecoy de la Marche, *La Chaire française au moyen âge*, p. 429.

(2) Cf. Notes de D. Loyauté sur les gestes des évêques du Mans exposés dans la vie d'Hildebert. (*Patrol.*, Migne, t. CLXXI, col. 103).

rer doucement au bien, former des jeunes gens polis, aimables, d'un commerce facile, sinon d'une vertu solide; ils ne se rendaient pas rébarbatifs à dessein ou par férocité naturelle; mais ils voulaient préparer leurs élèves aux luttes de la vie, qui, elle, ne gâte pas les hommes. Ils auraient pu, avec infiniment moins de ressources que de nos jours, mais non peut-être sans quelque succès, ils auraient pu, dis-je, au moyen de tableaux, de cartes, etc., faciliter grandement le travail, lui enlever en partie son aridité, si bien que l'enfant, tout en cherchant son intérêt, trouvât encore son plaisir et parût céder à un attrait; ils ne le négligeaient pas entièrement, mais ils voulaient que l'enfant s'accoutumât aux efforts de l'étude, dans la pensée, « que la peine en tout genre est un des grands secrets de la nature [1]. » Eux-mêmes avaient accepté avec courage ce qu'ils appelaient « laboriosum scholæ magiste-

---

(1) Mme DE STAEL, *De l'Allemagne*, 1re partie, ch. XVIII.

rium⁽¹⁾; » ils ne croyaient pas qu'il fût moral, cela fût-il possible, d'ôter aux racines de la science leur amertume et à la vie chrétienne ses épines et ses clous. « C'est sur l'enclume et à coups de marteau que le Seigneur m'a grandi, » disait Nicolas de Breakpear, né dans une condition modeste et parvenu au souverain pontificat sous le nom d'Adrien IV. Combien d'autres, à la même époque, devaient à une forte éducation leurs vertus, et par surcroît leur fortune ?

Cette austérité de mœurs était portée bien loin dans certaines écoles, en fort petit nombre sans doute. On lit dans la vie de saint Meinverk, de Paderborn, que ce saint et savant évêque veillait sur ses élèves avec un soin si jaloux qu'il ne leur permettait même pas de voir leurs parents durant le cours de leurs études, de peur que ces rapports inutiles ne fissent naître en eux la fierté et l'outre-

---

(1) *Vita S. Odonis*, ubi supra.

cuidance⁽¹⁾. Nous sommes bien certains qu'aucun éducateur aujourd'hui et aucune famille n'accepteraient un tel régime. Beaucoup de parents même se persuadent que leur intervention fréquente, en satisfaisant leur tendresse, ne nuit point au progrès moral et intellectuel de leurs enfants, qu'elle peut même le servir. Quelle que soit, en effet, l'autorité des maîtres, celle des parents reste plus grande; là où les exhortations pathétiques du maître auront échoué, un mot du père, une caresse de la mère auront plein succès. Nous n'oserions dire que cette opinion soit dénuée de fondement; nous connaissons même maints professeurs qui se sont trouvés heureux du concours éclairé des parents. Mais c'est là une question complexe où, suivant que l'on considère l'une ou l'autre face, on pourrait, pour nous servir

---

(1) «... Dicente episcopo pueros et adolescentes cum districtione erudiri, et non nocivis blandimentis deliniri; quoniam audaciæ et ferociæ nutrimenta eis ministrarent blandimenta. » (BOLL., *Acta S.S.*, die V junii).

d'une expression célèbre d'Abailard, soutenir le *sic et non*.

Nous regretterions de terminer ces considérations sur les écoles épiscopales sans dire quelques mots d'un professeur qui fut, à la fin du XIᵉ siècle, un maître accompli, renommé pour sa pénétration d'esprit et l'étendue de son savoir, et que le peuple chrétien honora comme un saint aussitôt après sa mort sur le siège de Cambrai. Odon ou Eudes d'Orléans avait d'abord enseigné à Toul; puis il fut appelé par les chanoines de Tournai pour diriger l'école de la cathédrale. Il donnait ses leçons dans le cloître des chanoines. Or c'était le lieu où les chevaliers et les citoyens avaient coutume de s'assembler pour terminer leurs affaires. Odon, désirant mettre fin à cet abus, interdit à tout laïque l'entrée du cloître aux heures de ses leçons; il ne craignit même pas d'irriter par cette défense Évrard, le puissant seigneur de Tournai. Il avait pour maxime, observe le chroniqueur, de ne faire aucun cas des injustes ressentiments des riches et des grands, et il disait qu'il serait indigne d'un sage de se détourner tant soit peu du droit chemin pour se concilier leur faveur ou leur bienveillance [1]. Voyons quelle tenue un homme d'un si haut caractère exigeait et savait obtenir de ses élèves. « Il était parvenu à leur faire observer une discipline d'une exactitude, d'une rigueur qu'on eût à peine trouvée dans le couvent le plus régulier. Lorsqu'il conduisait à l'église son bataillon de deux cents jeunes gens, il avait coutume de se mettre à la file pour tenir l'œil sur eux. Aucun n'eût osé parler, souffler un mot à l'oreille de son voisin, ou rire, ou détourner les yeux à droite ou à gauche; une fois entrés dans le chœur, on les eût pris à leur recueillement pour des

---

[1] « Nihil enim minus quam injustas divitum vel potentum iras pertimescebat, magnumque dedecus viri sapientis esse dicebat, si pro favore vel gratia principum vel modicum a tramite rectitudinis declinet. » (*Patrol.*, MIGNE, t. CLXXX, col. 43.)

moines de la réforme de Cluny. Quant aux relations avec les femmes, aux parures dans les cheveux ou les habits, et autres habitudes vicieuses, il n'avait garde de les tolérer dans ses élèves; ou il en eût purgé l'école, ou il aurait lui-même quitté l'enseignement[1]. »

C'étaient là, on doit le reconnaître, de magnifiques résultats. Sans doute les élèves du célèbre écolâtre de Tournai n'étaient plus des enfants, mais déjà des jeunes gens, sujets à plus de vices, capables aussi de recevoir une

---

(1) « ... Quando enim præcedentem et ad ecclesiam tendentem ducentorum fere clericorum cohortem ultimus ipse suo more subsequebatur, vix in aliquo districtissimo monachorum cænobio majorem invenire potuisses religionem ; nullus enim socio colloqui, nullus ridere, nullus audebat mussitare, nemo dextera lævaque vel modicum oculos præsumebat deflectere : ubi vero in choro ventum fuisset, superflue aliquis districtionis causa alium Cluniacum quæsisset. De frequentationibus vero fæminarum, de crinium, seu vestium incompositione, vel similium quæ hodie passim exerceri videmus abusione, supervacaneum est aliquid dicere, quoniam hujusmodi pestes sine dubio aut schola pepulisset, aut scholæ magisterium reliquisset. » (*Patrol.*, MIGNE, *ibid.*)

formation plus haute. Il nous souvient, à cet égard, d'une théorie de saint Anselme. Ce maître éminent s'appliquait de préférence à l'éducation des adolescents et des jeunes gens, et, comme on lui en demandait la raison, il répondit par une ingénieuse comparaison. Le jeune âge ressemble à la cire préparée de façon à bien recevoir une empreinte. Supposez la cire trop dure ou trop molle, vous aurez beau y appliquer le cachet, la figure et les caractères ne s'y graveront pas avec une netteté et un relief suffisant. Il faut donc saisir le moment intermédiaire entre ces deux extrêmes. Ainsi en est-il des différents âges. L'âge mûr est une cire durcie; l'enfance une cire molle et fondante; l'adolescence et la jeunesse, voilà le bon temps, l'âge de la formation sérieuse. C'est cette réflexion, ajoutait le saint, qui m'a fait diriger ma sollicitude principalement sur la jeunesse [1].

(1) S. Anselmi Vita, auctore Eadmero. (BOLL., *Acta S. S.*, April., t. II bis, p. 867.)

Philosophe profond, porté par nature aux considérations abstraites, saint Anselme était peu propre à débrouiller l'intelligence grossière des enfants, et devait se sentir plus à l'aise avec des esprits déjà éveillés. Il y a un art de s'abaisser qu'il ne connut peut-être pas, mais que d'autres ont pratiqué avec succès.

Nous ne jugeons pas nécessaire d'entrer dans de nouveaux détails à propos des autres écoles, presbytérales ou communales. Aussi bien l'éducation est partout la même comme le but que l'on vise, éducation virile, destinée, là surtout, moins à orner l'intelligence qu'à régler la vie, moins à polir les mœurs qu'à donner aux caractères une trempe d'acier. Toutefois, comme il s'agit ici non plus des grandes écoles où les enfants ne composaient que la division élémentaire, mais des écoles spécialement établies pour eux, nous devons citer un article du statut des petites écoles de Paris, article qui exprime la pensée de l'époque sur un point assez important. « Ce règlement, dit M. Jourdain, renferme une disposition remarquable dont on rencontre déjà quelque trace dès le IXe siècle [1] : c'est la défense absolue qui est imposée aux maîtres de recevoir les filles avec les garçons dans leur école, et aux maîtresses de recevoir les garçons avec les filles. Une pareille défense a-t-elle existé chez les nations étrangères? Nous n'oserions l'affirmer; car nous apprenons, par le témoignage d'un chroniqueur, qu'un maître irlandais réunissait dans son école de jeunes filles avec de jeunes garçons, les clercs avec les laïques, qu'il tonsurait même tous ses élèves, sans distinction de sexe; ce qui eut pour résultat de le faire expulser

---

[1] En effet, voici un passage bien précis sur ce point, passage tiré d'une Instruction pastorale de Riculfe, évêque de Soissons, à ses curés, en 889 : « Monemus præterea ut presbyteri... scholarios suos modeste distringant, caste nutriant, et sic litteris imbuant, ut mala conversatione non destruant; et puellas ad discendum cum scholariis suis in schola sua nequaquam recipiant. » (LABBE, *Concil.*, t. IX, col. 421.)

d'Irlande. Quoi qu'il en soit, la prohibition dont il s'agit fut renouvelée à différentes reprises; jamais, sous l'ancienne monarchie, elle ne fut levée, et au xvii⁰ siècle, nous trouvons la séparation des sexes dans les écoles consacrée tout à la fois par les vieux statuts, par les ordonnances épiscopales et par les arrêts les plus récents du Parlement [1]. »

Notre aperçu de la discipline des écoles au moyen âge serait bien incomplet si nous ne parlions d'un usage, généralement rejeté de nos jours, du moins en principe, l'usage des châtiments corporels. Le moyen âge n'avait pas, sur ce point, nos délicatesses et nos susceptibilités. Il partait de ce fait, admis de tous les catholiques, la déchéance originelle : la nature humaine, viciée par le péché d'Adam, sent en elle des résistances au bien, des tendances toujours prêtes à s'exalter et à

---

[1] M. JOURDAIN, *Hist. de l'Univ. de Paris au* xvii⁰ *et au* xviii⁰ *siècles*, p. 193.

violer dans leur développement l'ordre primitivement établi par Dieu. Ces résistances, il faut les vaincre; ces tendances, les contenir par une discipline sévère, au besoin, par des corrections, moyen que l'expérience déclare presque toujours indispensable dans un âge où la raison est faible et la sensibilité vive ; il importe, en effet, de se mettre en présence de la réalité, et de bien savoir par quelle faculté on peut agir sur l'enfant avec efficacité. On évitera, sans doute, de surexciter sans motif la sensibilité de l'enfant, d'un être respectable par sa faiblesse même ; l'amour tempèrera toujours la sévérité, puisque c'est regret et à défaut d'autre moyen qu'on use de sévérité. Mais si l'enfant, rebelle aux conseils de la raison et sourd aux prières, refuse de se laisser conduire, de faire, sous une paternelle direction, l'apprentissage de sa liberté, on devra trouver, dans l'affection vraie qu'on lui porte, le courage de le ramener au devoir par la contrainte.

Cette doctrine s'appuyait sur des textes de l'Écriture, ceux-ci entre autres : « Celui qui ménage la verge n'aime point son fils[1]. » — La sottise (penchant au mal) est rivée au cœur de l'enfant, et c'est la verge de la discipline qui la chassera[2]. » — « Ne soustrais point l'enfant à la correction, car si tu le frappes de la verge, il ne mourra point[3]. » — La verge et la correction sont un moyen de sagesse, mais l'enfant abandonné à son caprice fait la honte de sa mère[4]. » — « Celui qui aime son fils ne lui épargne pas le fouet[5]. » — Ces textes, et bien d'autres qu'il serait facile d'apporter, ne recommandent pas seulement la correction d'une manière générale, mais les châtiments corporels, et l'on ne saurait, avec la meilleure volonté du

---

(1) *Prov.*, XIII, 24.
(2) *Ibid.*, XXII, 15.
(3) *Ibid.*, XXIII, 13.
(4) *Ibid.*, XXIX, 15.
(5) *Eccli.*, XXX, 1.

monde, donner au mot *verge* et *fouet* un sens métaphorique.

La doctrine du moyen âge était encore consacrée par une pratique très ancienne. Au moment où le christianisme parut, l'*orbilianisme* ne florissait pas dans la seule ville de Rome, le maître d'Horace avait des émules dans les provinces. Des moralistes, comme Plutarque et Quintilien, pouvaient s'élever vertueusement contre la coutume de frapper les fils des citoyens à la manière des esclaves; mais les pédagogues, qui ne jugeaient pas la chose du fond de leur cabinet, se permettaient de trouver leurs théories aussi peu applicables qu'elles étaient belles. La pratique n'était nullement tombée en désuétude au temps de saint Augustin, qui avait ses raisons particulières d'en être bien informé [1]. « Ce genre de correction, dit-il, en parlant des coups de verge, est communément employé par les

---

[1] *Confes.*, I, 8.

maîtres de grammaire et par les parents eux-mêmes[1]. » Lui-même exprime, à cet égard, une pensée que nous ne craignons point de reproduire, car un homme d'un si grand et si noble cœur ne sera suspect de dureté auprès de personne. « Le médecin est importun au fou furieux qu'il ligote, et le père à son fils dont il châtie l'insubordination; l'un et l'autre, cependant, agissent par un motif de charité. Si par négligence ils les laissaient périr, une douceur aussi fausse mériterait plutôt de s'appeler cruauté[2]. »

Cette comparaison des maladies de l'âme et des maladies du corps est usuelle dans les auteurs du moyen âge comme dans ceux de l'antiquité, et un des remèdes proposés comme

---

(1) S. Aug., *Epist. 133 ad Marcell.*

(2) « Molestus est medicus furenti phrenetico, et pater indisciplinato filio, ille ligando, iste cædendo, sed ambo, diligendo. Si autem illos negligant et per're permittant, ista potius falsa mansuetudo crudelitas est. » *Epist. 185 ad Bonifac.*

particulièrement efficaces, c'est la correction⁽¹⁾. D'ailleurs, il est bien entendu que, dans l'intérêt de l'enfant à l'amendement duquel on travaille, et pour le succès de la correction elle-même, on devra procéder avec mesure et circonspection. Ce que l'on poursuit dans l'enfant, ce sont ses défauts; sa personne même reste sacrée : la prudence exige donc « qu'en s'efforçant de nettoyer et de polir le vase, on prenne garde de le briser⁽²⁾. »

Voilà par quelles raisons et par quelles autorités le moyen âge légitimait à ses propres yeux la pratique des châtiments corporels; voilà dans quelles conditions il croyait devoir user de la correction. La pratique a-t-elle

---

(1) *De pueris coercendis.*
   Qui puero parcit, leve cor pinguedine farcit.
   Qui flagra continuat, pingue cor extenuat.
         (Marbodi Rhedon. episc. Carmina varia. *Patrol.*,
         MIGNE, t. CLXXI, col. 1724.)

(2) « Oderint vitia, in ipsa autem correctione prudenter agant, et ne quid nimis : ne dum cupiunt eradere eruginem, frangatur vas. » (*Regula Chrodegang.*, 25).

répondu à la théorie, nous allons l'examiner. Mais, disons-le tout d'abord, l'emploi de ce moyen fut tellement général qu'on y trouve à peine des exceptions. On disait indifféremment : « recevoir des leçons » et « recevoir des coups de verge de la main d'un précepteur[1]. » « Être livré au fouet du maître de grammaire » était une métaphore admise[2], et que l'on ne s'imagine pas que la métaphore fût un pur ornement du langage ne correspondant à aucune réalité, comme serait notre expression actuelle : « être sous la férule de quelqu'un. » Durant tout le moyen âge, dit le P. Desjardins, la verge resta l'attribut spécial et en quelque sorte officiel de la grammaire, dans la représentation symbolique des arts libéraux (*Vitraux de Bourges,* étude XVII)[3]. Nous parlions tout à l'heure de la difficulté de

---

(1) Cf. Dom CEILLIER, *Hist. génér. des auteurs ecclés. et sacrés,* t. XII, p. 823.

(2) *Notkeri Balbuli Vita,* auctore EKKEHARDO, cap. I.

(3) *Études Religieuses,* mars 1872.

trouver des exceptions à l'usage du fouet et de la verge. Il ne faudrait pas aller les chercher dans les écoles publiques, où régnait l'égalité devant la discipline, mais plutôt dans les palais des princes. Là les précepteurs se sentaient obligés à des ménagements et, quelle que fût leur envie, plusieurs n'osaient se servir que du fouet des reproches et de la verge des remontrances; tels les maîtres dont se plaignait Robert Courte-Heuse, fils aîné de Guillaume le Conquérant : « Ils m'ont abreuvé de sermons, disait-il, jusqu'à la nausée[1]. »

On se demandera maintenant si la correction était infligée avec cette discrétion qui veut amener l'enfant à résipiscence sans provoquer chez lui des transports de colère et de sourds désirs de vengeance; ce qui ôterait au châtiment sa valeur morale et son efficacité disciplinaire. Les règlements monastiques con-

---

(1) ORDERIC VITAL, *Hist. de Normandie*, t. II, l. V, p. 30, de la collection Guizot.

tenaient des prescriptions sages à cet égard. Ainsi au chœur, en présence de l'abbé, nul n'avait le droit de toucher aux enfants, s'il n'en recevait l'ordre formel; en son absence, le chantre châtiait pour les fautes commises dans le chant, le prieur pour les manquements plus légers. Dans les autres circonstances de la journée, c'est au préfet de discipline, un homme mûr ou même un vieillard, qu'il appartenait de punir; il devait s'acquitter de sa fonction avec une sévérité mêlée d'indulgence, nous n'avons trouvé qu'une constitution qui recommandât une rigueur impitoyable[1]. Dans les écoles épiscopales même système, même attention à discerner les cas dans lesquels il fallait se montrer sévère ou bien user de clémence[2]. Remarquons seulement que,

(1) Cf. *Statuta Lanfranci*, loc. cit. — *S. Wilhelmi Constitutiones Hirsaug.*, loc. cit.

(2) « Rebelles vero et negligentes modo verbere, modo clementia hortabatur, quatenus bonis artibus animum applicarent » (*Patrol.*, MIGNE, t. CLXXI, col. 103).

dans toutes les écoles, la verge ou le soufflet n'étaient pas moins employés pour corriger les fautes de grammaire que pour châtier les solécismes de conduite. Une bonne correction, administrée sur-le-champ, mais sans porter atteinte à la santé de l'écolier, paraissait un moyen plus expéditif et tout aussi salutaire que nos heures d'arrêts et nos pensums. Ce mode de répression était si bien accepté de l'opinion publique qu'on ne faisait pas difficulté de s'en servir même dans le lieu saint, aux jours de grande solennité, en présence de tout le peuple assemblé pour entendre la messe[1].

S'il y avait des écoles où l'on montrât de la dureté, c'était surtout les écoles de hameau ou celles de la banlieue dans les grandes villes; la verge traditionnelle y jouait un rôle assez souvent excessif[2]. Les maîtres particuliers

---

(1) Cf. *Hist. littér.*, t. VII, p. 346.

(2) « Pueri solent percuti in capite cum virga » (Mss. fonds lat. de la Biblioth. nat., 17509, f° 82; 15952, f° 277. Cité par M. Lecoy de la Marche).

n'étaient pas ordinairement plus tendres. Nous avons rappelé les brutalités de l'excellent homme à qui fut confiée l'éducation de Guibert de Nogent. On battait même les jeunes gens de vingt ans, quand ceux-ci voulaient bien se laisser faire. Saint Romuald, dont l'instruction première avait été singulièrement négligée, s'était mis dans sa jeunesse sous la direction d'un ermite, nommé Marin. Ce maître austère, pour stimuler l'intelligence de son élève, lui donnait force coups de baguette sur la tête, du côté gauche; Romuald, après l'avoir longtemps souffert, lui dit enfin : « Maître, frappez-moi, s'il vous plaît, du côté droit, car je n'entends presque plus de l'oreille gauche. » Marin admira sa patience, et le traita plus doucement[1].

En exposant sans réticence tout ce système de punitions, nous commettrions un oubli regrettable, si nous n'ajoutions que les écoliers

---

(1) FLEURY, *Hist. ecclés.*, t. VIII, p. 321.

avaient la faculté de se racheter du châtiment mérité, et à des conditions qui indiquent la portée littéraire de chaque catégorie : ainsi les élèves des classes supérieures étaient tenus d'improviser un distique latin, sur un sujet imprévu; pour les élèves moins avancés, on se contentait d'une strophe rimée; quant aux commençants, la commutation se réduisait à une phrase latine, formulée sans hésitation [1].

L'usage des corrections dans l'éducation des enfants fut admis par tout le moyen âge jusqu'aux temps modernes; et l'on ne connaît guère d'auteurs qui aient réclamé contre, si ce n'est Montaigne, qui « en tout son premier aage n'avoit tasté des verges qu'à deux coups, et bien mollement ». Aussi rejetait-il « toute violence en l'éducation d'une âme tendre, qu'on dresse pour l'honneur et la liberté. Il y a, ajoutait-il, je ne sçais quoy de servile en la rigueur et en

---

(1) EKKEHARD, *De casibus S. Galli*, cité par le P. DESJARDINS. (*Études relig.*, ibid.)

la contraincte; et tiens que ce qui ne se peult faire par la raison, et par prudence et addresse, ne se faict jamais par la force[1] ». Le XVIIe siècle, qui prétendait bien, lui aussi, dresser les enfants pour l'honneur et la liberté, ne partageait point les scrupules de Montaigne. Henri IV, dans une de ses lettres, se plaignait à Mme de Monglat, gouvernante de ses enfants, de ce qu'elle ne lui avait pas fait savoir si elle avait fouetté son fils : « Car je veulx et vous commande de le fouetter, lui disait-il, toutes les fois qu'il fera l'opiniastre en quelque chose de mal[2]. » Si Louis XIII reçut le fouet, Gaston d'Orléans, Louis XIV et Philippe, son frère, furent corrigés, en leur enfance, par de semblables moyens. Louis XIV ne voulut pas que son fils, le grand Dauphin, fût plus épargné qu'il ne l'avait été lui-même. Il donna à Montausier, qui était homme à en user largement,

---

[1] MONTAIGNE, *Essais*, liv. II, chap. VIII.
[2] *Lettres missives*, t. VIII, p. 385. Collections de documents inédits.

« le droit de correction, pour le cas où les remontrances seraient demeurées inefficaces[1]. »
A la fin d'un siècle si renommé pour sa haute culture intellectuelle, l'opinion approuvait toujours les châtiments. Fénelon, le doux Fénelon, disait : « Il y a des naturels qu'il faut dompter par la crainte, n'en usant, du reste, que quand on ne pourra faire autrement[2]. »
Le célèbre abbé Fleury pensait que si des menaces il faut passer aux corrections, « on peut y ménager plusieurs degrés avant que d'en venir aux punitions corporelles »; mais ces punitions, il les admettait, pourvu qu'elles fussent justes et administrées sans colère[3]. Rollin, qui par sa parfaite bonté fut un père dans l'Université bien plus qu'un recteur, qui était

---

[1] Brevet de nomination du marquis de Montausier à l'office de gouverneur du Dauphin, 21 sept. 1668 (*Registre de la Secrétairerie d'État, archives de l'empire*, vol. E.)

[2] FÉNELON, *De l'éducation des filles*, chap. V.

[3] FLEURY, *Traité des Études*, chap. XVII.

frappé des inconvénients et des dangers des châtiments tout autant que de leurs avantages, Rollin n'osa, au siècle suivant, prendre sur lui de supprimer les férules[1]. Les Jésuites gardèrent aussi l'usage du fouet dans leurs maisons d'éducation ; mais, au lieu d'appliquer eux-mêmes la correction, ils en chargeaient un laïque du dehors. Pour tout dire, cette coutume traversa le XVIIIe siècle presque sans protestation.

Notre propre sentiment sur la question n'importe guère après toutes les autorités que nous avons citées. Cette réflexion n'est point mise ici pour voiler un embarras, mais pour marquer la réserve qui nous est imposée par le sujet délicat que nous traitons. Aujourd'hui l'opinion publique, toute pénétrée de douceur et d'indulgence, imbue de ses préjugés optimistes sur la nature humaine, l'opinion, dis-je, repousse des procédés énergiques qu'elle qua-

---

[1] ROLLIN, *Traité des Études*, t. IV, p. 268 et suiv.

lifie de procédés d'un autre âge ; d'autre part, des règlements formels, émanés de l'autorité, interdisent dans les maisons d'éducation l'emploi des châtiments corporels : la question est tranchée par là-même au point de vue pratique, et nous ne réclamons pas. Si, faisant abstraction de toutes ces circonstances, nous considérions la question en elle-même, nous n'hésiterions pas à dire, avec les meilleurs esprits du moyen âge, avec Fénelon, avec Fleury, que nous ne condamnons point, en principe, les châtiments corporels; nous n'en réprouvons que l'abus. Des abus furent commis au moyen âge comme dans tous les temps[1].

(1). « Un ouvrage allemand, pour donner un curieux exemple des habitudes pédagogiques du XVIIe et du XVIIIe siècle, cite un instituteur émérite (protestant), qui avait dirigé une école pendant cinquante et un ans, et qui, suivant un calcul fort modéré fait par lui-même, avait distribué dans ce demi-siècle aux enfants confiés à sa sollicitude 911 517 coups de bâton, 24 010 coups de verge, 20 989 coups de règle sur les doigts, 136 715 coups de la main, 18 140 soufflets, 1 115 800 chiquenaudes et

Loin de nous la pensée de demander qu'on les excuse. Mais, si nous ne plaidons pas les circonstances atténuantes, nous croyons devoir rappeler qu'il ne conviendrait pas d'apporter, dans l'appréciation d'une époque si lointaine, les impressions que nous recevons des mœurs contemporaines et l'extrême sensibilité qui sera un des caractères de notre siècle. Sommes-nous bien sûrs de ne tomber nous-mêmes dans aucun excès? Si la fermeté peut dégénérer en dureté, la bonté n'a-t-elle point ses faiblesses, et si des parents et des maîtres se sont adressé de justes reproches pour avoir dépassé la mesure

croquignoles, 12 763 coups avec la Bible, le catéchisme ou le livre de chant; 777 garçons avaient été agenouillés sur des pois secs, 613 sur une bûche à trois pans; 5 001 avaient été coiffés d'oreilles d'âne. Sur les coups de bâton il y en avait eu 800 000 en punition de ce que les enfants n'avaient pas appris leur leçon, et 76 000 de ce qu'ils n'avaient pas su les versets de la Bible. L'instituteur dont il est question complétait son système d'éducation par un vocabulaire d'environ 3 000 termes injurieux, dont plus de la moitié étaient une création de son génie pédagogique. » (*Dict. de Pédagogie*, Part. I, t. I, p. 65.)

dans la répression, d'autres n'ont-ils pas dû pleurer sur les égarements et les ingratitudes d'enfants qu'ils avaient négligé de châtier?

D'ailleurs, pour juger équitablement le moyen âge, il ne faut pas le regarder toujours du même côté. Sa rudesse de mœurs, son rigorisme peuvent ne pas plaire; son grand amour du bien, son indomptable énergie, ses élans vers un idéal plus élevé méritent l'estime. Les délicatesses du cœur ne lui étaient pas étrangères.

Qu'on lise ces belles instructions contenues dans les règles des Chevaliers de l'Hôpital du Saint-Esprit établis à Montpellier : « Vous aurez dans les hôpitaux un lieu spécial, à couvert, destiné à recevoir les enfants exposés... Si les enfants restent à la maison, les sœurs en auront soin jusqu'à quatre ans, si c'est un petit garçon, et ensuite on le mêlera aux autres enfants, mais sans leur dire que c'est un enfant exposé... Vous aurez soin de leur donner pour maîtres les plus doctes d'entre vous, qui soient doux et qui les aiment. Si leur malice vous oblige de les châtier, faites-le avec une très grande circonspection ; si vous voyez qu'ils pleurent, pardonnez-leur avec une paternelle et maternelle miséricorde, car il vaut mieux reprendre les enfants que les battre[1]. » On ne se contentait pas de témoigner cette bienveillance générale aux enfants dans un âge où ils ont tant besoin de marques d'affection, on savait encore leur ménager des douceurs. Parmi les redevances énumérées dans le polyptique d'une abbaye, figure « le miel pour les écoles enfantines », *ad scolas infantium libras VI*. « Il faut croire, remarque M. Paul Allard, que nul moyen n'était négligé pour rendre douce aux lèvres de ces petits enfants la coupe toujours un peu amère de la science[2]. » On a trouvé de même, dans les archives de Saint-Gall, une charte par laquelle un serf, un homme de corps

---

(1) Cité dans le *Dict. de Pédagogie*, art. Charité (Écoles de).

(2) M. Paul Allard, *Esclaves, serfs et mainmortables*, p. 234.

de l'abbaye, consacre une partie de son pécule à fonder la concession annuelle d'une coupe de vin, pour chaque écolier de l'abbaye, le jour de Pâques[1].

Si l'on prenait ces soins tendres et maternels à l'égard du corps, on s'efforçait aussi de trouver des délassements pour l'esprit. Le même travail se poursuivant d'un bout de l'année à l'autre devient vite fastidieux, surtout à de jeunes enfants qui ne se distinguent pas d'ordinaire par un vif amour de l'étude, et sont incapables d'une attention prolongée. Comment rompre cette monotonie? Par quel artifice renouveler les forces épuisées ou engourdies, rendre à l'esprit sa liberté et sa fraîcheur? On s'en est préoccupé à toutes les époques. Les modernes disposent de bien des moyens à cet effet : exercices variés au temps des récréations, sorties et congés fréquents, va-

---

[1] Cité par MONTALEMBERT, *Les Moines d'Occident*, t. VI, p. 167-168.

cances qui permettent les pèlerinages et les long voyages, etc. Tout cela, si l'on excepte les jeux, n'était guère pratique au XIIᵉ siècle. Cependant on n'était pas complètement dépourvu de ressources : on avait la musique, on allait avoir les représentations scéniques, choses toujours goûtées dans les collèges. Ces deux sources de jouissances, si pleines d'attraits, ne sont nullement réprouvées par les moralistes chrétiens, lorsqu'elles ne sont pas de nature à allumer la passion [1].

Le moyen âge, nous l'avons vu, avait cultivé le chant et la musique avec une véritable prédilection, se proposant, non de flatter les sens, mais d'élever les cœurs et les esprits. On sait quelle est la puissance du chant sur l'organi-

[1] Bossuet, si sévère pour le théâtre, a dit des pièces de collège : « Qui sera assez rigoureux pour condamner dans les collèges les représentations innocentes d'une jeunesse réglée, à qui ses maîtres proposent de pareils exercices pour leur aider à former ou leur style ou leur action, et en tout cas leur donner, surtout à la fin de l'année, quelque honnête relâchement. »

sation humaine, quelle impression salutaire ou troublante il peut produire. Saint Augustin avoue que les saintes pensées se glissaient dans son âme avec la suavité des chants; et il ne pouvait oublier les larmes délicieuses que les hymnes et les cantiques de l'Église lui avaient fait verser à l'époque de sa conversion. Ce que l'Église faisait avec tant de succès pour donner à ses cérémonies plus de majesté et de splendeur, on l'essaya à l'école : on employa le chant comme moyen d'éducation [1]. Les siècles que nous étudions virent éclore une foule de petits poèmes nommés cantilènes, dont quel-

---

[1] « La poésie et la musique, dit Fénelon, si on en retranchait tout ce qui ne tend point au vrai but, pourraient être employés très utilement à exciter dans l'âme des sentiments vifs et sublimes pour la vertu. Combien avons-nous d'ouvrages poétiques de l'Écriture que les Hébreux chantaient, selon les apparences ! Les cantiques ont été les premiers monuments qui ont conservé plus distinctement, avant l'Écriture, la tradition des choses divines parmi les hommes... L'Église a cru ne pouvoir consoler mieux ses enfants que par le chant des louanges de Dieu. On ne peut donc abandonner ces arts que

ques-uns seulement sont parvenus jusqu'à nous, parce qu'ils étaient rarement écrits. Le sujet de ces poésies à la fois religieuses et populaires, c'étaient les vérités et les mystères de la religion, les récits les plus émouvants de la Bible, ou encore les actes des saints et des héros[1]. Le peuple chantait les cantilènes pour égayer ses travaux et se nourrir de saintes pensées; les

---

l'Esprit de Dieu même a consacrés. Une musique et une poésie chrétiennes seraient le plus grand de tous les secours pour dégoûter des plaisirs profanes. » (*De l'Éducation des Filles*, chap. XII.)

(1) Voici ce qu'on raconte du moine Isembert, directeur de l'école du monastère de Sainte-Catherine du Mont, aux portes de Rouen : « Isembert, dit une chronique, ne le cédait à personne de son temps pour la culture des arts libéraux : il avait écrit une histoire de Saint-Ouen dans un rythme agréable; il popularisa par ses chants l'histoire de saint Nicolas, qu'on ne connaissait pas encore dans la contrée. » (*Recherches sur l'Instruction publique*... par M. DE BEAUREPAIRE, t. I, p. 15-16.) Un chanoine du même pays, au XIe siècle, Thébaud de Vernon, composa également des cantilènes sur plusieurs saints, nommément sur S. Vulfran et S. Wandrille : « Urbanas ex illis cantilenas edidit. » (MAB., *Act.*, t. III, p. 378.)

enfants les chantaient dans leurs classes, comme depuis ils ont contracté l'habitude de chanter des cantiques [1].

Le chant était une institution dans les écoles du temps; les comédies semblent n'avoir été que des essais isolés, essais sur lesquels l'histoire est excessivement sobre de détails. On rapporte qu'au XIe siècle, un Français, du nom de Geoffroi, appelé en Angleterre pour remplir la fonction d'écolâtre à l'abbaye de Saint-Alban, avait ouvert une école non loin de là, à Dunestaple. Cherchant des exercices scolaires qui pussent à la fois récréer et instruire, il imagina de composer des tragédies de piété et de les faire jouer avec un grand appareil par ses élèves. « Ce sont là, dit dom Rivet, les premiers vestiges que l'on connaisse bien distinctement du théâtre moderne [2]. » Il est vrai cependant de dire que l'Allemagne avait de-

---

[1] Cf. M. LÉON GAUTIER, *Les Épopées françaises*, t. I, p. 67.
[2] *Hist. littér.*, t. VII, p. 66.

vancé dans cette voie les autres contrées de l'Europe. Bien avant l'épisode que nous venons de rappeler, l'illustre Hroswitha avait fait représenter au monastère de Gandersheim des comédies fort louées au moment où elles parurent et dignement appréciées par la critique contemporaine [1]. Rien ne prouve qu'en France on ait commencé si tôt à jouer des pièces dans les écoles mêmes ; la représentation des mystères religieux avait lieu dans les églises, et

(1) « Anno 971. Claruit his etiam temporibus Roswitha monasterii Gandeshemensis in Saxonia Ordinis nostri monialis, virgo nobilis, in divinis scripturis simul, et in sæcularibus litteris studiosissima, metro simul erudita scribere et prosa; nec minus eruditione, quam vitæ merito veneranda. Scripsit quædam non spernendæ lectionis opuscula... Omnia præsignata eleganti carmine exposuit. Scripsit præterea comœdias sex stylo imitata Terentium : quarum prima inscribitur conversio Gallicani principis, passionem includens Joannis et Pauli martyrum. Secunda est de passione sanctarum Agapis, Chione et Herenæ Virginum. Tertia de resuscitatione Callimachi et Drusianæ per sanctum Joannem Evangelistam. Quarta est de lapsu et pænitentia Mariæ sororis Abrahæ Abbatis et Eremitæ. Quinta est de conversione Thaidis meretricis.

les enfants n'avaient garde de manquer un spectacle d'un intérêt aussi puissant. Ce sont les Jésuites qui ont introduit les pièces chrétiennes dans les collèges et les ont mises à la mode.

Sexta vero passionem recitat sanctarum Virginum Fidei, Spei et Charitatis. Scripsit etiam metrice gesta magni Ottonis imperatoris primi lib. I. Diversorum quoque carminum et Epigrammaton lib. I. Epistolas etiam quasdam non inelegantes. Reliqua ejus opuscula in manus nostras non venerunt. » (J. *Trithemii Chronicon Hirsaugiense*, p. 113-114.)

CHAPITRE VIII

De l'Éducation des Femmes.

L'éducation de la femme ne pouvait être et n'a jamais été entièrement négligée dans les sociétés chrétiennes. Raison *a priori* : dignité de la femme. Preuve tirée des faits, du IVe au XIe siècle. — Écoles établies : écoles monastiques ; écoles des chanoinesses, des béghines ; écoles libres, petites écoles à Paris et dans les Flandres ; éducation privée. — Objet de l'enseignement : à quelque chose près, le même pour les filles que pour les garçons. On s'attache surtout à la formation morale. — Enseignement supérieur donné dans quelques maisons. — Femmes remarquables.

Fénelon se plaignait que, de son temps, « rien ne fût plus négligé que l'éducation des filles[1]. » Assurément Fénelon connaissait la haute société du XVIIe siècle, à laquelle lui-même appartenait par sa famille ; de plus,

---

[1] *De l'éducation des filles*, chap. I.

chargé de diriger l'*Établissement des nouvelles catholiques*, il avait pu voir de près le système d'instruction alors en usage. Malgré cela, lorsque nous pensons au grand nombre de femmes célèbres qui furent un des ornements de cette époque, nous avons quelque peine à ne pas trouver sa plainte exagérée. Dans tous les cas, ceux qui accepteront un jugement si sévère se diront aussitôt : Si l'éducation des filles était négligée à ce point, en un siècle si éclairé, que dut-elle être au moyen âge ?

Nous admettons bien volontiers, avec un auteur contemporain, qu'il serait déraisonnable de prétendre que l'éducation des filles fût, pour nos pères, l'objet de soins aussi diligents et aussi soutenus que celle des garçons : les besoins étaient différents ; l'Église devait se préoccuper, avant tout, de l'instruction de la jeunesse au sein de laquelle elle recrutait ses ministres. Mais nous nous hâterons d'ajouter, avec le même auteur, que « même aux époques les plus sombres de l'histoire, depuis la chute de l'empire romain, jamais ce grand intérêt n'a été entièrement négligé[1] ».

A défaut de preuves historiques, la raison l'affirmerait *a priori*. Le christianisme avait relevé la condition de la femme : la femme était devenue, aux yeux des vrais croyants, ce qu'elle n'aurait jamais dû cesser d'être dans l'estime du monde, c'est-à-dire, l'égale de l'homme devant Dieu, ayant les mêmes épreuves à subir sur cette terre, la même fin à atteindre. Or, l'obligation aux mêmes devoirs entraînait la jouissance des mêmes droits. Il y a plus : le peuple chrétien s'était épris pour la Vierge, mère du Sauveur, d'une telle admiration, d'un tel amour, que, par vénération pour elle, il allait accorder à la femme des honneurs inusités. Comment n'aurait-il pas pris soin de la rendre, par l'éducation, digne du rang où son estime la plaçait ?

[1] *Mémoire sur l'éducation des femmes au moyen âge*, par M. JOURDAIN. (*Mémoires de l'Académie des Inscriptions et Belles-Lettres*, Ire partie, t. XXVIII, p. 79.)

L'histoire nous apprend qu'il en fut ainsi. Les Pères du IVᵉ siècle, vivant au milieu d'une société que les Barbares n'avaient pas encore ébranlée ou qu'ils commençaient seulement à ébranler, n'avaient pas à fonder des écoles pour l'instruction du premier âge; ils dirigeaient leurs efforts vers un but plus spécial, ils voulaient que l'éducation de la jeunesse chrétienne fût complétée et perfectionnée par la connaissance des saintes Écritures. Nous trouvons dans les œuvres de saint Augustin, de saint Ambroise, des sermons *ad Virgines* où cette étude est vivement recommandée[1]. On sait que saint Jérôme fut, à cause de sa grande science des divines Écritures, le docteur habituellement consulté par les dames romaines; les lettres qu'il leur écrivit sont nombreuses, quelques-unes contiennent tout un plan d'éducation, dont nous aurons lieu de parler dans la suite. Il réalisa lui-même ce plan dans le

---

[1] S. Aug. : « Oriens sol videat codicem in manu tua. » (*Patrol.*, Migne, t. CV, col. 935.)

célèbre monastère de Bethléem, fondé par sainte Paule et sa fille Eustochium, et placé dès le début sous sa direction[1]. La règle de saint Césaire d'Arles, au commencement du VIe siècle, exigeait que toutes les religieuses fussent capables de lire, et ordonnait de consacrer deux heures chaque jour à la lecture[2]. Ce point de règle était entièrement conforme à tout ce qui s'était pratiqué dans les monastères d'Orient[3], et à tout ce qui devait être établi dans nos contrées.

Les invasions des Barbares, les guerres si fréquentes, les troubles et les désordres qui s'en suivirent, furent sans doute un obstacle

---

(1) Cf. Epist. ad Eustochium (*Patrol.*, MIGNE, S. Hieron. opera, t. I).

(2) Regula ad Virgines, cap. XVII : « Omnes litteras discant. Omni tempore duabus horis, hoc est a mane usque ad horam secundam, lectioni vacent. » (*Patrol.*, MIGNE, t. LXVII, col. 1109.)

(3) « Et certe sæculo IV in quodam Parthenone S. Euphraxiæ se suscipi roganti, respondit abbatissa : « Filia, si vis hîc permanere, litteras habes discere et Psalterium. » (*Patrol.*, t. LXVI, col. 430.)

au développement de l'instruction sous nos rois de la première race comme sous les faibles successeurs de Charlemagne. Cependant, même pendant ces tristes époques, l'histoire cite un certain nombre de femmes remarquablement instruites, et dans le cloître et en dehors du cloître[1]. Charlemagne avait pris soin de faire instruire ses filles[2], et avec elles les cinq filles de Pépin, roi d'Italie. Il y a lieu de croire, dit M. Jourdain, que ses différents capitulaires ne concernent pas exclusivement l'instruction des garçons. L'ordonnance de

(1) Cf. Montalembert, *Les Moines d'Occident*, t. VI. — M. Léon Maître, *op. cit.*, IIIe partie, chap. VI.

(2) « Liberos suos ita censuit instituendos ut tam filii quam filiæ primo liberalibus studiis, quibus et ipse operam dabat, erudirentur » (Eginhard, apud D. Bouquet, t. V, p. 9). — Judith, seconde femme de Louis le Pieux, passait pour avoir reçu une instruction supérieure. L'évêque Friculfe lui écrivait : « In divinis et liberalibus studiis, ut tuæ eruditionis cognovi facundiam, obstupui. » (*Script. franc.*, VI, 355-356). On lit dans un autre document : « Pulchra nimis et sapientiæ floribus optime instructa. » (*Annal. Met.*, 212.)

Riculfe que nous avons rapportée, ordonnance relative au mélange des sexes dans les écoles presbytérales, prouverait que les curés étendaient leur sollicitude aux filles comme aux garçons, et que, ne pouvant se dédoubler pour les instruire séparément, ils les réunissaient, comme ils le font encore maintenant dans les campagnes pour l'enseignement du catéchisme. Lorsque cette faculté leur fut ôtée, les jeunes filles ne restèrent point privées de tout moyen d'instruction : d'autres asiles s'ouvraient pour les recevoir, de nouvelles et nombreuses écoles allaient être établies.

Nous n'insisterons pas davantage sur une époque qui a été l'objet d'études au moins sommaires. Notre seul but était de montrer qu'il n'y avait point eu, depuis le IV° siècle jusqu'au XI°, interruption complète, au moins permanente de l'enseignement, pas plus pour les filles que pour les garçons. Arrivé à un moment où il se fait un réveil général, où toute personne capable d'enseigner trouve des esprits disposés à l'entendre, nous devons marquer la part prise par les femmes dans ce mouvement de renaissance intellectuelle. Notre tâche se réduira au développement de ces deux points : quelles sont les écoles établies, et quel est l'enseignement donné ?

Parmi les établissements d'instruction publique ouverts aux jeunes filles dans nos contrées, il est de toute justice de citer en premier lieu les écoles bénédictines. Si l'on remontait à l'origine de l'ordre monastique en Occident, on pourrait tout d'abord être frappé de la grande diversité des règles et des usages : le but poursuivi paraît, en réalité, le même, mais les moyens différents; et cette différence s'explique soit par le génie particulier des fondateurs, soit par les circonstances de temps et de lieux. Puis on verrait cette diversité, par l'effet d'un changement lent et continu, s'effacer au point d'être à peine sensible. Voilà un nouveau spectacle dont on chercherait encore l'explication : quel événement s'est-il donc produit, dont l'influence a été assez puissante pour amener l'uniformité de vie au sein de tant de communautés diverses? Lorsqu'on prend un fleuve à sa source, il n'est le plus souvent qu'un cours d'eau ordinaire, l'égal d'autres cours d'eau qui fertilisent les campagnes voisines ou s'échappent en bouillonnant des flancs de la même montagne. On descend le long de ses rives, et on le voit se grossir peu à peu de nombreux affluents, ses tributaires, jusqu'à ce qu'enfin il apparaisse seul ou presque seul dans la plaine. Nous avons là une image du grand Ordre fondé par saint Benoît. Ce n'était qu'une maison à l'origine; quelques années après, mettons un siècle ou un peu plus, tous les monastères étaient devenus bénédictins. Il en fut des couvents de femmes comme des couvents d'hommes : partout on adopta la règle du grand patriarche[1].

(1) « Il est constant que dans l'Église latine les religieuses, comme les religieux, ne suivent point d'autre règle que celle de saint Benoît. » (*Héloïse à Abailard*.)

Nous avons vu que les Bénédictins se firent un devoir, dans tous les lieux où ils s'établirent, d'instruire la jeunesse. Les Bénédictines, de leur côté, se consacrèrent à l'éducation des femmes. Elles avaient également dans leurs monastères deux sortes d'écoles : l'une, intérieure, pour les futures religieuses; l'autre, extérieure, pour les jeunes filles du monde; écoles complètement séparées, comme dans les monastères d'hommes, et pour les mêmes raisons.

L'histoire, qui contient tant de renseignements sur la vie et les travaux des moines, a beaucoup moins favorisé les religieuses. Cela se conçoit; les religieuses n'étaient pas appelées à jouer dans l'Église un rôle aussi éclatant, à exercer sur la société une action aussi étendue. Elles n'en ont pas moins rendu les services les plus signalés. Quand elles n'auraient réussi qu'à communiquer à des âmes d'élite le véritable esprit du christianisme et à préparer pour un certain nombre d'hommes des compagnes pieuses, modestes, chastes, attachées à leurs devoirs, il faudrait déjà leur en savoir un gré infini. Elles ont fait plus : elles ont prêté un précieux concours à l'œuvre générale de la civilisation en cultivant, non sans succès, les sciences et les arts, en copiant les manuscrits, en formant, dans des sortes d'écoles normales, des maîtresses pour les enfants de la campagne ou de la banlieue des villes. Elles se montrèrent encore, comme elles n'ont pas cessé de le faire, les auxiliaires dévouées des missionnaires, et l'on n'est pas surpris du respect reconnaissant que saint Boniface, l'apôtre de l'Allemagne, témoignait à sa vénérable amie, sainte Lioba.

Les écoles des religieuses, vraiment catholiques dans leur institution, s'ouvraient à toutes les jeunes filles qui se présentaient, de quelque condition qu'elles fussent ; les plus humbles paysannes n'étaient point privées d'une instruction si généreusement donnée à leurs frères par les moines. Mais ce mélange de toutes les classes de la société parut offrir des inconvénients. A partir du XIIe siècle, il s'éleva en Allemagne, en Lorraine, en France, dans les Flandres, etc., beaucoup de maisons de Bénédictines, dans lesquelles on ne recevait que des jeunes filles nobles. L'histoire nous apprend que la plupart de ces maisons nobles, par suite d'une diminution de la ferveur primitive, abandonnèrent la règle de saint Benoît, dont elles ne pouvaient plus supporter l'austérité, et adoptèrent le genre de vie des Chanoinesses. La jeunesse, du reste, y était fort bien élevée; c'est ce qui explique pourquoi tant de reines et d'impératrices y reçurent l'éducation[1].

On peut, on doit même rattacher au grand Ordre bénédictin un certain nombre de monastères ou ordres religieux de femmes qui prirent naissance au XIIe siècle; car la règle de saint Benoît fut la base de ces constitutions

---

(1) Cf. *Dict. encyclop. de la théol. catholique,* t. II, art. Bénédictines.

nouvelles ou de ces simples réformes. La première de ces fondations dans l'ordre des temps est celle de Fontevrault, congrégation puissante qui couvrit bientôt de monastères les contrées voisines. Fidèle à l'esprit de la règle bénédictine, le bienheureux Robert d'Arbrissel voulut que ses religieuses contribuassent à répandre le bienfait de l'instruction[1].

Vingt ans plus tard, une nouvelle congrégation se formait sous les auspices de saint Étienne, troisième abbé de Citeaux; c'était la congrégation des Cisterciennes, appelées aussi Bernardines. Dès 1128, elle dirigeait une école célèbre, au monastère de Tart, dans le diocèse de Langres[2]. Chose remarquable, les monastères d'hommes, de la réforme de Citeaux,

---

(1) Cf. *Regulæ sanctimonialium Fontis Ebraldi.* Sou ce titre : « De clausura et occultatione monialium, » on lit au n° XXIII : « Ut scholares et magistræ earum semper habeant custodem unam de senioribus conversis. » (*Patrol.*, MIGNE, t. CLXII.)

(2) Cf. *Dict. de Pédagogie.* art. Bernardines.

n'avaient conservé que l'école intérieure, pour l'instruction des novices; les monastères de femmes y ajoutèrent l'école extérieure. C'est qu'alors, les écoles de garçons s'étaient extrêmement multipliées, tandis que les écoles de filles demeuraient encore en nombre insuffisant. Nous n'en sommes plus à prouver, par des faits, la sollicitude éclairée de l'Église; mais ce nouvel exemple nous montre que ses institutions ont toujours pour but les besoins vrais du peuple chrétien.

Nous mentionnons, en passant, la fondation, au diocèse de Troyes, du Paraclet qui suivit une règle originale, dont les points principaux, toutefois, étaient empruntés, soit aux écrits des saints Pères, soit à la règle de saint Benoît, soit aux constitutions de Fontevrault[1]. Les

---

(1) Pour faire le portrait d'une parfaite religieuse, Abailard a, dit-il, imité le peintre Zeuxis qui, pour peindre la déesse Vénus, avait emprunté les divers traits qui l'avaient le plus frappé dans les plus belles personnes qu'il avait pu trouver. (*Inter Opera Abælardi* p. 143.)

noms d'Abailard et d'Héloïse parlent assez d'eux-mêmes; il n'est pas nécessaire de dire combien les études furent florissantes dans ce monastère.

Les religieuses n'avaient pas le monopole de l'enseignement. A côté d'elles s'étaient formées ou devaient se former des associations de femmes qui poursuivaient le même but en pratiquant un genre de vie moins rigide. Citons d'abord les Chanoinesses, institution ancienne, qui avait pris de bonne heure une grande extension. Les chapitres de femmes se distinguaient des couvents, en ce que les Chanoinesses ne faisaient pas vœu de pauvreté et n'étaient soumises qu'aux vœux de chasteté et d'obéissance. Leurs différentes règles prescrivaient la vie commune et la récitation en commun du bréviaire. En dehors des exercices de piété, les Chanoinesses employaient leur temps à des travaux de femmes, par exemple, à faire des ouvrages de broderies pour les ornements sacerdotaux, à transcrire et orner des livres d'église, etc; elles se consacraient surtout à l'éducation des jeunes filles. Le concile d'Aix-la-Chapelle, tenu en 816 sous Louis le Pieux, s'était particulièrement occupé d'elles. Les prescriptions qu'il donna, relativement à l'éducation des filles[1], étaient extraites des meilleures règles connues jusque-là[2]; elles parurent si sages que, pendant longtemps, on ne trouva rien à y changer. Le concile proposait, comme modèle d'éducation chrétienne, le plan de conduite que saint Jérôme

(1) Cap. XXII : « Religio ecclesiastica docet, ut puellæ, quæ in monasterio erudiuntur, cum omni pietatis affectu, et vigilantissimæ curæ studio nutriantur : ne si lubricæ ætatis annos ndisciplinate vivendo transegerint, aut vix, aut nullatenus corrigi postea possint. Quapropter præferuntur eis ex sanctimonialibus tales magistræ, quæ utique et probabilis sint vitæ, et erga eas talem exibeant curam, ut nequaquam huc atque illuc possint habere progressum, et aut desidiæ aut lasciviæ vitio maculentur : quin potius sacris imbuantur disciplinis, quatenus his mancipatæ vagandi otio careant. » (LABBE, *Concil.*, t. VII, col. 1434-1435.)

(2) Regula Sanctimonialium ab Amalario collecta. (*Patrol.*, MIGNE, t. CV, col. 969.)

a tracé dans sa lettre à Læta, pour l'éducation de la jeune Paule, sa fille [1].

Plus le désir de s'instruire se répandait, plus aussi se multipliaient les associations pieuses, vouées à l'instruction, afin que, dans un temps où l'Église pouvait se développer en liberté, aucun besoin ne restât en souffrance. Vers la fin du XIIe siècle, en 1180, au plus tard 1190, comme l'attestent les sources les meilleures et les plus anciennes, un nouvel institut naquit en Belgique, l'institut des Béghines. On appela de ce nom de Béghines des veuves ou des vierges qui, pour échapper aux dangers du monde, sans toutefois s'enfermer dans des couvents, formèrent des communautés où elles menaient une vie de recueillement, sanctifiée par des pratiques austères. Elles ne faisaient pas les vœux monastiques, mais elles s'enga-

---

[1] « Sed quis modus hujusmodi erudiendis tenendus sit, beatus Hieronymus in epistola quam ad Lætam de institutione scripsit, plenissime docet. » (LABBE, t. VII, ibid.)

geaient, pour le temps de leur séjour dans l'association, à garder la chasteté, la pauvreté, et l'obéissance envers leur supérieure et le curé ; car il y avait ordinairement un curé par béguinage. D'ailleurs elles n'étaient point astreintes à la clôture et pouvaient, sous la direction de la supérieure, vaquer aux œuvres extérieures de charité, comme le soin des malades à domicile et l'instruction des petites filles dans les écoles publiques. Le premier béguinage, modèle de tous les béguinages établis dans la suite, fut fondé à Liège par le prêtre Lambert le Bègue, ou mieux le Bèghe, du nom de sa famille. L'institut se propagea rapidement en France, en Allemagne, en Italie, etc [1]. »

Nous avons dit que les laïques avaient pris part à l'éducation des garçons, à Paris, lorsque l'école épiscopale était devenue insuffisante, eu

---

[1] Cf. Dr HALMANN, *Hist. de l'Origine des Béghines de Belgique*. Berlin, 1843.

égard au grand nombre d'externes qui y affluaient de toute part. On créa également de petites écoles pour les filles. Les maîtresses étaient, comme les maîtres, soumises à l'autorité du chantre de Notre-Dame. Avant d'entrer en exercice, elles promettaient de lui obéir et d'observer fidèlement les statuts de la corporation. La licence d'enseigner leur était accordée pour un temps limité, en général pour une année, qui expirait soit au 6 mai, jour auquel tous les maîtres et maîtresses de Paris se réunissaient sous la présidence du chantre, soit au 24 juin, c'est-à-dire à la Saint-Jean [1].

Le mouvement qui portait les communes, au XIIe siècle, à demander et obtenir leur émancipation, avait amené la création d'écoles libres

---

[1] « Scholarum grammaticalium villæ et banleacæ Parisiensis collatio, institutio et destitutio, ac visitatio et omnimoda dispositio spectant ad Cantorem Parisiensem solum et in solidum. » (Passage d'un ancien manuscrit intitulé : *Antiquus liber D. Cantoris Parisiensis*, recopié en 1357.)

de garçons, dirigées par des maîtres laïques, sous le haut patronage des échevins et des bourgeois. Il ne fut pas moins favorable à l'établissement d'écoles laïques de filles[1]. Les communautés et les couvents ne virent point de mauvais œil cette concurrence. Il y avait place pour les maîtresses laïques, comme pour les religieuses, dans le champ immense qui s'ouvrait à leur activité. Des conflits d'attribution pouvaient naître entre les communes qui aspiraient à une complète indépendance et l'autorité religieuse qui prétendait conserver des droits acquis. Mais entre les maîtresses elles-mêmes, quel que fût leur habit, il ne pouvait exister et il n'existait qu'une généreuse émulation pour le bien.

On doit être maintenant convaincu que le moyen âge, loin de se désintéresser de l'éducation des filles, y avait même pourvu d'une

---

(1) Cf. M. DE FONTAINE DE RESBECQ, *Hist. de l'Enseignement primaire avant 1789...*, chap. I.

manière assez convenable. Depuis les princesses de sang royal jusqu'aux serves, il n'était pas une fille de France qui ne pût jusqu'à un certain point cultiver son intelligence et entrer dans le grand courant de la civilisation chrétienne. Qu'on veuille bien le remarquer, nous n'avons pas épuisé la liste du personnel de l'enseignement. Les écoles que nous venons de citer étaient, si l'on nous permet cette expression, des établissements publics d'instruction. Mais l'éducation était donnée aussi au foyer domestique. L'exemple du chanoine Fulbert prenant un précepteur pour achever l'instruction de sa nièce, ne fut pas sans doute un cas isolé, encore qu'il ait eu des suites si regrettables. Les historiens les plus versés dans l'étude du moyen âge croient qu'il y avait des institutrices dans un grand nombre de châteaux[1]. Il ne paraît donc pas excessif de dire que l'état général de l'instruction en

---

(1) M. LÉON GAUTIER, *La Chevalerie*, chap. X.

France, au XII₉ siècle, n'était pas sensiblement inférieur à ce qu'il a été dans la première moitié du XIXe. Nous reconnaissons seulement qu'on ne saurait le prouver avec une précision mathématique : les statistiques officielles n'étaient pas alors inventées.

Quelles leçons donnait-on dans toutes ces écoles ? Nous devons distinguer plusieurs degrés d'instruction. Au plus bas degré, nous trouvons l'enseignement très élémentaire donné à un certain nombre de jeunes filles. Il comprenait les prières essentielles, le *Pater*, l'*Ave*, le *Credo;* quelques notions de catéchisme, celles qui ont toujours été jugées nécessaires pour l'admission aux sacrements; des instructions sur la manière d'assister à la messe et sur les principales parties de l'office divin. C'est tout ce que savent, quand elles le savent, beaucoup de paysannes de notre temps; la plupart des paysannes du XIIe siècle n'étaient sans doute pas plus éclairées. Elles pouvaient, du reste, avec ce léger bagage de connaissances, vivre en honnêtes femmes et en bonnes chrétiennes, d'autant plus que leurs obligations morales, comme jeunes filles, épouses et mères, leur étaient fréquemment rappelées au prône de la paroisse. N'oublions pas, en effet, que les instructions familières des curés sont toujours entrées dans le plan d'éducation des peuples chrétiens; il n'est pas non plus d'enseignement qui ait été mieux mis à la portée des simples sans cesser d'être grave et digne dans sa forme, qui soit donné avec plus d'autorité et reçu avec une plus grande soumission de cœur et d'esprit. On ne va à l'école qu'un temps; mais on reçoit toute sa vie l'enseignement qui est donné du haut de la chaire chrétienne, enseignement varié comme les besoins de l'auditoire, étendu comme le dogme catholique, intéressant comme l'histoire dont il ne peut se séparer et qu'il prend à l'origine même du monde, éclairant de sa divine lumière tout le passé de l'humanité, jetant quelques rayons dans les profondeurs obscures de l'avenir.

S'il n'était que trop possible de trouver, surtout dans les classes inférieures de la société, des personnes totalement illettrées, sinon tout à fait ignorantes, hâtons-nous de dire que l'enseignement commun ne s'arrêtait pas à ces notions fort élémentaires et qu'en général les filles recevaient la même instruction que les garçons. Cette instruction comprenait tout d'abord la lecture et l'écriture; puis la langue maternelle, avec la récitation de fabliaux et de romans; le chant, l'art de s'accompagner sur les instruments les plus en vogue, comme la harpe et la vielle; des travaux particuliers aux femmes, comme la couture, la peinture, le tissage, la broderie[1]; ajoutons, spécialement pour les jeunes filles

---

(1) Dès le commencement du viie siècle, les filles du comte Adalard, saintes Herlinde et Relinde, fondatrices du monastère de Maesyck (730), étaient élevées dans un couvent de femmes à Valenciennes, « afin d'être instruites dans les sciences religieuses et dans les lettres divines. Elles devinrent de parfaites ouvrières en lecture, en écriture, en peinture, en couture, en tissage, en bro-

nobles, un peu d'astronomie, un peu de fauconnerie, la science des échecs et des dés, si familière à la société féodale, et enfin les connaissances médicales nécessaires pour soigner, au retour d'un tournoi, d'une chasse ou d'un combat, les chevaliers blessés[1].

Voilà l'éducation moyenne donnée aux enfants des familles aisées. Elle semble assez complète; elle était de nature à former des jeunes filles instruites, et non pas savantes, ce qui eût été aux yeux de nos pères un défaut plutôt qu'une qualité. On a dû remarquer son côté éminemment pratique : cette époque, qui avait le sentiment vif de la réalité, tenait à donner aux filles un ensemble de connaissances qui fissent d'elles plus tard des compagnes agréables et d'excellentes femmes

derie d'or et dans l'art des pierres précieuses sur les étoffes de soie. » (Manuscrit de la Biblioth. de Bourgogne, n°s 3196-3203. Cité par M. DE FONTAINE DE RESBECQ, *opere citato*, p. 7).

(1) Cf. *Mémoire* de M. JOURDAIN, *loc. cit.*

de ménage. Dans un état de société où les relations n'étaient ni étendues ni multipliées, où chacun s'habituait, et pour de bonnes raisons, à compter beaucoup sur soi et peu sur son voisin, il importait que la femme eût des ressources contre le désœuvrement et l'ennui, qu'elle pût faire face aux difficultés imprévues et aux besoins les plus urgents. Les connaissances variées qu'elle avait acquises, ses talents naturels qu'elle avait développés la mettaient à même de se suffire, au moins dans les circonstances ordinaires, et de gouverner une maison avec ordre et goût.

La femme, qui a besoin d'instruction, a plus besoin encore de vertus. Toutes les époques ne se sont point montrées pour elle également exigeantes en fait de culture intellectuelle ; mais toutes ont attaché une extrême importance à ses qualités de cœur et de volonté. Rien de plus juste. L'homme sait former des savants, des artistes, des ouvriers habiles ; mais la femme excelle à former l'homme même; par la part prépondérante qu'elle a dans l'éducation du premier âge, elle exerce une influence décisive sur le reste de la vie. A quelle hauteur morale une pareille mission ne lui commande-t-elle pas de s'élever? Les anciens l'avaient compris comme nous. Tacite attribuait la déchéance de la nation au peu de soin donné à la première enfance et à l'abandon des bonnes traditions dans l'éducation. Puis, rappelant l'antique discipline romaine, il ajoutait : « C'est ainsi que Cornélie, mère des Gracques; Aurélie, mère de César; Atia, mère d'Auguste, ont présidé à l'éducation de leurs enfants, et en ont fait des hommes supérieurs. Il résultait de cette discipline et de cette sévérité que ces naturels francs, purs, qu'aucun vice n'avait fait dévier, se livraient aussitôt, et de tout cœur, aux connaissances libérales; et quand leur penchant les portait, soit vers l'art militaire soit vers la jurisprudence, soit vers l'étude de l'éloquence, ils s'y adonnaient exclusivement, et en pénétraient à fond toutes les sources⁽¹⁾. »

Saint Jérôme, qui assistait au déclin de la puissance romaine, avait vu les effrayants progrès du mal signalé plus haut; il se faisait, d'ailleurs, de la sainteté de la femme et de sa vocation, une idée que ne pouvait avoir Tacite, ou l'auteur, quel qu'il soit, du livre des *Orateurs*. Aussi est-ce de la formation morale surtout qu'il se préoccupait dans les lettres qu'il envoyait aux illustres matrones qui, devenues d'humbles chrétiennes, le consultaient sur la manière d'élever leurs filles. Il aurait pu, lui aussi, puiser dans les annales de Rome, de la Rome nouvelle; il aurait pu proposer à l'imitation de tous les âges, les saints si nombreux qu'avait déjà produits la chrétienté de cette ville, admirables modèles de pureté, de charité, de fidélité conjugale, d'attachement à la foi, de constance dans les

---

(1) Tacit., *De oratoribus*, cap. xxviii.

tourments. Mais, si les Actes des Martyrs avaient été recueillis, leur histoire n'était pas écrite. Du reste, il est un livre, cher aux chrétiens, qui, outre de merveilleux exemples, contient des enseignements de la plus haute valeur; un livre unique au monde par le nombre et la variété des écrits dont il se compose et par l'Esprit qui les a tous inspirés : ce livre, c'est la Bible. Tel est le trésor de sagesse où saint Jérôme conseillait à Læta de faire puiser sa fille. « Qu'elle apprenne d'abord, disait-il, le Psautier; qu'elle cherche, dans les Proverbes de Salomon, des règles de conduite pratique; qu'elle s'habitue, dans la lecture de l'Ecclésiaste, à fouler aux pieds les vanités du monde. Job lui offrira des exemples de courage et de prudence. Elle passera ensuite aux Évangiles, qui ne devront jamais sortir de ses mains. Quant aux Actes des Apôtres et aux Épîtres, elle s'y attachera de façon à s'en pénétrer. Et ainsi, en observant un certain ordre, elle pourra parcourir toute la série des livres de l'Ancien et du Nouveau Testament[1]. » Le concile d'Aix-la-Chapelle, de 816, trouva ces conseils si justes qu'il ordonna de s'y conformer dans toutes les écoles de filles[2]. Par cette mesure, le concile donnait, à la Lettre à Læta, l'autorité et les honneurs d'un programme officiel.

Fénelon, qui a le droit d'être écouté en ces matières, ne pensait pas autrement que saint Jérôme et les Pères du concile d'Aix-la-Chapelle : il y a dans son traité de l'éducation des filles un chapitre fort intéressant, intitulé : De l'usage des histoires pour les enfants. Ses exemples sont pris dans la Bible ou dans la vie des premiers chrétiens. Il ajoute avec beau-

---

(1) « Discat primo Psalterium : erudiatur in Proverbiis Salomonis ad vitam : consuescat in Ecclesiaste calcare quæ mundi sunt. Sectetur in Job virtutis et sapientiæ exempla. Ad Evangelia transeat, nunquam ea positura de manibus. Apostolorum Acta, et Epistolas tota cordis imbibat voluntate. Et sic per ordinem seriem novi veterisque Testamenti. »

(2) LABBE, *Concil.*, t. VII, *loc. cit.*

coup de raison : « Toutes ces histoires, ménagées discrètement, feraient entrer avec plaisir dans l'imagination des enfants, vive et tendre, toute une suite de religion, depuis la création du monde jusqu'à nous, qui leur en donnerait de très nobles idées, et qui ne s'effacerait jamais. Ils verraient même, dans cette histoire, la main de Dieu toujours levée pour délivrer les justes et confondre les impies. Ils s'accoutumeraient à voir Dieu faisant tout en toutes choses, et menant secrètement à ses desseins les créatures qui paraissent le plus s'en éloigner. Mais il faudrait recueillir dans ces histoires tout ce qui donne les images les plus riantes et les plus magnifiques, parce qu'il faut employer tout pour faire en sorte que les enfants trouvent la religion belle, aimable, auguste, au lieu qu'ils se la représentent d'ordinaire comme quelque chose de triste et de languissant [1]. »

---

(1) FÉNELON, *De l'éducation des filles*, chap. VI.

L'instruction moyenne, dont nous venons de parler, semblait devoir suffire aux besoins comme à la curiosité littéraire ou scientifique de l'époque. Et cependant ce moyen âge, que la légèreté et l'ignorance ont tant de fois accusé d'obscurantisme, rêva d'un enseignement plus élevé pour les femmes. Quelques abbayes s'étaient établies où les hautes études étaient particulièrement en honneur; là se rendaient les jeunes filles que tourmentait le désir, non sans doute de paraître doctes, mais de participer à la brillante culture intellectuelle qui y était donnée, *maturioris doctrinæ causa*, selon l'expression d'Hildebert [1]. Au nombre de ces écoles il faut mettre la célèbre abbaye du Roncerai, à Angers, le monastère de Caen où Cécile, fille de Guillaume le Conquérant, « fut instruite en divers genres de sciences [2], » et l'abbaye d'Argenteuil où Héloïse fut élevée.

---

(1) HILDEB., lib. II, epist. 26.
(2) ORDERIC VITAL, *Histoire de Normandie*, liv. V.

Le nom de cette femme suggère une réflexion aux auteurs de l'*Histoire littéraire :* « Ils trouvent que c'est là un trait remarquable, qui donne à entendre qu'on ne se bornait pas, à Argenteuil, à un enseignement élémentaire, mais qu'on y donnait aussi des leçons de la langue latine, et même des premiers arts libéraux, puisque Héloïse était déjà d'un savoir éminent, pour une personne de son sexe, avant que de passer sous la discipline d'Abélard [1]. » Impossible de ne pas souscrire à une remarque aussi judicieuse et à un éloge aussi modeste. Après la dispersion des religieuses d'Argenteuil, Héloïse alla fonder le Paraclet, comme nous l'avons dit plus haut. Les traditions de la maison qu'elle quittait furent conservées dans la nouvelle : on y enseigna le latin, le grec et l'hébreu, les trois langues de l'inscription de la Croix; on se livra à l'étude de l'Écriture sainte avec une telle ardeur qu'Abélard était

---

[1] *Hist. littér.*, t. IX, p. 128.

parfois embarrassé pour répondre aux difficultés que soulevaient sans cesse la pénétration et l'insatiable désir de savoir des religieuses.

Tel est le prestige d'un grand talent! Les savants, les hommes graves du xiie siècle éblouis par la science et la haute culture littéraire d'Héloïse, ne trouvaient point étrange que des femmes s'adonnassent à l'étude du grec et de l'hébreu, étude assez communément délaissée alors par les moines aussi bien que par les professeurs des écoles épiscopales. Il est certain du moins que les religieuses avaient des raisons particulières d'étudier le latin, qu'on ne parlait plus et qui était devenu une langue savante. Celles qui l'enseignaient devaient le connaître, cela va de soi; les autres étaient comme obligées de l'apprendre. Toutes, en effet, étaient astreintes à l'office divin, et il leur était recommandé, pour l'accomplissement vraiment religieux de leur tâche, de s'unir d'esprit et de cœur au sens des paroles qu'elles chantaient. Elles consacraient encore, chaque jour, soit en commun, soit en particulier, quelques heures à la lecture; or, ces lectures étaient faites dans l'Écriture sainte, ou dans les ouvrages des Pères ou dans des ouvrages plus récents, tous écrits en latin. En un mot, ce qu'on chantait, ce qu'on entendait, ce qu'on lisait, c'était la langue de l'Église. On comprend, d'après tous ces motifs, l'à-propos de la règle, suivie jusqu'au XIVe siècle, qui exigeait la connaissance du latin pour l'admission à la profession religieuse[1].

Mais cette connaissance que les religieuses et beaucoup de personnes du monde prenaient du latin, les études de grammaire, de rhétorique, de dialectique même, qui s'y ajoutaient, tout cela les mettait de pair avec les lettrés du

---

(1) Cf. *Hist. littér.*, t. IX, p. 127, 129, 130. — Au XVIIe siècle, on jugeait de même la connaissance du latin fort utile à une religieuse, sinon indispensable. Mme de la Vallière, avant d'entrer au Carmel, voulut apprendre, de la langue latine, ce qui en est nécessaire pour bien entendre l'office divin. (Cf. M. FLOQUET, *Bossuet précepteur du Dauphin et évêque à la Cour.*)

temps. Aussi les voyons-nous en relation avec les hommes les plus illustres, saint Bernard, Hildebert, Marbode, Pierre de Celle, Pierre de Blois, etc. Ceux-ci leur adressaient, non seulement des lettres sur des sujets élevés de religion et de science, mais des traités, des poèmes, comme à des personnes nourries de la même doctrine, capables d'aborder avec eux les plus hautes et les plus difficiles questions. Elles-mêmes composaient en vers et en prose, et non sans succès ; l'histoire cite avec éloge quelques-unes de leurs compositions[1].

Les productions littéraires ou scientifiques, les relations avec d'éminents personnages ne sont pas les seuls moyens de constater le mérite d'une femme et son degré de culture ; on en juge aussi bien, mieux encore peut-être, par la dignité de la vie, la délicatesse de la conscience, le sentiment élevé du devoir. A cet égard, les femmes du XIe et du XIIe siècle sou-

---

[1] Cf. *Hist. littér.*, t. IX, p. 130-132.

tiennent la comparaison avec celles des âges suivants. Qui oserait contester que la bienheureuse Ida, mère de Godefroy de Bouillon et de Baudouin, fît bonne figure à côté de Blanche de Castille? Quelle princesse ne se trouverait honorée d'un rapprochement avec l'habile et héroïque Mathilde de Toscane, la « grande comtesse », si célèbre par son dévouement au Saint-Siège? Si nous descendions quelques degrés de l'échelle sociale, que de noms se présenteraient pour montrer avec non moins d'éclat l'admirable transformation qui s'était opérée dans les mœurs domestiques! Voici de quelle manière Guibert de Nogent parle de sa mère : « J'ai dit, Dieu de miséricorde et de sainteté, que je te rendais grâce de tes bienfaits. D'abord, je te rends surtout grâce de m'avoir accordé une mère chaste, modeste, et infiniment remplie de ta crainte. Quant à sa beauté, je la louerais d'une façon bien mondaine et insensée, si je la plaçais autre part que sur un front armé d'une chasteté sévère... Le regard vertueux de ma mère, son parler rare, son visage toujours tranquille, n'étaient pas faits pour enhardir la légèreté de ceux qui la voyaient... Et ce qui se voit bien rarement, ou même jamais, chez les femmes d'un rang élevé, autant elle fut jalouse de conserver intacts les dons de Dieu, autant elle fut réservée à blâmer les femmes qui en abusaient. Et lorsqu'il arrivait qu'une femme, soit dans sa maison, soit hors de sa maison, devenait l'objet d'une critique de ce genre, elle s'abstenait d'y prendre part; elle était affligée de l'entendre, tout comme si cette critique était tombée sur elle-même... C'était bien moins par expérience que par une espèce de terreur qui lui était inspirée d'en haut, qu'elle était accoutumée à détester le péché; et comme il lui arriva souvent de me le dire, elle avait tellement pénétré son âme de la crainte d'une mort soudaine, que, parvenue à un âge plus avancé, elle regrettait amèrement de ne plus ressentir, dans son cœur vieilli, ces mêmes aiguillons d'une pieuse terreur qu'elle avait sentis dans un âge de simplicité et d'ignorance[1]. » Nous avons dans ces lignes un modèle qui rappelle les premiers siècles de l'Église. Ce n'était point chez cette femme une vertu inactive. Guibert s'est complu à nous dire le fidèle souvenir qu'elle garda à son mari, trop tôt enlevé à son affection, la prudence avec laquelle elle gouverna sa maison, le soin extrême qu'elle prit de l'éducation de son fils.

Nous n'avons point voulu prendre nos exemples dans les cloîtres, mais dans le monde; ils témoignent mieux de l'universalité aussi bien que de l'excellence de l'éducation qui était donnée aux femmes. Cette éducation était religieuse, moins encore par le caractère des personnes qui s'y consacraient que par l'esprit qui y présidait. Le temps allait venir où des novateurs s'efforceraient de séculariser l'enseigne-

---

[1] *Vie de Guibert de Nogent*, liv. I, chap. II. Collection des *Mémoires relatifs à l'hist. de France*, t. IX.

ment des femmes, principalement dans l'Albigeois, sentant bien que c'était là pour l'hérésie le plus sûr élément de succès ; où, pour mieux réussir, ils feraient miroiter aux yeux des pères de familles, ruinés par les guerres, un appât tout-puissant, celui de la gratuité. Mais l'Église veillait toujours, et plus d'un nouveau monastère, comme celui de Prouille, allait être fondé en vue d'arracher les âmes à l'influence des mauvaises doctrines[1]. On le voit, ce n'est pas seulement de nos jours que les catholiques ont pris l'habitude de s'imposer des sacrifices pour préserver l'esprit et le cœur de leurs enfants.

(1) *Maxima biblioth. Patr.*, XXV, 480.

CONCLUSION

Rapide coup d'œil sur le chemin parcouru. Universalité de l'instruction au XIIe siècle. Résultats obtenus dans l'ordre intellectuel et moral.

La dernière des quatre fameuses règles, exposées dans le *Discours de la Méthode,* est ainsi conçue : « Faire partout des dénombrements si entiers et des revues si générales, que je fusse assuré de ne rien omettre. » Nous arrivons à la fin de notre travail : suivons, à notre manière, le précepte de Descartes, et jetons, en terminant, un rapide coup d'œil sur le chemin parcouru.

Nous avons vu par quel concours de circonstances les prêtres, les moines et les religieuses furent amenés à se charger de l'instruction des enfants. L'Église, en s'appliquant, dès l'origine, à l'éducation des jeunes gens parmi lesquels elle recrutait ses ministres, ne travaillait que pour elle-même; elle était loin, à coup sûr, de rêver le rôle d'éducatrice universelle des peuples chrétiens. Ce rôle, elle pourrait l'accepter, au moins temporairement, lorsqu'elle se serait fortement établie; mais elle ne devait pas alors prévoir que l'épuisement de toutes les énergies sociales, l'impuissance constatée des pouvoirs publics, le lui imposeraient jamais.

Le jour arriva cependant où elle se trouva la seule force vive et organisée au milieu de races vieillies ou de populations jeunes et pleines de sève, mais farouches et indomptées. Était-elle en état de constituer, avec ces éléments appauvris ou résistants, un ordre de choses régulier ? Elle l'espéra, étant fille de Celui qui a fait les nations guérissables. Dans tous les cas, elle ne se flatta pas d'y réussir en quelques années; ce devait être l'œuvre, parfois interrompue, mais toujours reprise, de plusieurs siècles. Elle se donna toute entière à sa rude tâche, s'attachant de préférence aux générations qui s'élevaient, dans la pensée qu'elle aurait plus d'action sur des hommes qu'elle aurait pris dès l'aurore de la vie intellectuelle et morale. Pour recevoir tout ce monde, elle agrandit ses propres écoles, elle en créa de nouvelles, elle les multiplia à mesure que ses ressources devenaient plus abondantes. Nous avons passé en revue toutes ces écoles : à la fin du XIIe siècle, elles couvraient notre territoire du Nord aux Pyrénées et de l'Océan jusqu'aux Alpes.

En même temps que l'instruction se répandait, les laïques devenaient capables d'enseigner à leur tour ; un certain nombre se sentaient du goût et des aptitudes pour l'enseignement. L'Église fit bon accueil aux nouveaux venus, heureuse de s'adjoindre des collaborateurs dans une œuvre qui réclamait le concours de tant de dévouements. Seulement elle retint le droit de nommer les maîtres et d'inspecter les écoles. Elle n'était point guidée en cela par une pensée de domination, elle voulait sauvegarder la pureté et l'orthodoxie de l'enseignement. Du reste, ce droit, n'étant point exercé arbitrairement et n'ayant d'autre objet que d'écarter les incapables et les indignes, ne devait paraître et ne parut onéreux à personne.

Lorsqu'en parcourant les annales de l'éducation on passe de l'antiquité à l'ère chrétienne, on est bientôt frappé par un spectacle consolant qui n'avait point encore été offert au monde, à savoir l'universalité de l'instruction. Assurément le moyen âge ne présente aucun de ces siècles, en petit nombre, qu'un éminent écrivain appelle *siècles inspirés*[1], mais il

---

[1] « L'histoire littéraire ne compte qu'un petit nombre de siècles inspirés; elle connaît beaucoup de siècles laborieux. L'inspiration est une grâce; elle est d'un lieu et d'un temps, elle vient et se retire. Le travail, au contraire, est une loi; il est par conséquent de tous les temps, et celui qui en a fait la condition de l'humanité ne souffre pas qu'il s'interrompe jamais. » (OZANAM, *Civilisation chrétienne chez les Francs*, p. 385.)

présente des siècles *laborieux*, des siècles surtout où l'on connaît la valeur de l'âme humaine, et où l'on s'efforce de créer, de développer dans tous les hommes la personnalité. L'antiquité, qui méconnut la dignité d'homme dans l'esclave, et ne le crut pas capable de moralité, le traita comme une chose ou un instrument; elle négligea aussi l'artisan qu'elle croyait destiné par nature à s'absorber dans les soins matériels. Le moyen âge ne témoigna point ce dédain aux membres les plus humbles de la société : il les regardait comme enfants d'un même Dieu, appelés au salut et à la connaissance de la vérité[1]; il

---

(1) « ...Qui omnes homines vult salvos fieri et ad agnitionem veritatis venire. » (*I Tim.*, II, 4). — On lit dans l'histoire de saint Vincent de Paul que, dans une mission qu'il donnait à Montmirail (1618), un hérétique jusqu'alors obstiné se convertit tout à coup par ce simple et invincible raisonnement : « Je vois maintenant que le Saint-Esprit conduit l'Église romaine, puisqu'on y prend soin de l'instruction et du salut des pauvres villageois. »

voulut procurer à tous les moyens de s'instruire. Voilà la grande originalité du moyen âge, et une de ses supériorités sur les temps anciens.

Qu'enseignait-on dans les écoles primaires ? Rien qui ne fût d'une extrême importance, mais fort peu de choses inévitablement, et ce peu, on le distribuait avec une sage lenteur, car on ne connaissait pas alors le surmenage intellectuel, et l'on n'avait pas encore pris l'habitude de délivrer des certificats d'études. Nous avons exposé le programme de l'enseignement élémentaire tel qu'il avait été déterminé dès le temps de Charlemagne; nous avons même donné des résultats. Mais on comprendra facilement que nous ne pouvons pas, sur ce dernier point, satisfaire entièrement la curiosité de nos lecteurs. Certains moyens d'information auxquels on ne manque pas de recourir pour l'histoire moderne, nous font défaut pour une époque antérieure; par exemple, s'il s'agit d'instruction, les actes des mariages et les signatures des conjoints. Nous croyons, d'ailleurs, qu'on a donné à ce genre de preuve une importance exagérée. Il n'était pas extrêmement rare, il y a trente ans, de rencontrer des hommes qui, ayant appris à écrire dans leur enfance, étaient devenus, par défaut de pratique, à peine capables de mettre leur nom au bas d'un contrat. Leur intelligence ne s'en était pas moins développée; ils savaient, tout aussi bien que d'autres, et gérer leurs affaires et gouverner leur maison.

Une preuve plus concluante se tirerait du nombre toujours croissant des élèves qui allaient aux hautes écoles. Quand une école se rendait célèbre par le mérite de celui qui la dirigeait, la jeunesse y accourait de toute part; car les barrières provinciales, qui ne servaient qu'à entraver le développement de l'industrie et du commerce, s'ouvraient pour faciliter les échanges d'idées. L'affluence était parfois si grande que les chroniqueurs nous citent des chiffres presque fabuleux.

A Fleury, au xe siècle, on compta jusqu'à cinq mille élèves⁽¹⁾. A Chartres sous Fulbert, au Bec sous Lanfranc et saint Anselme, à Tournai sous Odon, on voyait des étudiants venus de tous les points de la Gaule et des contrées voisines, l'Allemagne, l'Italie, les Flandres⁽²⁾.

(1) JOANNES DE BOSCO, *Biblioth. Floriac.*
(2) École de Chartres sous Fulbert : « Le concours des étudiants était si grand que l'école de Chartres mérita la première en ces temps d'ignorance de porter le titre d'académie. » (*Hist. littér.*, t. VII, p. 13.) — École du Bec sous Lanfranc : « Sa réputation lui attira des étudiants de France, de Gascogne, de Bretagne, de Flandres, d'Allemagne et de Rome même. Les clercs accouraient à son école; les maîtres des autres écoles les plus fameuses se rendaient ses disciples. » (*Ibid.*, p. 75.) On sait que l'école du Bec sous le successeur de Lanfranc, S. Anselme, fut peut-être plus florissante encore. — École de Tournai : « Adeo sui nominis opinionem dilatavit ut non solum ex Francia, vel Flandria seu Normannia, verum etiam ex ipsa quoque longe remota Italia, Saxonia atque Burgundia clericorum catervæ ad eum audiendum quotidie confluerent; ita ut si civitatis plateas circuiens greges disputantium conspiceres, cives omnes, aliis relictis operibus, soli philosophiæ deditos crederes. » (Abbates S. Martini Tornac. apud D. LUC D'ACHERY, *Spicileg.*, t. II, p. 889.)

A Paris, au xɪɪᵉ siècle, la multitude des étudiants surpassait, dit-on, le nombre des citoyens; et ce fut une des causes qui déterminèrent Philippe-Auguste à agrandir la ville [1]. Le même fait se reproduisait invariablement dans toutes les écoles dirigées par un homme supérieur. D'où venaient ces légions d'adolescents et de jeunes gens, sinon des modestes

(1) A Paris on voyait des écoliers venus d'Allemagne, d'Angleterre, de Danemark, d'Italie, de toutes les provinces de la France actuelle. « Ce concours prodigieux de professeurs et de la plus brillante jeunesse de l'Europe, qui venait prendre de leurs leçons, fit de Paris une autre Athènes... C'est ce qui autorisa des auteurs du temps à lui donner le nom de Cariathsépher, c'est-à-dire la ville des Lettres par excellence. Dès le milieu du siècle, la multitude des étudiants y surpassait le nombre des citoyens; l'on avait peine à y trouver des logements. Cette circonstance put fort bien concourir à déterminer le roi Philippe-Auguste à agrandir la ville; et les agrandissements considérables qu'il y fit, contribuèrent de leur côté à y multiplier encore davantage les étudiants. Il y venait de toutes parts tant de monde, qu'on a dit de Paris qu'il était alors devenu, comme Rome, la patrie de tous les habitants de l'univers. » (*Hist. littér.*, t. IX, p. 78.)

écoles que nous étudions ? Si maintenant l'on considère que c'est toujours le petit nombre qui a le loisir, les facultés ou les ressources nécessaires pour aller au-delà des notions élémentaires, quelle idée ne devra-t-on pas se faire de la diffusion de l'enseignement primaire à cette époque ?

Il nous semble enfin qu'une preuve meilleure encore du progrès de l'instruction, ou plutôt de l'éducation, puisqu'il n'est point ici question de science, se tirerait du progrès moral dûment constaté. C'est une vérité presque vulgaire de philosophie, que la loi morale ne change pas et qu'il n'y a pas plusieurs morales, mais qu'il peut y avoir entre les hommes de grandes inégalités dans leur conception de cette loi : la connaissance qu'ils en ont est plus ou moins exacte, l'idéal qu'ils se proposent plus ou moins pur et élevé. Car tous les hommes, même les intelligences les plus simples, « ont une vue confuse de la nature humaine, qui représente le faîte de leurs aspirations morales, le modèle auquel ils voudraient ressembler[1]. » Tout de même que les individus ont un idéal de perfection humaine, idéal qui grandit et s'épure à chaque pas qu'ils font pour s'en approcher, à chaque bel exemple qui leur est donné, ainsi les peuples peuvent en avoir un, et c'est l'objet de l'éducation publique d'élever peu à peu le niveau de la moralité dans une nation. L'histoire, qui retrace la vie de l'humanité, nous montre des alternatives diverses de civilisation et de barbarie. Nous jugeons une époque d'après l'idée qu'elle s'est faite de la vertu et qu'elle a réalisée dans la mesure plus ou moins grande de son énergie. Y a-t-il progrès constant, comme l'ont soutenu certains esprits systématiques, il serait difficile de le prouver. Le progrès existe du moins, à certains moments, et l'historien constate avec bonheur cette marche ascensionnelle d'un peuple entier vers un degré supérieur de justice et de probité dans les rapports,

---

[1] M. E. CHARLES, *Éléments de Philosophie*, t. II.

de bienveillance réciproque, de douceur générale dans les mœurs, d'élévation dans les idées, de pureté et de délicatesse dans les sentiments, d'équité enfin dans la législation.

Trouvons-nous aux XIe et XIIe siècles de semblables indices d'un véritable progrès moral ? Il sera intéressant de connaître, à cet égard, l'opinion de trois écrivains d'une autorité indiscutable, qui ont particulièrement étudié cette époque. M. Guizot, notant le contraste que présente le moyen âge d'un idéal de morale élevé et de mœurs brutales et grossières, fait ce rapprochement instructif : « Reportez votre pensée vers d'autres sociétés, vers la société grecque ou romaine, par exemple, vers la première jeunesse de la société grecque, vers son âge héroïque, dont les poèmes qui portent le nom d'Homère sont un fidèle miroir. Il n'y a rien qui ressemble à cette contradiction qui nous frappe dans le moyen âge. La pratique et la théorie des mœurs sont à peu près conformes. On ne voit pas que les hommes aient des idées beaucoup plus pures, plus élevées, plus généreuses que leurs actions de tous les jours. Les héros d'Homère ne paraissent pas se douter de leur brutalité, de leur férocité, de leur égoïsme, de leur avidité; leur science morale ne vaut pas mieux que leur conduite; leurs principes ne dépassent pas leurs actes. Il en est de même de presque toutes les autres sociétés dans leur forte et turbulente jeunesse. Dans notre Europe, au contraire, dans ce moyen âge que nous étudions, les faits sont habituellement détestables; les crimes, les désordres de tout genre abondent; et cependant les hommes ont dans l'esprit, dans les imaginations des instincts, des désirs élevés, purs; leurs notions de vertu sont beaucoup plus développées, leurs idées de justice incomparablement meilleures que ce qui se pratique autour d'eux, que ce qu'ils pratiquent souvent eux-mêmes. Un certain idéal plane au-dessus de cette société grossière, orageuse, et attire les regards, obtient les respects des hommes dont la vie n'en reproduit guère l'image. Il faut, sans nul doute, ranger le christianisme au nombre des principales causes de ce fait : c'est précisément son caractère, de travailler à inspirer aux hommes une grande ambition morale, de tenir constamment sous leurs yeux un type infiniment supérieur à la réalité humaine, et de les exciter à le reproduire[1]. »

Montalembert, dans son grand ouvrage sur les moines, a traité des rapports de l'Église et de la féodalité. Rien d'intéressant, à notre point de vue, comme le chapitre intitulé : « Les nobles peuplent les monastères. » Ces hommes ont occupé les plus hautes positions dans le monde ; quelques-uns, véritables fléaux, se sont signalés par une vie de rapines et de brigandages : tout à coup ils sont touchés de la grâce ; de loups transformés en agneaux, selon une expression du temps, ils se rendent

---

[1] *Histoire de la Civilisation en France*, t. III, p. 375-376.

au monastère voisin, et, c'est un trait qui leur est commun, ils sollicitent toujours les plus humbles emplois et les plus grossiers ouvrages; plus leur naissance est illustre, et plus humbles doivent être les services qu'ils veulent rendre à la communauté. Les contemporains, qui les avaient vus naguère « entourés de tout le luxe aristocratique du temps, couverts d'habits de soie brodés d'or, commandant à de nombreux vassaux, s'émerveillaient de retrouver les mêmes hommes ne portant plus, en vertu d'un acte spontané de leur libre arbitre, qu'une simple casaque pour tout vêtement, emprisonnés, pieds nus, dans une pauvre cellule, fabriquant des ustensiles de cuisine ou des filets pour la pêche. » L'historien ajoute : « Il faut donc le remarquer, et c'est l'observation par laquelle nous terminons notre étude sur la noblesse catholique du onzième siècle, ces conversions, ces dévouements, ces actes de généreuse humilité, n'étaient nullement des actes individuels ou exceptionnels. On s'étonnerait moins si, de loin en loin, dans certains endroits privilégiés, quelques hommes d'élite, quelques chrétiens hors ligne, avaient offert à la société un spectacle aussi sublime : mais ce fut, au contraire, par troupes nombreuses, dans tous les pays et pendant tous les siècles de la féodalité proprement dite, que l'aristocratie peupla ainsi de ses plus illustres représentants les monastères qu'elle avait fondés [1]. »

Le même fait a frappé l'historien de saint Grégoire VII, Voigt. Après avoir raconté des actes sublimes de foi et d'humilité de grands seigneurs du XIe siècle, il dit : « On est singulièrement surpris quand on voit chez des hommes aussi grossiers, aussi durs, aussi barbares, autant de foi et de piété, autant de délicatesse et d'humilité devant le Très-Haut. Il est impossible de ne pas reconnaître ici l'esprit sublime de la vraie chevalerie [2]. »

---

(1) MONTALEMBERT, *Les Moines d'Occident*, liv. XVIII, chap. II.
(2) VOIGT, *Histoire de Grégoire VII*, t. II, p. 358.

La conclusion des trois illustres historiens est la même au fond. Le premier observe surtout les idées, les aspirations élevées de toute une société en voie de formation; les deux autres montrent que les actes répondent souvent à l'idéal conçu, et racontent des traits de vertu dont l'histoire des peuples anciens ne présente aucun exemple. Tous les trois sont d'accord pour attribuer ce merveilleux changement à l'influence du christianisme. Un fervent païen, préfet de Rome au ve siècle, remarquait déjà avec dépit ce pouvoir de la religion. « Cette secte, disait-il, n'est-elle pas plus funeste que les poisons de Circé? Ils n'avaient, eux, d'action que sur les corps, tandis qu'elle, elle métamorphose les âmes[1]? »

Pour transformer ainsi les cœurs, la religion a besoin de trouver un terrain tout pré-

---

(1) « *Num, rogo, deterior Circæis secta venenis?*
　　Tunc mutabantur corpora, nunc animi. »
　　　(RUTILIUS, *De reditu suo Itinerarium*, lib. I, v. 525, 526.)

paré par l'éducation du premier âge. On ne voit guère de semblables changements se faire, ces conversions subites s'opérer dans des esprits incultes ou sceptiques. Les hommes du XIe siècle avaient eu l'inappréciable bonheur de recevoir une instruction solide, sinon étendue. Un grand nombre pouvaient, dans l'absence de tout frein modérateur, retourner à la vie de leurs barbares ancêtres. Mais les semences de vertu déposées en eux ne périssaient pas entièrement; le flambeau de la vérité, qui avait illuminé leur enfance, n'était pas éteint. A un moment donné, la foi se réveillait et, à une époque passionnée, aussi capable de produire des saints que d'illustres scélérats, elle inspirait des prodiges de vertu. L'arbre se juge à ses fruits, et l'éducation à ses résultats.

Lorsque d'un point éloigné et bien choisi on promène ses regards sur une chaîne de montagnes, on n'aperçoit distinctement que les pics les plus élevés; le reste disparaît dans la confusion des détails. De même, lorsqu'à une distance de plusieurs siècles on considère une époque, quelques noms, redits perpétuellement par l'histoire, s'offrent tout d'abord et semblent rejeter dans l'ombre d'autres noms qui ne furent pas sans éclat. Si l'on s'en tient à cette première vue, forcément incomplète, on sera exposé, pour grandir encore quelques figures, à rappetisser les autres outre mesure. Fénelon a dit de saint Bernard qu'il fut « un prodige dans un siècle barbare ». Ce jugement eût paru aux hommes du XIIe siècle empreint d'une exagération choquante. Saint Bernard ne domina son siècle ni comme penseur ni comme savant; il en fut seulement une des plus brillantes personnalités. Il est vrai, l'auteur de la *Lettre à l'Académie* parle d'éloquence; et, à ce titre, celui qui a mérité d'être appelé le dernier des Pères de l'Église n'eut pas d'égal parmi ses contemporains. Là encore cependant ne semble pas être sa véritable supériorité; elle est dans cet ensemble de qualités qui firent de lui un homme incomparable de prière et d'action à la fois. Mais s'il exerça sur son temps un ascendant qu'on ne songe point à contester, c'est que le travail des écoles, le caractère éminemment chrétien de l'éducation avaient formé une génération capable de le comprendre. Ils n'étaient plus barbares, ces hommes de toutes les classes de la société que la parole enflammée de l'abbé de Clairvaux entraînait dans toutes les voies de l'héroïsme et de la sainteté. Ils n'avaient pas seulement le sentiment confus, mais la conscience éclairée du bien; et la vigueur de leur nature les portait aux grandes choses. Que leur manquait-il pour appartenir à une époque dite de civilisation? Moins de naïveté et de brusquerie, une plus grande habitude de s'observer et de se contenir, plus d'honnêteté dans les discours et de bienveillance extérieure dans les rapports, un sens plus délicat des nuances, un certain vernis d'élégance, enfin tous ces dehors aimables qui sont entrés dans la notion de politesse française. Par là comme par d'autres côtés plus importants le xiiᵉ siècle le cède au xiiiᵉ; mais il le préparait et l'annonçait.

FIN.

TABLE

	PAGES
Préface	I
Bibliographie	VIII

INTRODUCTION

De l'Enseignement primaire depuis la mort de Charlemagne jusqu'au XIe siècle.

Œuvre de Charlemagne continuée par ses premiers successeurs. Décadence des études, ses causes. — L'Église reste seule chargée de l'enseignement. Mesures qu'elle prend ; écoles qu'elle maintient ou établit. — Coup d'œil sur le IXe et le Xe siècles. — Efforts persévérants couronnés de quelques succès ; progrès accomplis ; demi-renaissance coïncidant avec l'avènement des Capétiens. . . . 1

CHAPITRE PREMIER

Des Écoles monastiques.

Antiquité des écoles monastiques. — Au XIe siècle, l'instruction est donnée dans presque toutes les abbayes et par presque toutes les Congrégations ; elle est aussi donnée dans les monastères de moindre importance, doyennés, prieurés, celles. — Deux sortes d'écoles : écoles intérieures pour les moines illettrés et les oblats, écoles extérieures pour les enfants qui doivent rester dans le monde. Ces dernières s'éteignent peu à peu après la fondation des Universités 51

CHAPITRE II

Des Écoles épiscopales, collégiales et presbytérales.

Les écoles épiscopales, à côté des écoles municipales, sous l'Empire romain ; elles continuent de subsister après les invasions barbares. Leur nombre aux XIe et XIIe siècles; mesures prises pour assurer leur maintien en face des Universités naissantes. — Écoles collégiales. — Écoles qui ne donnent que l'instruction élémentaire; écoles presbytérales; documents qui établissent leur existence dans presque toutes les paroisses 99

CHAPITRE III

Écoles diverses.

Maîtres ambulants. — Écoles buissonnières. — Écoles établies par les communes ; maîtres laïques. — Éducation privée. — Écoles juives. — Conclusion : la France est de toutes les contrées de l'Europe celle où les écoles sont le plus nombreuses. 129

CHAPITRE IV

De la Licence d'enseigner et de la Condition des Maîtres.

L'Église est devenue, par le fait des circonstances, l'éducatrice unique des peuples ; sans prétendre au monopole de l'enseignement, elle se réserve le droit d'accorder la licence d'enseigner. Ce droit est exercé dans les monastères et sur les terres dépendantes des monastères par l'abbé ou le prieur ; dans les autres écoles par un délégué de l'évêque : l'écolâtre le plus souvent, quelquefois le grand chantre. — La licence d'enseigner est conférée gratuitement, et d'après des règles fixes. Pour mieux assurer cette gratuité comme l'avenir de l'enseignement, on fonde des prébendes en faveur de l'écolâtre et des professeurs. — Qualités exigées des maîtres de l'enfance 151

CHAPITRE V

Des diverses Catégories d'Élèves.

L'instruction, qui est nécessaire aux uns, utile à tous, est aussi offerte à tous. — Diverses catégories d'élèves : fils des rois ; fils des seigneurs, instruction de la noblesse ; enfants du peuple, depuis les fils des bourgeois jusqu'aux fils des paysans, des colons et des serfs. — Moyens qu'a pris l'Église pour hâter le progrès intellectuel et moral : 1º elle a fait un devoir de l'instruction ; 2º elle l'a rendue accessible à tous ; 3º elle a ouvert des carrières aux sujets les plus méritants. — A quel âge on commence à étudier 189

CHAPITRE VI

Objet et Méthode de l'Enseignement.

Objet de l'enseignement élémentaire déterminé de bonne heure. Matières qu'il comprend : lecture, écriture, grammaire, chant, arithmétique, instruction religieuse. — Méthode : méthodes particulières, méthode générale; Rodulfe, Bernard de Chartres. — Langue dont on faisait usage dans l'enseignement. Traductions en langue romane 243

CHAPITRE VII

Éducation. Discipline.

Éducation à la fois science et art. D'après quels principes et quelles vues cette œuvre doit être entreprise : insuffisance de la philosophie païenne; conception chrétienne de l'éducation. — But nettement déterminé, moyens employés pour l'atteindre; morale indissolublement liée à la religion dans le christianisme; formation de la conscience morale, actes de religion, esprit de foi. — Discipline des écoles. Double méthode; elle est surtout autoritaire au moyen âge. Surveillance exacte et persévérante; sévérité tempérée par une bonté virile. Mélange des sexes interdit. — Des châtiments; pratique suivie. — Douceurs accordées aux enfants. — Récréations, cantilènes, comédies. 313

CHAPITRE VIII

De l'Éducation des Femmes.

L'éducation de la femme ne pouvait être et n'a jamais été entièrement négligée dans les sociétés chrétiennes.

Raison *a priori* : dignité de la femme. Preuve tirée des faits, du ive au xie siècle. — Écoles établies : écoles monastiques ; écoles des chanoinesses, des béghines ; écoles libres, petites écoles à Paris et dans les Flandres ; éducation privée. — Objet de l'enseignement : à quelque chose près, le même pour les filles que pour les garçons. On s'attache surtout à la formation morale. — Enseignement supérieur donné dans quelques maisons. — Femmes remarquables. 391

CONCLUSION

Rapide coup d'œil sur le chemin parcouru. Universalité de l'instruction au xiie siècle. Résultats obtenus dans l'ordre intellectuel et moral 431

Achevé d'imprimer

le dix septembre mil huit cent quatre-vingt-quatorze

PAR

FR. SIMON, Succr de A. LE ROY

IMPRIMEUR BREVETÉ, A RENNES

POUR

Vor RETAUX & FILS, Éditeurs

A PARIS

www.ingramcontent.com/pod-product-compliance
Lightning Source LLC
Chambersburg PA
CBHW072107220426
43664CB00013B/2023